本书获国家自然科学基金 72271246 和 71872180 资助

PPP XIANGMU HEZUO JILI JIZHI YU YANHUA

Jiyu Gangxing he Rouxing Hetong de Bijiao Yanjiu

PPP项目合作激励机制与演化

基于刚性和柔性合同的比较研究

韩姣杰 ◎著

中国财经出版传媒集团
经济科学出版社
Economic Science Press

图书在版编目（CIP）数据

PPP项目合作激励机制与演化：基于刚性和柔性合同的比较研究/韩姣杰著. —北京：经济科学出版社，2023.3

ISBN 978-7-5218-4618-8

Ⅰ.①P… Ⅱ.①韩… Ⅲ.①政府投资-合作-社会资本-研究 Ⅳ.①F830.59②F014.39

中国国家版本馆CIP数据核字（2023）第042227号

责任编辑：李　雪
责任校对：王京宁
责任印制：邱　天

PPP项目合作激励机制与演化
——基于刚性和柔性合同的比较研究
韩姣杰　著
经济科学出版社出版、发行　新华书店经销
社址：北京市海淀区阜成路甲28号　邮编：100142
总编部电话：010-88191217　发行部电话：010-88191522
网址：www.esp.com.cn
电子邮箱：esp@esp.com.cn
天猫网店：经济科学出版社旗舰店
网址：http://jjkxcbs.tmall.com
固安华明印业有限公司印装
710×1000　16开　16.25印张　200000字
2023年3月第1版　2023年3月第1次印刷
ISBN 978-7-5218-4618-8　定价：81.00元
（图书出现印装问题，本社负责调换。电话：010-88191545）

PREFACE ▷ 前　言

合同机制的选择和构建是影响项目顺利实施的关键因素，会对合同双方的行为策略选择产生不可忽视的影响。刚性合同和柔性合同是PPP项目使用的两类基本合同。不少研究认为柔性合同是PPP项目应对外界环境不确定性的最优契约机制，但其却容易引发机会主义行为。刚性合同虽然可以有效降低机会主义行为，但又存在适应外界环境不确定性弱的问题。于是，如何选择和设计激励机制以提高PPP项目绩效是政府方需要解决的重要问题之一，而目前还缺乏对刚性和柔性合同适用条件的选择研究。同时，互惠共赢是PPP项目政企合作的基础，但以往对柔性合同的研究中将项目参与者视为完全理性人，没有考虑项目参与者公平和互惠偏好的影响，不符合PPP项目中政企双方互惠共赢的合作本质。基于此，在互惠共赢的合作基本原则基础上，研究PPP项目的激励机制和政企双方的行为策略演化十分必要。

本书基于政企双方的互惠和公平偏好，构建了PPP项目刚性和柔性合同激励模型和演化博弈模型，系统讨论了刚性合同和柔性合同的适用条件，以及互惠和公平偏好对项目最优利润分享、社会资本方最优努力水平、政企双方演化稳定策略、合同类型选择的影响。本书旨在通过对比分析总结两类合同的适用性，为政府方合同选择提供理论支持和策略建议。本书的研究进展主要体现在以下几个方面。

（1）将互惠和公平偏好纳入 PPP 项目激励机制构建中，分别构建基于互惠和公平偏好的委托代理模型，得出在互惠和公平偏好条件下的最优利润分享和社会资本方的最优合作努力水平，并分析互惠和公平偏好，以及项目属性、合同类型等因素对最优激励机制构建的影响。

（2）基于互惠和公平偏好，研究 PPP 项目合作行为演化问题，分析 PPP 项目中政府和社会资本方在长达二三十年的合作期内可能采取的行为策略，从动态角度分析互惠和公平偏好，以及项目属性等因素对双方合作策略选择的影响，为研究如何促进政府和社会资本方在 PPP 项目中形成良好的合作机制提供了基础。

（3）针对柔性合同和刚性合同各有优缺点，系统分析和识别刚性合同和柔性合同的适用情形，并深入分析了政企双方的互惠和公平偏好、项目属性等因素对合同类型选择的影响。

（4）基于理论分析，构建计算机仿真模型，验证理论结论，并针对如何提高 PPP 项目合作效率，以及如何选择和构建合理的激励机制提供策略建议。

本书的研究和出版得到了国家自然科学基金面上项目（项目编号：72271246，71872180）的资助。作者在此还要感谢中南财经政法大学管理科学与工程专业项目管理方向研究生黄红菊、贾满作、杨汪液、李昊锟在本书撰写和整理过程中付出的努力，有了他们的帮助本书才得以顺利完成。

本书可供项目管理、行为经济学、管理科学与工程、投资学、应用经济学等专业的硕士、博士研究生以及相关项目管理专业管理人员阅读参考。

鉴于作者才疏学浅，书中出现纰漏错误在所难免，恳请读者批评指正。

韩姣杰

2023 年 2 月

CONTENTS ▷

目　　录

第 1 章　绪论 …… 1

1.1　PPP 项目合作研究的意义 …… 3

1.1.1　理论意义 …… 3

1.1.2　应用价值 …… 4

1.2　PPP 模式的定义和特征 …… 6

1.3　PPP 模式的发展及作用 …… 8

1.4　PPP 项目中的不确定性 …… 14

1.5　本书的主要工作 …… 15

第 2 章　国内外相关研究与理论基础 …… 21

2.1　国内外相关研究 …… 21

2.1.1　PPP 项目政企合作机制研究现状 …… 21

2.1.2　PPP 项目激励机制研究现状 …… 31

2.1.3　PPP 项目演化博弈研究现状 …… 36

2.1.4　涉他偏好研究现状 …… 40

2.1.5　本节小结 …… 48

2.2 PPP 项目双方合作机制研究的理论基础 …… 50
2.2.1 委托代理理论 …… 50
2.2.2 演化博弈理论 …… 52
2.2.3 涉他偏好理论 …… 54
2.3 本章小结 …… 59

第 3 章 PPP 项目合作与合同机制分析 …… 60

3.1 PPP 项目主要参与方分析 …… 60
3.2 PPP 项目机会主义行为分析 …… 64
3.3 PPP 项目的激励监督机制分析 …… 68
3.4 PPP 项目合同机制分析 …… 71
3.5 本章小结 …… 79

第 4 章 问题描述与基本假设 …… 80

4.1 问题描述 …… 80
4.2 模型基本假设 …… 81
4.3 本章小结 …… 86

第 5 章 基于互惠偏好的 PPP 项目合作激励与演化 …… 87

5.1 引言 …… 87
5.2 互惠偏好条件下 PPP 项目合作激励机制分析 …… 89
5.2.1 模型建立 …… 89
5.2.2 模型求解与分析 …… 91
5.2.3 刚性合同和柔性合同激励机制对比分析 …… 98
5.2.4 数值仿真分析 …… 99

5.3 互惠偏好条件下 PPP 项目合作演化博弈分析 ………… 106
5.3.1 模型建立 ………………………………………… 106
5.3.2 模型求解 ………………………………………… 113
5.3.3 刚性和柔性合同条件下演化策略对比分析与讨论 ………………………………………… 122
5.3.4 数值仿真分析 …………………………………… 135
5.4 本章小结 ………………………………………… 148

第 6 章 基于公平偏好的 PPP 项目合作激励与演化 ……………… 151

6.1 引言 ……………………………………………… 151
6.2 公平偏好条件下 PPP 项目合作激励机制分析 ………… 154
6.2.1 模型建立与求解 ………………………………… 154
6.2.2 模型分析 ………………………………………… 158
6.2.3 刚性合同和柔性合同激励机制对比分析 ……… 162
6.2.4 数值仿真分析 …………………………………… 164
6.3 公平偏好条件下 PPP 项目合作演化博弈分析 ………… 169
6.3.1 模型建立与求解 ………………………………… 169
6.3.2 刚性和柔性合同条件下演化策略对比分析与讨论 ………………………………………… 181
6.3.3 数值仿真分析 …………………………………… 193
6.4 本章小结 ………………………………………… 207

第 7 章 互惠与公平偏好条件下激励机制与演化策略对比分析 ………………………………………… 209

7.1 激励机制对比分析 ……………………………… 209

7.2　演化稳定策略对比分析 …… 212
7.3　本章小结 …… 215

第 8 章　结论与对策建议 …… 216

8.1　结论 …… 216
8.2　对策建议 …… 219
8.3　不足与展望 …… 220

参考文献 …… 222

第1章

绪　论

政府与社会资本合作模式（Public – Private Partnership，缩写PPP）是指在公共服务和基础设施领域，由政府方和社会资本方为了共同完成公共产品项目而建立的长期合作契约，是一种国际公认的伙伴关系形式，在交通、资源管理和医疗保健等许多部门都有运用（Buso et al.，2021）。PPP 模式起源于 20 世纪 80 年代的英国，主要应用于英国的基础设施领域。在我国 PPP 模式起始于 1984 年深圳市广深沙角 B 电厂项目，这是我国首个 BOT 项目，为我国基础设施领域的融资模式开创了先河。随后，PPP 模式在我国逐步推广，社会资本参与公共基础设施项目建设的体制逐步形成与完善。在 PPP 模式中，引入社会资本方得以缓解政府的财政压力，并且促进了基础设施项目的全面发展。

从 20 世纪 80 年代开始，社会资本就已经以各种形式参与到我国的电厂、交通等一些大型基础设施领域建设当中，并取得了良好的反响。这不仅解决了我国当时基础设施落后又缺乏财政资金的问题，也在一定程度上引进了国外的一些先进技术以及管理经验，提高了公共服务效率。但是由于 PPP 项目具有不同于其他项目的特点，例如投资规模大、特许经营周期长、参与主体多等。在建设运营过程中 PPP 项目常常会受到外部市场环境、政策环境以及法律环境等各方面因素的影响，因此导致 PPP 项目在实际操作中非常复杂，并在极大的不确定环境中发展，增加了其失败的风险。例如，我国第一座以 BOT 形式建设的自来水厂——上海大场水厂，其中社会资本方为英国泰晤士水务，政府方为上海市水务部门。根据协议，英国泰晤士水务要保证其项目的年固定回报率达到 15%，所以应由上海市水务部门逐年给予英国泰晤士水务建设补偿。该项目于 1998 年建成并正式投入运营，但在 2002 年，国家有关部门明确指出，外方投资固定回报不符合中外投资者利益共享、风险共担的原则，导致一批固定回报项目开始进入清理过程。因政策变更风险不能获得预期回报，最终导致在 2004 年政府回购上海大场水厂项目失败①。此外，荷兰审计法院对荷兰的五个设计、建造、财务和维护项目（包括主要道路项目和两个公用事业项目）的一项调查表明，项目合同中共有 157 项未计算的变动导致成本超支 6 100 万欧元②。

建立和维持良好的合作关系是 PPP 项目成功的关键。在 PPP 项目实施中，政府的主要目的是解决财政资金不足的问题，提高基础设施的服务质量来满足公众对公共服务的需求；而社会资本方参与 PPP 项目的主要目的是赚取利润，考虑如何实现自身利益的最大化。机会主义行为是一种社会经济活动中普遍存在的现象。由于项目在实施过程

① 寇丽. BOT 方式在中国的实践之法律论证分析——上海市大场自来水处理厂 BOT 项目之案例分析 [J]. 中国政法大学学报，2000 (3)：130 - 134 + 160.

② 资料来源：Van Garsse S. Contract management bjj DBFMO - projecten：Onderzoek Van de Algemene Rekenkamer [J]. TBR - Den Haag，2013，6 (12)：1169 - 1172.

中存在信息不对称，使项目存在一定的投机风险。同时，PPP项目的合作期一般为二三十年，在如此长的时间内，人们认知能力有限导致无法预料到项目未来的进展情况，从而进一步增加了机会主义行为发生的风险。如何建立有效的激励和监督机制，促进PPP项目合作，降低机会主义行为发生的概率，并保证项目成功，是项目管理者需要解决的重要问题。

基于以上分析，针对PPP项目合作问题，基于互惠共赢的PPP项目合作原则，结合行为经济学理论，本书从公平和互惠偏好的角度出发，分别从激励机制和合作行为两方面分析如何促进政府和社会资本方之间的合作，并考虑了PPP项目在刚性和柔性两种合同条件下政府与社会资本方公平和互惠偏好程度对双方合作努力以及策略选择演化的影响，探讨两种合同条件下的最优激励机制与演化策略，并将两种合同做了对比分析，总结了两种合同的不同适用情形。本书可以为促进PPP项目合作、提高项目成功的概率提供理论支撑和策略支持。

1.1 PPP项目合作研究的意义

1.1.1 理论意义

首先，“互惠共赢”是PPP项目合作的基础。在实际生活中，传统经济学中假设的完全理性经济人是不存在的，互惠和公平偏好被证明是普遍存在的且能够更好地解释人类的众多行为（韦倩，2010）。因此，结合PPP项目合作“互惠共赢”的基本原则，本书将互惠偏好与基于收入分配的公平偏好理论模型引入 PPP 项目的政企合作机制研究中来，构建了政府和社会资本方双方的委托代理模型，并运用委托代理理论和演化博弈的方法分析了互惠偏好、公平偏好是如何影响政府的激励监督措施以及社会资本方努力行为的选择，拓宽了现有的 PPP 项目合作机制研究思路，同时也丰富了公平偏好理论在应用方面的研究，补充了对 PPP 项目在激励机制设计方面的研究。

其次，本书基于互惠和公平偏好理论，考虑政府方与社会资本方的委托代理关系，分别建立刚性合同和柔性合同下委托代理模型和两阶段的演化博弈模型，分析了两种合同类型下合作双方的公平和互惠偏好程度对社会资本方的最优努力程度、最优利润分享比例、行为策略选择以及合作的影响，探讨出两种合同条件下最优激励机制，并通过对比初步讨论出在不同情形下更具有激励效果的合同，从而补充激励机制的研究，为 PPP 项目中激励机制的选择与制定提供理论依据。

最后，合同机制的选择是决定项目成败的关键因素之一。目前，关于 PPP 项目激励机制的研究主要探讨刚性或柔性合同条件下的激励机制设计以及政府的监管策略问题，缺乏对刚性和柔性两类合同适用性的讨论。本书不仅从静态视角与动态视角对刚性合同与柔性合同的适用条件进行了讨论，还对政府如何根据内外部环境选择合同类型提供了进一步的理论指导。

1.1.2　应用价值

首先，PPP 虽然经过了多年的发展和完善，在实践中仍然存在很多未解决的难题。例如：政府监管具有单一性和滞后性，激励力度不够，监管体系和合同机制不完善等。这些问题如果不解决，终将会给政府的公信力、社会风气、公共舆论带来不良影响。本书比较分析了PPP项目中刚性和柔性合同条件下的激励机制和双方的行为选择规律，初步讨论出在不同环境条件下更具有激励效果的合同，总结两种合同的不同适用情形，为PPP项目中合同类型的选择和激励机制的设计提供了一定的指导，具有重要的现实意义。

其次，互惠共赢是PPP项目合作的基础，本书将公平和互惠偏好引入政府的激励监督体系，分析政企双方公平和互惠偏好对激励策略、行为策略演化的影响，可以帮助管理者充分发挥职权作用，最大限度地将不合理的、过度的社会资本逐利性行为、懈怠性行为扼杀在摇篮中，在保证各方利益的前提下，充分发挥PPP模式的优势、释放PPP模式的正面影响。

最后，有利于提高公共服务质量和公众满意度。缺乏有效的监管和激励政策就很可能造成社会资本经营效率低下、服务质量不高等问题，从而引起公众的不满。本书采用委托代理和演化博弈法建立模型，分析两个主体的行为策略；并且在此基础上打破常规思维，将公平偏好和互惠偏好引入模型，在弥补PPP项目政府单一性监管的困境同时，构建并完善PPP项目激励体系，对政府和社会资本双方的利益进行有效维护，可以增加政府和社会资本合作的正向效应，有利于提升公共服务质量、维护社会公共利益，实现政府、社会资本、公众多元主体合作共赢的局面。本书的研究可以为项目管理者构建PPP项目监管和激励策略提供理论支持和策略建议，进而有效地规范和控制社会资本方的行为，使PPP项目的经济效益和社会效益得到充分体现。

1.2 PPP 模式的定义和特征

PPP 的英文全称是"Public - Private - Partnership"，其含义是指政府和社会资本方之间就提供基础设施服务所建立的一种伙伴关系。虽然 PPP 模式已经很早就开始应用到社会经济发展当中，而且在不同国家的不同发展阶段有着不同的形式，但时至今日尚没有一个统一的定义，各个国家、组织、机构对 PPP 都有着自己的理解，如表 1 - 1 所示。

表 1 - 1　　PPP 的定义

组织	PPP 定义
英国财政部	PPP 模式是一种以公私合作的伙伴关系，推动私人资本进入公共物品及服务的提供领域
联合国发展计划署	PPP 模式是政府、营利性企业和非营利性组织单位就某一个项目达成相互合作关系的形式
美国 PPP 国家委员会	PPP 模式就是一种公共产品的提供方式，既不是完全外包也不是完全的私有化，它充分利用私人资源实现公共基础设施从设计到经营维护的一体化服务
联合国训练研究所（UNITAR）	PPP 模式是公共部门和私人部门之间长期合约的媒介，涵盖了不同社会系统倡导的所有制度化合作方式
加拿大 PPP 国家委员会	PPP 模式是公共部门和社会资本方之间所形成的一种合作经营关系
香港效率促进组	PPP 模式是一种由公共部门和私营机构在共同提供公共设施服务上所进行的项目计划和组织安排
欧盟委员会（European Commission）	PPP 模式是公共部门和私人部门之间的一种合作关系，目的是提供传统意义上由公共部门提供的公共项目或服务
中国财政部	PPP 模式是指政府方和社会资本在基础设施以及公共服务领域建立的一种长期合作关系

尽管不同的国家、组织以及机构从不同的角度对PPP的定义进行了界定，但其核心内容本质上是相同的。PPP项目主要具有以下几方面特征。

（1）长期的合作关系

PPP模式主要应用于一些大型基础设施项目（道路、铁路、港口、地铁、桥梁等）、公用事业项目（供水、供电、污水处理以及垃圾处理等环境治理项目）。这些领域均具有投资规模大、建设周期长等特点，其合作期限长达10～30年，只有政企双方建立长期的合作关系，充分发挥各自的优势，才能保证项目的成功。

（2）真正的风险分担

由于PPP项目合作期限长，涉及的参与方众多，流程也较传统的建设项目复杂得多，因此将会面临更大的风险。政府和社会资本方进行合作时并不是把所有的风险都转移给社会资本方，而是要考虑双方各自的管控能力、管控的成本以及风险的回报等进行合理的分配。PPP项目必须实现政府和社会资本之间真正的风险分担，由对某风险最有管理能力的一方承担相应的风险，从而降低整个PPP项目周期的成本。

（3）适当的利益共享

实施PPP项目的主要目的是利用社会资本方在技术、资金以及管理方面的优势来提高基础设施的管理水平，满足人们对公共服务的需要。一方面，社会资本方通过对PPP项目的运营获得合理的回报；另一方面，政府缓解了自身的财政压力，同时实现了社会效益的最大化。而在运营期，由于社会资本方的运营状况较好或者市场需求超出了合同签订的预测水平时会产生超额的利润，为了避免社会资本方的暴利行为，其超额收益应该在双方之间进行适当分享。

(4) 明确的产出要求

在签订 PPP 项目合同时必须明确政府对基础设施或者公共服务的具体要求，也就是 PPP 项目的产出要求，如果社会资本方不能满足这些要求，则这个 PPP 项目便是失败的。因此，在 PPP 项目过程中，政府应该重点根据公众的需求，对社会资本方提供的产品或服务质量以及价格进行监管。

1.3 PPP 模式的发展及作用

作为一种新型的基础设施和公共产品服务的提供模式，PPP 模式被公认为起源于 1992 年英国政府推行的私人融资计划（PFI）。自此之后，PPP 在英国、澳大利亚、加拿大等西方发达国家率先得到了快速的发展，目前已经推广到亚洲、非洲等世界各个地区。经过几十年的发展，逐步形成了一套成熟的 PPP 模式管理制度，英国借助 PPP 模式实施了大量的基础设施和公共服务项目，其领域主要涉及医疗、教育、交通、环保以及国防设施等。截至 2015 年第 1 季度，英国的 PPP 项目达 722 个，涉及总投资 577 亿英镑①，一方面有效缓解了英国政府财政资金不足的问题，另一方面也显著提高了公共产品的服务效率。在澳大利亚，政府为了解决加快基础设施建设造成的资金不足问题，于 20 世纪 80 年代在基础设施建设领域采用了 PPP 模式并取得了良好效益。在 90 年代，澳大利亚政府在大量吸收社会资本的同时将风险过多地转移给了社会资本方，导致了社会资本方的负担过重，以

① 资料来源：https：//zhuanlan. zhihu. com/PI3347814.

至于项目难以为继。2000 年以后，政府总结了经验和教训，制定了促进 PPP 健康发展的政策和法律，实现了政府和社会资本方双方良好的合作。截至 2009 年，澳大利亚的 PPP 市场总额达到 920 多亿美元，项目范围主要分布在铁路、司法、教育、娱乐、卫生等领域。加拿大自 1991 年开始运用 PPP 模式，先后建设了交通、医疗、环保、教育等大量的公共设施项目，并且是国际上公认的 PPP 运用得最好的国家之一。

我国 PPP 模式起始于 1984 年深圳市广深沙角 B 电厂项目，这是我国首个 BOT 项目，为我国基础设施领域的融资模式开了先河。随后，从 1992 年党的十四大提出投融资体制改革，到 1995 年广西来宾 B 电厂和长沙电厂、成都和北京自来水厂等几个 BOT 试点项目相继开展，PPP 模式在我国逐步推广，社会资本参与公共基础设施项目建设的体制逐步形成与完善。2013 年党的十八届三中全会提出，允许社会资本通过特许经营方式参与城市基础设施投资与运营。2014 年 5 月，为加快投融资体制改革，推进投资主体多元化，进一步发挥社会资本作用，国家发改委在基础设施等领域首批推出 80 个鼓励社会资本参与建设营运的示范项目。在一系列政策的推动下，PPP 模式在我国开始迅速推广与发展，市场环境不断得到优化，项目的落地率显著上升，其项目范围覆盖了市政工程、交通运输、生态建设和环境保护、城镇综合开发等领域，在促进经济发展方面取得了积极的成效。

截至 2022 年 11 月，全国 PPP 综合信息平台累计入库项目 10 363 个、投资额 16.8 万亿元；累计签约项目 8 479 个、投资额 14.0 万亿元，分别占入库项目数、投资额的 81.8%、83.4%；累计开工建设项目 6 687 个、投资额 11.0 万亿元，分别占入库项目数、投资额的

64.5%、65.8%[①]。从 2021 年 1 月至 2022 年 10 月管理库项目投资额月度变化情况来看，目前我国的 PPP 项目总体发展水平良好，总投资额逐步增加，处于准备阶段的 PPP 项目投资额逐步减少，处于执行阶段的 PPP 项目投资额逐步增加，具体如图 1 – 1 所示[②]。由此可知，我国越来越多的 PPP 项目进入执行阶段，故加强执行阶段项目管理变得越发重要。回报机制作为 PPP 项目成败的关键因素之一，是 PPP 合同的核心部分。2014 年以来，管理库累计使用者付费类项目 581 个、投资额 1.6 万亿元，分别占管理库的 5.6% 和 9.6%；累计可行性缺口补助类项目 6 120 个、投资额 11.5 万亿元，分别占管理库的 59.2% 和 69.3%；累计政府付费类项目 3 631 个、投资额 3.5 万亿元，分别占管理库的 35.1% 和 21.1%，具体如图 1 – 2 和 1 – 3 所示[③]。考虑到越来越多的 PPP 项目进入执行阶段，地方政府的还债压力逐年增大，但是 PPP 项目绩效管理工作水平低下，为此财政部在 2019 年和 2020 年围绕政府按效付费为核心要点颁布了一系列政策，具体内容为：“对于政府负有支付义务的 PPP 项目，政府应在 PPP 合同中约定项目的产出绩效，将项目产出指标作为按效付费的核心指标，全面开展 PPP 项目的绩效管理，严格执行按效付费”。

虽然在中央及地方政府的大力支持和积极推广下，我国 PPP 项目呈现良好的发展态势，但同时 PPP 项目也存在一些不规范的现象，比如：地方政府过于重视短期的投资效果，而忽略长期的风险防范；社会资本只关注短期的利益而忽视长期运营等。因此，为了规范 PPP 模式，财政部在 2017 年 11 月开展了 PPP 项目的清库工作，将不规范的

① 资料来源：全国 PPP 综合信息平台管理库项目 2022 年 11 月报。
②③ 资料来源：全国 PPP 综合信息平台管理库项目 2022 年 10 月报。

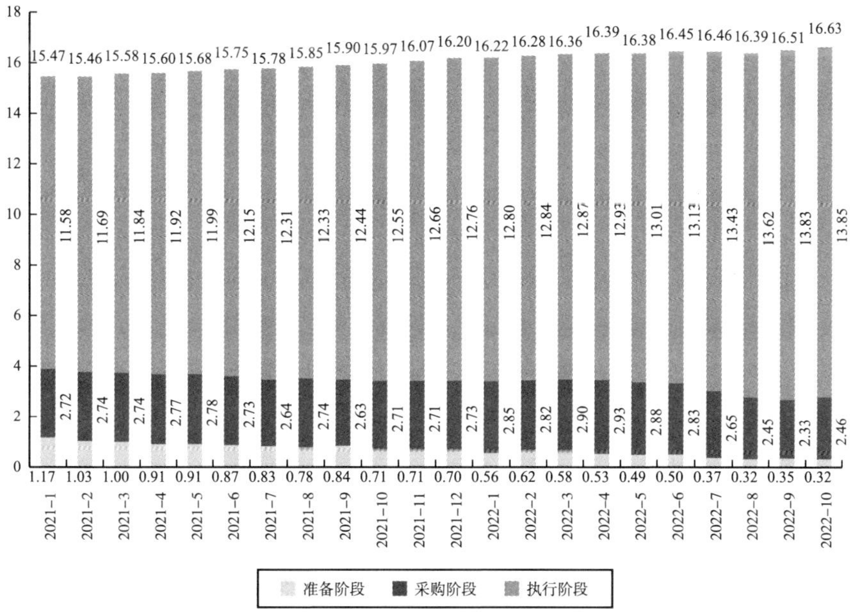

图1-1　管理库各阶段项目投资额月度变化（万亿元）

注：图1-1的数据未更新至11月，11月报还未全部披露。

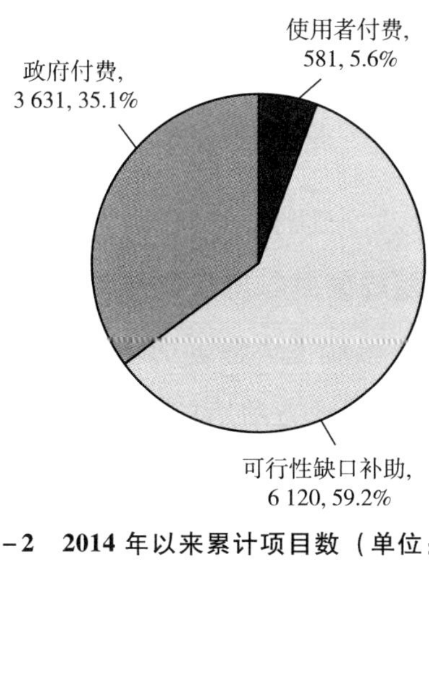

图1-2　2014年以来累计项目数（单位：个）

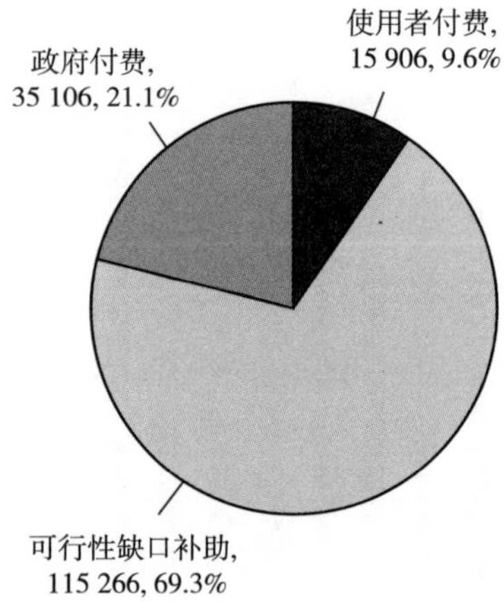

图 1－3　2014 年以来累计项目投资额（单位：亿元）

PPP 项目进行剔除，并且政府出台多项政策以加强对 PPP 项目的监督。PPP 模式的发展得到进一步的完善，鼓励支持与规范有序成为 PPP 模式发展的主基调，这不仅有利于激发民营资本的投资活力，也促进了 PPP 项目的健康发展。尽管在 PPP 发展过程中，出现了部分“伪 PPP”等现象影响着 PPP 模式的推广（时羽等，2020），违背了 PPP 改革的初衷，扰乱经济秩序，增加了财政风险，但是 PPP 模式在推进基础设施建设和公共服务领域确有着其他模式不可比拟的优势，其主要有以下几方面：

（1）拓宽基础设施建设的融资渠道，缓解政府的财政资金压力

过去几十年，伴随着国民经济的快速发展和城镇化进程的加速，地方政府的债务总量也出现了大幅度的增加。根据财政部网站显示，截至 2023 年 1 月末，全国地方政府的债务余额为 35.7018 万亿元①，虽然控制在限额之内，但基础设施建设的投资规模大，新型城镇化的

① 资料来源：中华人民共和国财政部，http：//yss.moy.gov.cn/。

建设仍然需要大量的资金。通过PPP模式在基础设施和公共服务项目中引入社会资本，拓宽了政府城镇化建设的融资渠道，形成了多元化的资金投入机制，减少政府的财政支出和债务压力，同时也激发了社会资本的投资活力，提升经济增长动力，促进经济的可持续发展。

（2）引进先进的管理和技术，降低基础设施项目的风险

通过PPP模式进行基础设施项目建设时，选择的社会资本方往往是几个由在某一方面或多个方面具有经验和实力的企业组成的联合体（如融资、设计、建造或运营）。这样做的目的有两个：一方面可以有效地整合社会资源，在基础设施的建设和提供上引进了先进的技术和管理经验，实现了强强联合，充分发挥企业的能动性和创造性，提高了基础设施供给效率；另一方面按照风险由最有控制力的一方来承担的风险分配原则来说，降低了政府在融资、设计、建造以及运营等方面所承担的风险，实现了风险在政府和社会资本之间的合理分配，从而在最大程度上降低了整个基础设施项目的风险。

（3）实现政府职能的转变，促进市场制度的完善

过去基础设施、市政工程、公共服务项目的提供为政府方独自垄断，由政府方大包大揽地负责基础设施的投资建设和运营，这种权责不清、角色错位、监管缺失的格局很容易产生部门之间互相串通、以权谋私的现象，结果将导致公共服务的质量和水平普遍低下。PPP模式的引入，将政府由公共服务的唯一提供者转为项目的合作者和监管者，减少了政府在微观事务方面的过度参与。在这种角色转换的过程中，政府和社会资本双方必须按照合同办事、遵守契约精神，平等参与，公开透明，有利于政府方的简政放权，从具体的项目中解放出来，更好地实现了政府职能的转变，也在无形中发挥了市场在资源配置中的决定性作用。

1.4　PPP 项目中的不确定性

PPP 模式由于引进社会资本方，在基础设施与公共服务领域有着不可比拟的优势。但是由于 PPP 项目的生命周期长、运营模式复杂、投资大、参与主体复杂，导致项目在建设运营的过程会受到较多不确定因素的影响。表 1－2 列举了国内外 PPP 项目典型失败案例所存在的问题。由此可以总结出，就 PPP 项目所面临的不确定环境具体来说，主要分为宏观层面与微观层面的不确定性。宏观层面是指与国家环境相关的政策、经济和法律等因素，在项目长达二三十年的建设运营期内，若政策、经济和法律等因素发生变化，容易导致 PPP 项目的合同协议、市场需求、合法性等因素发生变化，从而影响项目的正常运营，甚至导致项目中止或失败。微观层面是指与项目效益相关的市场、成本和收益等因素，若是 PPP 项目运营后市场环境发生变化，导致达不到预期收益或者不能收回投资，就会造成项目失败。

表 1－2　　国内外 PPP 项目典型失败案例

项目分类	项目名称	失败原因
道路 PPP 项目	英法海峡隧道	项目公司破产，2007 年债务重组
	美国 91 号快速路	2002 年政府回购
	泉州刺桐大桥	竞争性项目增加，政府提前收回经营权
	杭州湾跨海大桥	竞争性项目增加，2013 年资金缺口大
	北京京通公路	收益不足

续表

项目分类	项目名称	失败原因
供电 PPP 项目	菲律宾电力供应项目	政府决策失误，电力供给过剩
	哥伦比亚某电力项目	项目收入低于预期，财政担保不堪重负
	印度大博电厂	政府失信，电费纠纷，2001 年项目破产
	山东中华发电项目	2002 年年收益锐减
供水 PPP 项目	廉江中法供水厂项目	1999 年开始项目闲置，2009 年政府回购
	上海大场水厂	2004 年政府回购
	北京第十水厂	股东撤资，项目延期
	沈阳第九水厂	2000 年变更合同
环保 PPP 项目	长春汇津污水处理项目	政府政策变更，2005 年政府回购
	天津市双港垃圾焚烧发电厂	群众不满，收益不足
	兰州威立雅污水处理项目	多次调价，成本与收益倒挂
	汉口北垃圾焚烧发电项目	公众反对，项目地址搬迁

资料来源：https：//www. sohu. com/a/139431923_408971.

1.5　本书的主要工作

1. 研究对象和研究目标

本书考虑 PPP 项目中政府和单个社会资本方之间的合作问题，不考虑由多个社会资本方参与的项目。本书研究的是 PPP 项目中存在的共性问题，其模型适用于一般的 PPP 项目，并没有聚焦于某一个独特领域，如高速铁路、基础设施建设等。本书的研究目标包括以下几个方面：

首先，将互惠偏好和公平偏好纳入 PPP 项目激励机制构建中，分别构建基于互惠偏好和公平偏好的委托代理模型，得出在互惠和公平偏好条件下的最优激励机制，并分析互惠和公平偏好对最优激励机制构建的影响。

其次，基于互惠和公平偏好，研究 PPP 项目合作行为演化问题，分析 PPP 项目中政府和社会资本方在长达二三十年的合作期内可能采取的行为策略，从动态角度分析互惠和公平偏好对双方合作策略选择的影响，为研究如何促进政府和社会资本方在 PPP 项目中形成良好的合作机制奠定了基础。

再次，考虑 PPP 项目的不确定性因素对激励机制选择影响，确定刚性合同和柔性合同的适用情形。其中，柔性合同被认为是适应项目不确定性的最优合同。但在 PPP 项目实施过程中，刚性合同仍然占主导地位。另外，柔性合同和刚性合同各有优缺点，因此有必要对两类合同的适用边界进行讨论。

最后，基于理论分析，构建计算机仿真模型，验证理论结论，并针对如何提高 PPP 项目合作效率，以及如何选择和构建合理的激励机制提供策略建议。

2. 研究内容

首先，本书基于互惠偏好理论，建立了 PPP 项目合作委托代理模型和演化博弈模型。其次，考虑到 PPP 项目面临的不确定性，构建了基于柔性合同的委托代理模型和演化博弈模型，并将其与刚性合同条件下的激励机制和合作行为演化进行比较，讨论两类合同的适用边界。再次，本书将基于收入分配的公平偏好理论引入到 PPP 项目的合作机制研究中，运用委托代理理论、演化博弈理论分析了公平偏好条件下政府和社会资本方的行为选择。最后，本书将在互惠和公平偏好情形下得出的结论进行了比较分析。

本书的研究内容包括以下几部分：

（1）国内外相关研究和理论基础

本部分系统地总结和梳理国内外有关文献，分析 PPP 项目合作机制、激励机制、演化博弈和涉他偏好的研究现状，并进行总结。另外，介绍了 PPP 模式的相关理论知识，政府和社会资本方合作机制的理论基础，包括委托代理理论、演化博弈理论、系统动力学理论以及涉他偏好理论，为后续的研究提供了理论基础。

（2）PPP 项目合作与合同机制分析

本部分着重讨论 PPP 项目的合作与合同机制。首先阐述了 PPP 项目中主要的利益主体以及其在项目中的利益诉求，分析了 PPP 项目中政府方的监管策略和激励措施，以及社会资本方的机会主义行为。其次对 PPP 项目的合同机制进行了详细的阐述与分析，包括项目合同体系、合同参与方分析、刚性合同机制分析以及柔性合同机制论述，分析目前 PPP 项目中传统刚性合同与柔性合同的特点与运行机制的差异。

（3）基于互惠偏好的 PPP 项目激励机制与合作演化

基于互惠偏好，本章分析了刚性合同和柔性合同条件下 PPP 项目的激励机制以及政企双方合作演化，讨论了社会资本方互惠偏好程度对社会资本方的最优努力程度、最优风险分担比例、双方合作以及策略选择的影响。最后，分别比较了刚性和柔性合同条件下 PPP 项目的最优激励机制与政企双方演化均衡状态，得出两类合同的适用条件，并运用 MATLAB 软件对理论模型进行了仿真。

（4）基于公平偏好的 PPP 项目激励机制与合作演化

依据公平偏好理论，本章首先运用委托代理理论分别构建了刚性合同柔性合同条件下的 PPP 项目的激励模型，重点分析了当社会资本方具有公平偏好时的激励机制，并对模型结果进行了讨论。其次运用演化博弈的方法构建了 PPP 项目政府和社会资本方合作行为动态分析模型，讨论了公平偏好对双方合作行为选择的影响。与互惠偏好部分类似，最后本部分分别比较了刚性和柔性合同条件下 PPP 项目的最优激励机制与政企双方演化均衡状态，得出两类合同的适用条件，并运用 MATLAB 软件对理论模型进行了仿真。

（5）互惠与公平偏好条件下激励机制与演化策略对比分析

本部分将第（3）和第（4）部分研究结论进行比较分析，总结互惠和公平偏好分别在 PPP 项目激励机制设计和政企双方行为策略演化方面影响的异同，从而进一步完善本书的研究。

（6）结论与对策建议

系统分析和总结本书所得理论结论，为项目管理者如何促进 PPP 项目合作，降低机会主义行为提供策略建议，并指出未来可供拓展的方向。

3. 研究方法

（1）文献梳理法

文献梳理法亦称“历史研究法”或“文献资料研究法”，主要是指搜集、鉴别、整理文献，并通过对文献的研究形成对事实的科学认识的方法。文献梳理法是一种古老而又富有生命力的科学研究方法（凤元杰，2010）。本书通过大量阅读相关领域文献，分别梳理了 PPP 项目政企合作机制研究现状、激励机制现状、项目演化博弈研究现状以及涉他偏好研究现状，经过对以上文献的分析和归纳后，得出现有研究的欠缺和不足，并以此为基础提出本书的研究内容和框架。

（2）委托代理理论

罗斯（Ross）于1973年最早提出了“委托代理”一词。委托代理理论产生于20世纪60年代末70年代初，由一些经济学家深入研究关于企业内部信息不对称和激励的问题发展起来的（Wilaon，1969；Ross，1973）。经过几十年的发展，委托代理理论由传统的双边委托代理理论，发展出多代理人理论（Holmstrom，1982；Malcomson，1986）、共同代理理论（Bernheim & Whinston，1986；Martimort，1996；Bernheim & Vlimakit，2003）和多任务代理理论（Holmstrom & Milgrom，1991；Itoh，1991）。在委托代理理论中，委托—代理关系泛指任何一种涉及非对称信息的交易，在交易中具有信息优势的一方称为代理人，另一方称为委托人。委托代理理论的核心任务是研究在利益相冲突和信息不对称的环境下，委托人如何设计最优契约激励代理人（Sappington，1991）。在PPP项目中，政府方作为委托人，在一定的特许经营期内将项目的建设运营工作委托给社会资本方，社会资本方作为代理人负责项目的建设运营，双方利益存在冲突，并且政府无法观测到社会资本方的真实信息（王先甲，2019），双方存在信息不对称的现象。

（3）演化博弈理论

演化博弈论是博弈论的一个重要分支，最早起源于生物学（Fan & Hui，2020；Krapohl et al.，2020），是对经典博弈论完全理性和静态博弈论的改进（Fan & Hui，2020）。演化博弈理论是将博弈理论分析与动态演化过程分析结合起来的一种理论，研究随时间变化的某一群体的动态演化过程，解释说明群体如何达到稳定状态以及如何达到，强调的是一种动态均衡。演化博弈论的核心概念是进化稳定策略（*ESS*）和复制动态方程（Smith & Price，1973；Taylor & Jonker，

1978）。*ESS* 是一种在任何给定条件下都能抵抗替代策略入侵的策略（Smith & Price，1973）。复制动态方程描述了博弈参与者采用某种策略的比例随时间的变化趋势（Taylor & Jonker，1978）。演化博弈论已被广泛用于研究 PPP 项目的激励和策略选择问题。

4. 研究思路

本书的研究思路如图 1－4 所示。

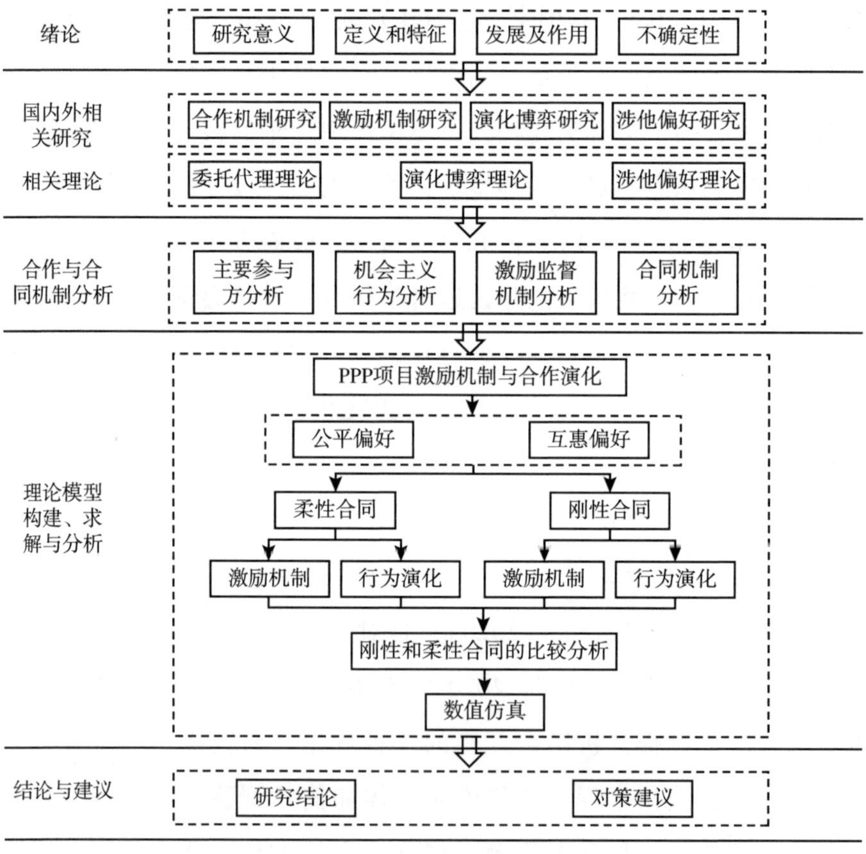

图 1－4　本书的研究思路

第2章

国内外相关研究与理论基础

2.1 国内外相关研究

2.1.1 PPP 项目政企合作机制研究现状

政府和社会资本方之间的良好合作是 PPP 项目得以顺利进行的必要前提。当前，PPP 项目中的政企合作机制已经成为学者们争相研究的热点之一。近几年来，这方面的研究主要包括投融资模式、风险分担、PPP 项目中的机会主义和面临的不确定性等。

1. 投融资模式

投融资模式是政府和社会资本方开展 PPP 项目的基础，众多学者从资本结构出发，对 PPP 项目政企合作机制进行了相关研究。在最优资本结构构建与选择方面，山打根和阿里坎（Sandalkhan & Arikan，2003）从以股东视角来最大化项目回报的目标出发，构建了财务模型和线性规划模型相结合的融资模型，确定了 PPP 项目评估阶段的最优资本结构。巴卡特扬（Bakatjan，2003）使用财务模型求解项目净收益，结合线性规划模型从项目拥有者效益最高的视角出发，确定出股权持有者在 PPP 项目发起之前的项目最优资本结构中的股权占比。云（Yun，2009）结合蒙特卡洛模拟技术和多目标遗传算法（GA）构建了 PPP 项目的资本结构优化模型，使债权人和项目经营方达到盈利能力和偿债能力同步平衡。刘婷和王守清等（2014）通过对 18 个典型 PPP 项目案例的分析，总结出了不同类型 PPP 项目的资产特征以及能力需求，同时归纳了股权结构和债本比例选择的国际经验。岳意定和黄雄艳（2016）运用模糊优选法和群体多属性决策方法，建立了基于 FMADM 的政府融资平台 PPP 项目资本结构选择模型，为地方政府选择 PPP 项目的资本结构提供了方法基础。此外，冯珂和王守清等（2017）在利益相关者满意的约束条件下，构建了社会成本最优化的股权配置模型，并通过遗传算法对模型作了定量化求解。张萌（2017）以新型城镇化建设中的准公益性 PPP 项目为研究背景，从实现合作共赢的视角出发，采用一般均衡理论与数值模拟方法分析了项目的最优资本结构及其影响因素，得出 PPP 项目在理论上是存在最优的股权配置结构的。孙达拉拉詹等（Sundararajan et al.，2017）从不确定性条件下复杂项目的绩效风险角度出发，设计了一种动态资本结构方法，主动调整资本结构应对绩效风险对项目的影响。王兵（2019）通过实物期权方法研究 PPP 项目允许资本结构调整和不允许资本结构调整项目的债务水平的不同，以及项目最优债务规模与贷款利率之间的关系。刘等（Liu et al.，2020）认为静态的资本结构不能满足 PPP 项目运营期间的资本结构动态调整的需要，从而恶化了项目财务可行性，他们开发了一种蒙特卡洛优化模型，量化股权和债务动态调整产生的成本，该模型可以分别采用三种资本结构调整策略，以对不同情境下特定项目的动态资本结构进行对比分析。王（Wang，2021）以最大化项目的净现值构建目标函数，以偿债备付率和社会资本的内部收益率作为约束条件，通过机会约束规划研究项目在一定置信度水平下的最优资本结构。吕俊娜等（2021）在 PPP 财务规划模型的基础上，从特许期和资本结构两个方面研究了政府、社会资本和金融机构之间的利益冲突，得到了满足三方要求的最优特许期和资本结构。

部分学者从影响资本结构的因素出发，研究 PPP 项目中的政企合作机制。维拉和詹姆斯（Vaaler & James，2008）通过对 1995～2004 年亚洲国家公布的 238 个项目融资公司样本进行分析，发现影响项目资本结构的选择主要有与宏观经济理论相关的国家层面因素、与代理理论相关的财团结构因素以及与学习和交易成本理论相关的项目规模因素等。马尔科和曼加诺（Marco & Mangano，2012）认为投资规模、社会资本方的资金实力，项目特许期的持续时间、服务产出的数量以及地方医疗机构的借贷水平是影响医院 PPP 项目资本结构选择的重要因素。胡一石和盛和太等（2015）通过在对一般公司资本结构影响因素进行梳理的基础上，通过专家访谈进一步识别出了影响 PPP 项目公司资本结构选择的因素并进行了排序，其结论为 PPP 项目的投融资决策提供了一些思路。蔡（Cai，2019）用广义最小二乘法（GLS）对来自 22 个国家的 498 个项目的数据进行了回归分析，确定了 PPP 项目资本结构的决定因素，即三个项目特定因素（发起人数量、贷款人数量和合同类型）和四个国家特定因素（总税率、实际利率、贷款风险溢价和债券市值）。王秀芹（2021）首先通过回归分析方法得出税收总额和债券市值是 PPP 项目债务融资的关键影响因素，其次运用 QUA 定性案例分析研究不同影响因素组合对资本结构的影响。伍迪等（2021）以我国民间投资基础设施项目为对象，对企业的性质、地域、规模与经济预期等方面因素进行了多维度的对比分析，发现企业整体上更关注资本结构的风险和成本，而较少关注资本结构对利益相关者的影响。

2. 风险分担

合理的风险分担是 PPP 项目建立稳定合作机制的关键。在风险分担原则方面，罗春晖（2001）认为基础设施私营投资项目中的风险分担应遵循风险分担与控制力相对称，风险分担与收益相对称，风险分担与投资者参与程度相协调。通过案例分析，李等（Li et al.，2005）在研究英国的 PPP 项目时，通过对 53 名专家进行问卷调查得出了公共部门应承担大部分宏观层面的风险和微观层面的风险，或由政企双方共同分担，而私人部门承担中观层面的风险。亓霞和柯永建（2009）通过对中国 16 个失败的 PPP 项目进行案例分析，总结了导致项目失败的风险因素，并就如何在政府和社会资本方之间合理分担项目的风险提出了相关建议。徐（Xu，2011）考虑成本是个动态演化的过程，基于交易成本模型分析参与各方应承风险和应获利益，从而完成更加均衡的风险分配。鲁特格尔和哈利（Rutgers & Haley，2012）提出应该由对风险最有控制力的一方管理风险。张曾莲和郝佳赫（2017）梳理了国内文献中主要涉及的 46 种风险，并运用打分统计法对 46 种风险进行了分配，认为政府方适合承担宏观层面的风险，而社会资本适合承担中观以及微观层面的风险。姜等（Jiang et al.，

2019）通过对新加坡 PPP 项目的实践研究，提出了政府及私有方应独自承担的风险及共同承担的风险类别，并指出那些无法确认的风险类别应通过双方博弈和谈判来具体确定由谁承担。岳（Yue，2019）结合自己多年的实践经验，考虑风险有很多承担方，提出了“谁有能力谁承担，风险承担与利益分红成正比”的风险分担原则。王（Wang，2019）利用2002 ~2015 年138 个发展中国家的约4 560 个 PPP 项目数据，研究了治理环境对私人投资的影响，发现较高的治理水平（腐败控制、政府效率、监管质量和法治等）减少了私营伙伴承担的风险和对私人投资的不利影响。阿格拜（Ağbay，2020）则针对近几年的 PPP 项目研究成果，认为不同国家地区不应教条式地遵循固有收费原则，双方应积极谈判，本着合作、共谋的原则获得更多的物有所值。王等（Wang et al.，2020）针对特许经营期范围，认为风险分担并非涵盖整个周期应划分阶段，利益相关者应通过有效的特许条款落实风险分担机制，从而实现双赢战略。王和高（Wang & Gao，2020）综合了组合权重法和 TOPSIS 方法，构建了针对海绵城市 PPP 项目的风险分担框架。史和吴（Shi & Wu，2022）考虑贷款人的观点和参与者的风险承受能力，建立公私伙伴关系（PPP）公路项目最低交通保障的最佳阈值，提出了交通担保的最优上下限模型，以优化政府和特许经营者之间的风险分配。

部分学者运用博弈论、网络分析、实物期权等理论方法研究 PPP 项目中的风险分担比例。何涛和赵国杰（2011）利用随机合作博弈理论构建了 PPP 项目政府和社会资本方的最优合作博弈模型，不仅确定了双方的最优风险分担比例，而且降低了风险转移后的项目总风险。李林和刘志华（2013）利用讨价还价博弈理论并结合项目参与方地位的非对称性，构建了双方风险分配的博弈模型，求解得出了政府和社会资本方对风险的承担份额。郭健（2013）利用实物期权理论研究了政府双边保证下的交通量风险分担问题，并计算出政府担保所增加的价值，进而在双方之间合理地分担了风险。阿米约和陈（Ameyaw & Chan，2015）采用实证数据与模糊理论相结合的方法构建了 PPP 项目风险分担的评估模型，为制定合理可行的 PPP 项目风险分配方案提供了决策依据。王蕾和赵敏（2017）利用网络层次分析法研究了项目属性、合作机制、风险属性等五类因素对分担比例的影响，对合作博弈风险分担模型解进行了修正，并以某污水处理厂 PPP 项目作为案例，求得了最优风险分担比例。马等（Ma et al.，2018）用实物期权法做出 PPP 项目特许期决策，并与博弈论结合讨论项目风险分担，增加了私人投资者谈判的灵活性。史等（Shi et al.，2019）针对私人部门公共租赁住房 PPP 项目，以实物期权的视角构建了投资估值模型。周盛世等（2019）在项目收益函数中引入承担风险效率系数、风险承担程度系数对其进行改进，基于此建立了基于 shapley 值法的 PPP 项目多方博弈分析，从多方是否共同承担风险角度分析各个参与方收益的大小，并进行对比，得出了各参与方都参与风险承担时可以使项目收益达到最大化，并用实例验证了结论，为地铁 PPP 项目如何进行风险分担提供了可行性建议。王军武（2020）认为 PPP 项目中并非所有的风险都是独立的，而是存在一定的相互作用和联系，基于此，将博弈理论引入轨道交通 PPP 项目中，探索不同参与方对风险的敏感度和承受能力，为风险管理提供了良好的参考。刘（Liu，2021）提出了一个博弈模型来分析 PPP 模式的股权分配如何间接影响私人部门激励并提高服务的质量。

3. PPP项目中的机会主义

机会主义是交易成本经济学的一个基本假设，它最早由威廉姆森（Williamson）提出，定义为在信息不对称的情况下，交易的一方不充分、不真实地披露信息而误导、欺骗另一方以获取私人利益。机会主义原本是指在交易中明显违反合同的行为，随着研究的发展，破坏交易双方关系的行为也被纳入机会主义的含义。瓦斯内和海德（Wathne & Heide，2000）将机会主义分为主动机会主义和被动机会主义。罗（Luo，2006）在新兴市场公司交易研究中将机会主义行为分为强机会主义行为（SOB）和弱机会主义行为（WOB）。在PPP项目中，项目的高信息不对称、高不确定性和所有权与经营权分离为机会主义采用创造了条件（Liu et al.，2016）。在PPP项目中社会资本方的机会主义行为不仅会直接损害项目的社会效益（Friend，2006），还可能导致项目失败（Zhang & Soomro，2016）。因此，如何有效抑制社会资本方的机会主义行为、促进PPP项目成功实施，就成为亟待解决的问题。

关于PPP项目中机会主义行为的研究，尹贻林等（2014）建立了政府与社会资本方的多次博弈模型，发现社会资本方的机会主义行为只能短暂地克制，无法从根源上杜绝。吴正泓等（2016）认为PPP项目中社会资本方机会主义收益的大小是社会资本方是否采取机会主义行为的决定性因素，较大的未来收益值和声誉系数能够促进政府和社会资本方更好地合作。常亮等（2017）建立流域管理PPP项目政府与社会资本方之间的委托代理模型，发现：监管过于刚性时，项目道德风险较高且社会资本方更易采取机会主义行为。考虑到监管成本，刘等（Liu et al.，2017）运用演化博弈的方法研究了运营过程中政府的监管效用，指出在政府与社会资本方的长期合作中，政府容易陷入“激励悖论”，社会资本方的机会主义行为难以抑制。穆萨（Moosa，2018）还进一步通过案例分析对监管的正反效用进行研究，指出监管不当不仅不能对项目起到积极作用，还可能产生影响项目成功的消极作用，从而导致合同无法履行和项目失败。牛耘诗等（2019）研究PPP 项目提前终止过程中的机会主义行为，结果表明由于 PPP 项目的不可复制性，政府对单一项目进行监管成本高昂。冯等（Feng et al.，2021）基于大型建筑企业、金融机构和投资者以及具有 PPP 项目实践经验的学者的数据，利用结构方程模型（SEM）探讨了公共部门关系取向对社会资本方正义感知和机会主义行为的影响机制，结果表明：公共部门的关系取向显著影响社会资本方正义感知和机会主义行为的形成和发展，正义感知在关系取向作用于机会主义行为的过程中起中介作用，工具关系取向更有利于减少机会主义行为。王等（Wang et al.，2021）揭示了信任网络、机会主义行为与 PPP 项目所有参与者合作效率之间的关系。刘继才等（2022）基于委托代理理论，构建了政府与社会资本方之间的博弈模型，对有无金融机构参与规划阶段的模型结果进行了比较分析，结果表明：金融机构提前介入项目的规划阶段，不仅可以提高政府的激励水平，抑制社会资本方的机会主义行为，还可以提高项目的总产出。

4. PPP 项目不确定性

自 2014 年以来，PPP 模式在我国迅速发展，引入社会资本方不仅缓解了政府的财政压力，同时也促进了基础设施项目的全面发展。然而 PPP 项目具有投资规模大、特许经营周期长、参与主体复杂等特点，在政府方与社会资本方的长期合作过程中，PPP 项目可能会受到各种不确定性因素的干扰，具体见表 2-1。

表 2-1　　PPP 项目中的不确定性

不确定性因素	文献
需求不确定性	傅以斌等（Flyvbjerg et al.，2005）
政策或法规不确定性	吴等（Wu et al.，2005）；秦（Qin，2022）；王（Wang，2022）
内部环境、需求预测不准确、外部环境不确定性	德威克等（De Weck et al.，2007）
建筑成本超支、融资资本成本	克鲁兹和马奎斯（Cruz and Marques，2013）
项目需求、项目管理绩效、交易双方关系	娄黎星（2014）
金融结构、风险防范不足、合同缺乏灵活性	圣安德烈亚（Santandrea，2016）
环境不确定性、行为不确定性	陈等（Cheng et al.，2021）
质量缺陷、成本超支	霍奇和格雷夫（Hodge and Greve，2007）
收入不确定性	刘等（2020）、宋（Song，2018）
溢出效应的方向和规模上存在不确定性	黄等（Huang et al.，2021）

众多学者对 PPP 项目所面临的不确定性进行了研究和分析。例如：傅以斌等（Flyvbjerg et al.，2005）主要着手于交通类 PPP 项目，对发达国家和发展中国家 210 个私人铁路和公路项目的交通预测的不确定性进行了测量，结果发现，在私人铁路和公路项目对于未来的需求量的预测往往偏于乐观，实际需求与预测需求偏差超过 20% 的铁路项目高达 84%，公路项目也达到了 50%。吴等（Wu et al.，2005）通过研究发现 34 条导致项目面临不确定性的变更，如政策或法规的变更、承包商在不同合同环境下工作导致的变更等。德威克等（De Weck et al.，2007）将 PPP 项目面临的不确定性分为两类，即内部环

境与外部环境，外部环境包括市场、运营环境和政治等项目无法控制的范围，而内部环境包括项目自身的实施环境。克鲁兹和马奎斯（Cruz & Marques，2013）认为，拥有大量沉没投资的 PPP 项目主要面临建筑成本超支、对未来需求预测不准确和融资资本成本三个主要不确定性来源，导致项目面临不同类型的风险，甚至影响项目在特许经营期的绩效。娄黎星（2014）从项目需求、项目管理绩效达成以及交易双方相互关系三个方面论述了工程项目所面临的不确定性。圣安德烈亚等（Santandrea et al.，2016）研究发现，PPP 项目面临的三个不确定性来源为金融结构、风险防范不足和合同缺乏灵活性。陈等（Cheng et al.，2020）基于来源于中国 PPP 专业人员收集的 170 份有效调查数据，分析关系质量的中介作用、环境不确定性和行为不确定性的调节作用，探讨联合合同功能与 PPP 项目可持续性绩效之间的联系及其内在机制。刘等（2020）针对中国的桥梁行业，在收入不确定性的情况下，突出一种能在不确定环境下提高 PPP 动态资本结构要求的蒙特卡罗优化模型。黄等（Huang et al.，2021）研究了高铁对区域经济的溢出效应，在溢出效应的方向（即对区域经济的利与弊）和规模上都存在不确定性的情况下，建立了一个综合经济模型来分析高铁项目融资中的最优公私合作关系（PPP）。袁等（Yuan et al.，2022）在考虑项目不确定性对最终决策结果的影响下，提出了一种基于 Z 数字的实物期权（ZRO）模型来评估 PPP 再融资价值。王等（Wang et al.，2022）基于 2009 年至 2021 年中国 5 677 个 PPP 项目的数据，采用加速失效时间（AFT）模型，分析了决定 PPP 前期建设阶段持续时间的潜在动态因素：（1）政策不确定性；（2）腐败；（3）采购方式选择。结果表明，随着政策不确定性和腐败程度的增加以及招标方式的使用，施工前期工期显著延长。

2.1.2 PPP项目激励机制研究现状

1. 刚性合同

鲍亚里和泰德利斯（Bajari & Tadelis，2001）发现设计刚性合同是降低重新谈判可能性的有效方法。早期PPP项目相关激励机制的研究以刚性合同为主，主要运用NPV、委托代理和博弈论等方法研究政府方和社会资本方之间的激励机制和补贴机制设计等。例如：马丁莫特和波利特（Martimort & Pouyet，2008）讨论了PPP项目中是否应当将公共服务和管理任务是否应当捆绑，研究表明当可以签订绩效合同时，如果更好的基础设施设计也有助于节省运营成本，那么这两项任务应该由同一家公司共同完成，否则，任务应该分开，由不同的单位承担。夏尔玛等（Sharma et al.，2010）提出了一种确定PPP项目中债务—股权投资的结构化方法，可用于估计私募股权投资的范围，确定目标股权结构，以及记录PPP合同的私募融资收益和成本。曹启龙和盛昭瀚等（2015）分析了社会资本方合作行为与政府激励机制、监督惩罚力度之间的关系，研究发现当政府方收益最大时，仅依靠激励监督是不能解决社会资本方的寻租行为的，但是可以通过加大惩罚力度来抑制社会资本方的寻租行为。刘和高等（Liu & Gao et al.，2016）通过构建社会资本方存在机会主义倾向时的委托代理模型来分析社会资本方的机会主义问题，并提出了抑制PPP项目中社会资本方机会主义倾向的激励措施来促进双方的合作。曹启龙等（2016）研究了公平偏好下的PPP项目多任务激励机制的设计问题，发现社会资本方的公平感知因素可以对政府的激励机制产生重要影响。运用委托代理理论，刘等（Liu et al.，2016）分析了抑制 PPP 项目中投资者机会主义倾向的激励机制，并分析得到了提高激励强度有助于降低社会资本方采取机会主义水平的结论。张宏和乔文珊（2017）基于委托代理理论，构建了 PPP 项目的静态绩效激励模型和融入再审核的动态绩效激励模型，并对奖惩系数调整的影响因素进行了分析，研究结果为政府科学确定再审核周期提供了决策支持。常雅楠和王松江（2018）以 PPP 项目中利益分配为激励因素，研究合理的利益分配对社会资本方的激励作用，建立了改进的 Shapley 值法利益分配综合模型。王等（Wang et al.，2019b）为了解决 PPP 项目中的道德风险问题，构建了对社会资本方的激励博弈模型，研究结果表明，在项目的不同阶段采用灵活的激励机制，可以有效地影响社会资本方的合作意愿，提高社会资本方在项目中的收益。王等（Wang et al.，2019a）基于委托代理模型确定了备用信用证 SLOT 的合理价值。周亦宁和刘继才（2020）研究如何抑制 PPP 项目社会资本方的投机行为，将上级政府部门的行政监管机制引入 PPP 项目的监管机制中，构建了地方政府和社会资本方的演化博弈模型，研究得到上级政府部门参与 PPP 项目监管对抑制社会资本投机行为有显著的提升作用。何等（He et al.，2021）提出了一个博弈模型，以分析私人合作伙伴（通常是建筑公司和运营公司）之间的股权分配如何间接影响其激励，从而提高非合同服务的质量，研究结果表明，股权结构可以有效补偿合同的不完整性。熊和韩（Xiong & Han，2021）针对 PPP 项目提前终止的情况，提出了一个补偿模型以量化提前终止时支付给社会资本方合作伙伴的金额。王先甲等（2021）将 PPP 项目产出绩效作为激励途径，以收益的高低来激励社会资本方付出最优努力水平的同时也能显示出真实的能力水平，研究结果表明，通过设置合适的激励机制能够激励社会资本方付出最优努力的同时还能实现甄别其信息的目的。史和张（Shi & Zhang，2022）构建了PPP项目生命周期内各阶段的委托代理模型，提供了一个终身治理模型来分析特许公司在每个阶段的行为。张和刘（Zhang & Liu，2022）构建了金融机构早期干预情景下PPP项目的激励机制和增值Stackelberg博弈模型，指出金融机构对PPP项目的早期干预的内在价值。金等（Jin et al.，2021）运用NPV方法，创建一个讨价还价模型，以确定政府担保的最佳水平，并避免私人投资者获得过多利润。以上研究都以政府和社会资本方的完全理性为假设前提。

随着行为经济学的兴起，不少研究构建了基于互惠、公平和利他等社会偏好的激励和补贴机制。例如：王和刘（Wang & Liu，2015）将公平偏好理论引入传统委托代理理论中，通过建立委托代理模型计算出政府雇佣具有公平偏好代理人时的最优激励，研究结果表明，当政府选择具有更高公平偏好的投资者时，可以获得更高的预期收益。王等（Wang，2018）在传统的委托代理模型的基础上，引入互惠偏好理论分析了最适合政府的风险分担率，并建立一个最优的激励机制来保证项目的收益。王等（2020）基于委托代理理论，研究了项目参与者的利他偏好对政府补贴的影响。万和王（Wan & Wang，2022）考虑到社会资本方的机会努力转移和互惠努力改进，建立了一个最优控制模型。

2. 柔性合同

在20世纪下半叶，在面临外部不确定环境下，大量采用官僚、功能等传统管理工具的项目已经无法适应，因此柔性理论逐渐发展。曼德尔鲍姆（Mandelbaum，1978）将柔性定义为系统有效地响应环境变化的能力。以往关于柔性的研究主要集中在供应链、运作管理和战略管理等领域。考虑到工程项目所面临的各种不确定性，采用严格准确、不可改变的硬性条款的刚性合同难以再适应，柔性理论也逐渐被引用到工程项目领域，即通过在合同中注入柔性元素，形成一定的可调整空间以适应项目的不确定性环境的合同，即柔性合同。杨茂（2018）对 PPP 项目面临的各种不确定性风险分析后，指出柔性合同的引入是实现合理的风险分担、提高项目绩效以及激励合作双方提高合同对不确定性环境适应的有效途径。陈婉玲（2018）认为在 PPP 项目面临的巨大不确定环境下，柔性合同的引入至关重要，需在 PPP 项目中建立有效的柔性合同调整机制，以保证 PPP 项目各方在合作中的持续沟通和合同内容的适时调整。

区别于刚性合同，柔性合同侧重于激励机制的动态性和对未来不确定性的适应性。部分学者从动态的角度出发，研究了 PPP 项目多阶段动态激励合同。例如：徐飞和宋波（2010）运用委托代理理论设计了公私部门两阶段合作的激励模型，讨论企业在项目合作中两阶段的最有努力水平与政府奖惩机制的影响因素，并分析得到政府的内在激励和外部监督的机制和方向。张等（Zhang et al.，2020）基于微观经济学和委托代理理论建立了不调整合同参数的静态激励模型和调整合同参数的动态激励模型，研究发现，动态激励模型能够实现柔性合同的效果以应对 PPP 项目在建设运营过程中面临的不确定性，在确保公共部门的利益的同时保护社会资本方的利益，提出了参数调整有效范围的建议。李等（Li et al.，2020）和李等（Li et al.，2022）引入声誉理论，建立了多阶段动态激励机制，说明了声誉激励在 PPP 项目多阶段激励的重要性。

另外，PPP 项目的再谈判机制也是合同柔性的一种体现，允许项目根据外部环境的变化做出一定的调整。如谭和杨（Tan & Yang，2012）基于委托代理理论，将BOT收费公路合同中的再谈判机制分为完全弹性和部分弹性，讨论了需求不确定下两种弹性类型的最优BOT合同。冯等（Feng et al.，2022）对2003年至2020年的PPP再谈判研究进行了总结和分析，揭示了再谈判的两面性：一方面，重新谈判可能是一种积极的机制，可以重新平衡各方之间的风险分担，并使私人和公共授予方实现经济和金融的重新平衡；另一方面，一旦陷入重新谈判陷阱，PPP项目的利益相关者将承担额外的成本，PPP模式的效率将受到损害。强调了再谈判中的有效管理对于PPP项目的成功至关重要，需要对其进行系统调查。

通过结构方程模型等实证方法，严玲等（2021）研究柔性合同的激励作用，采用偏最小二乘法对回收的问卷进行分析后发现在信息透明度高的情境下，合同柔性的价格、控制权和再谈判三个维度对承包人字面履约行为都有正向影响。徐等（Xu et al.，2022）通过问卷调研，确定了在PPP项目施工阶段，合同灵活性与BIM支持的PPP项目绩效之间的关系。结果表明：内容灵活性和执行灵活性对BIM支持的PPP项目在建设阶段的绩效都有显著的积极影响，而执行灵活性的影响大于内容灵活性。

此外，还有不少学者从不同的角度研究了PPP项目合同的灵活性。如：奇亚拉和加尔各答（Chiara & Kokkaew，2013）提出了一种PPP项目的新收入风险对冲合同，即动态（灵活）收入保险合同，它可以作为传统政府担保的替代。戈塔尔迪等（Gottardi et al.，2016）运用委托代理理论，分别讨论了在风险环境和模糊环境下委托人采用刚性合同和柔性合同的收益与成本，研究表明，在代理人的风险厌恶程度或不精确厌恶较高时，委托人采取柔性合同的成本更高，因此刚性合同更可取。梅莱斯等（Melese et al.，2017）提出了一种基于柔性设计方法和实物期权概念的系统设计分析方法，以支持不确定性条件下基础设施公私合作项目概念设计过程中的决策者。张等（Zhang et al.，2021）引入了一种摇摆期权，通过授予特许公司摇摆期权来嵌入激励和灵活性，该合同采用最小二乘蒙特卡罗模拟定价。

2.1.3 PPP 项目演化博弈研究现状

演化博弈理论主要研究随时间变化的某一群体的动态演化过程，是将博弈理论分析与动态演化过程分析结合起来的一种理论。由于 PPP 项目中政府方与社会资本方在合作过程中存在博弈过程，因此学者们广泛运用演化博弈理论在对 PPP 项目团队合作这一领域进行了研究，主要包括监管策略研究和合作激励研究两方面。

良好的治理和监管是提升 PPP 项目绩效的基础。在 PPP 项目监管策略方面，学者们运用演化博弈模型进行了一系列的研究。李等（Li et al.，2016）基于演化博弈理论探讨了公众参与对 PPP 项目监管行为的影响，研究表明，当政府监管部门的监管成本大于监管收益时，政府方将会选择不监管策略，并且政府方的监管力度可以随着公众参与水平的提高而提高，使社会资本方有意识地提供高质量的公共产品和服务。刘等（Liu et al.，2017）从政府行政监管职能的角度出发，运用进化博弈理论分析了政府和私人投资者在项目运营期间机会主义行为的战略选择问题。政府部门可以适当提高处罚水平，降低监管成本，以减少潜在的机会主义行为。高和刘（Gao & Liu，2019）在 PPP 项目中从政府监管的角度出发，建立演化博弈模型分析政府监管模式的选择问题，结果表明，政府监管模式与通过结果导向监管识别投资者投机行为的概率密切相关。高若兰和鲍琴（2019）将政府监管模式分为过程监管和结果监管两大类，结果表明，政府监管部门的策略选择与监管部门结果监管时能够识别投机行为的概率有关。李洁云和申科（2020）针对高速公路PPP项目中存在的机会主义行为，运用演化博弈模型对政府方的监管模式进行了研究，结果表明，政府在选择过程监管的同时提升监管技术时，可以有效抑制社会资本方的机会主义行为。安彤等（2022）针对PPP项目运营过程中政府部门对社会资本投机行为监管不足的问题，引入新媒体环境下的公众参与机制，构建了公众、政府和社会资本方三方演化博弈模型，研究发现，政府部门提高监管力度，即通过加大对社会资本的绩效费用扣留额、社会资本对公众的补偿额，能够抑制社会资本的投机行为。彭和曾（Peng & Zeng，2022）构建了政府方监管和社会资本机会主义行为之间的演化博弈矩阵，指出合理的激励和处罚以及减少的监管成本可以有效地阻止机会主义行为。周亦宁和刘继才（2020）在PPP项目监管问题中考虑了上级政府的监管作用，研究表明，上级政府部门参与PPP项目监管对抑制社会资本投机行为有显著的提升作用；提高项目基本绩效标准参考点，增大项目的惩罚系数和提升上级政府部门监管概率可以达到抑制社会资本投机行为的目的。

在合作和激励问题方面：王等（2019）运用演化博弈理论，建立PPP项目中政府和社会资本双方合作激励模型，研究发现，在项目的不同阶段采用灵活的激励机制可以有效地影响投资者与政府合作的意愿。杨等（Yang et al.，2019）通过演化博弈分析揭示了政府集团和投资集团鼓励绿色改造和实施绿色改造的博弈策略变化，研究表明：当政府集团高度鼓励绿色改造时，投资集团实施绿色改造的意愿也会增加。陈艳等（2020）从前景理论（PT）和心理账户理论（MA）视角分析 PPP 项目中公共部门和私人部门风险管理行为，发现当公共部门进行积极监管和私人部门采取积极风险管理的价值感知收益同时大于对立行为的价值感知收益时，系统达到最优状态。王军武和余旭鹏（2020）考虑了轨道交通 PPP 项目风险关联条件下政企双方的风险分担策略演化，研究结果表明：风险分担系数、风险控制成本、基础收益等 9 个因素会影响双方的策略选择，是否考虑风险关联会导致最终的演化结果不同。王天日等（2020）运用随机演化博弈构建了承包商的机会主义行为演化博弈模型。研究表明，承包商数目不断扩大，通过降低承包商之间的举报成本，增大惩处力度，可使降低机会主义行为发生概率的效果显著。邢等（Xing et al.，2020）运用博弈理论研究 PPP 项目中再谈判过程中政府方与社会资本方的策略选择，研究发现，回购成本和补贴成本与项目未来预期社会效益之间的差额对政府方的策略选择存在显著影响。宋等（Song et al.，2021）建立了用户付费公私合作项目（PPP - UP）中考虑用户、公共和社会资本方的演化博弈模型。基于绩效评估在 PPP 项目中的重要性，吕等（Lv et al.，2021）构建了政府、投资者、第三方检测机构的三方演化博弈模型。张等（Zhang et al.，2022）构建了政府激励私人资本参与 PPP 项目的演化博弈模型，分析了影响私营企业参与 PPP 项目的关键因素，结果表明政府的激励强度和投资回报率可以促进民营企业参与 PPP 项目的意愿。赵等（Zhao et al.，2022）结合前景理论和心理账户对传统的收益矩阵进行了修正，从感知价值的视角构建了民营企业、公民和政府的演化博弈模型，证实了政府惩罚和声誉损失可以有效抑制机会主义行为。何等（He et al.，2022）将用户作为公用隧道公私伙伴关系 PPP 项目的私人合作伙伴，将用户分为高用户和低用户，通过建立演化博弈模型研究影响隧道 PPP 项目用户参与意愿和参与程度的激励因素及其优先级。

为了研究在PPP项目中引入柔性合同后政府和社会资本双方的行为策略选择的演化规律，学者们运用演化博弈理论对其进行了一系列的研究。韩等（Han et al.，2018）基于动态演化博弈理论，构建模型探讨了集群非正式契约对集群企业和外部合作伙伴行为的影响，研究发现集群非正式契约的有效实施可以减少内外部企业创新合作中的机会主义行为。吕俊娜等（2021）在交通PPP项目初始条款中引入柔性合同条款，将交通量的波动大小作为判断社会资本方是否发起再谈判的量化指标，分别建立了有无柔性合同条款下再谈判演化博弈模型，并对比社会资本方再谈判行为的演化规律后，发现在实际交通量低于预期时柔性合同能够促使社会资本方的行为策略向着不发起再谈判演化，即柔性合同能够有效抑制再谈判行为的发生。周等（Zhou et al.，2021）在公共住房PPP项目中，建立了不完全合同条件下的动态博弈模型，通过动态演化博弈分析对影响PPP合同签订的关键因素进行了分析，得出了影响合作方策略选择的关键因素。肖金桂等（2021）在城市轨道交通项目中引入合同控制权柔性，建立业主、承包商和监理三方合作的演化博弈模型，发现合同控制权柔性强度会对三方的合作关系的演化产生影响，将合同控制权柔性强度控制在合理范围内可以提升城市轨道交通项目应对不确定风险的能力。张云华（2021）基于演化博弈理论建立了PPP项目控制权动态调整演化博弈模型，研究发现在项目控制权动态调整下，演化博弈系统的稳定状态取决于政府和社会资本合作双方初始策略选择和关键参数调整机制。

2.1.4 涉他偏好研究现状

传统经济学假设行为人是追求利益最大化的完全理性的经济人，但随着实验经济学与行为经济学的兴起和发展，经济学家提出，这一假设并不符合实际情况，现实中的个人行为并不完全取决于个人利益动机，还受到涉他偏好的影响。涉他偏好有时也称为社会偏好，是指人们决策时除受个人收益的影响外，还会受到他人收益的影响，如合作伙伴、同事等。典型的涉他偏好类型包括公平偏好、互惠偏好和利他偏好。其中，公平偏好和互惠偏好是日常经济生产活动中最常见的偏好类型。本部分将分别阐述这三种偏好的研究现状。

1. 公平偏好理论研究现状

20 世纪 70 年代，阿罗（Arrow，1979）的研究首先指出了行为人的依据并非完全出于自利性，行为人在关注货币收益的同时还关注非货币收益，并且不仅仅关注自身的收益还关注别人的收益。卡内曼和克内奇（Kahneman & Knetsch，1986）等通过设计各种各样的实验说明了公平偏好的普遍性，之后，越来越多的学者将目光转移到公平偏好的研究领域。金迪斯（Gintis，2000）、费尔和罗肯巴赫（Fehr & Rockenbach，2003）发现，为了维护合作的公平性，人们会积极惩罚不合作的个体。德奎尔万和菲施巴赫（De Quervain & Fischbacher，2004）等从决策的神经基础方面得出相关证据，支持了利他惩罚的存在性。同时，一些研究表明公平偏好并不是人类所特有的，许多灵长类动物也同样具有平等性观念。如布鲁斯南和德瓦尔（Brosnan & De Waal，2003）发现猴子也是具有公平偏好的。在理论模型方面，费尔和施密特（Fehr & Schmidt，1999）的不公平厌恶模型是基于收入分配结果的经济模型，认为人们只在意自己和他人收益分配上的差距，并不在乎行为的动机是否公平。博尔顿和奥肯费尔斯（Bolton & Ockenfels，2000）针对不公平厌恶构建了ERC模型，该模型能够更好地解释最后通牒博弈、独裁者博弈等实验中参与者的行为。

在此基础上，国内外的学者也对公平偏好理论作出了完善。阮青松和黄向晖（2005）对西方公平偏好理论的一系列博弈实验以及包含公平偏好的理论模型进行了研究综述，认为在多数情况下自利模型并不符合人的行为，而公平偏好理论模型更适用于广泛的经济研究领域，更具有实际性。莱瓦蒂等（Levati et al.，2007）通过双方公共品来判断公平和效率，在每股边际回报率不对称情况下，仅让效率较高的被试者有贡献额时，可以加大群组的收入，而贡献不对称会导致个体收入不公平，研究发现效率没有公平对行为人激励效力大。德纳等（Dana et al.，2007）通过设计实验发现，行为人不仅存在嫉妒公平偏好，也存在同情公平偏好，即只要与他人收益存在差距就会带来负效用。贝勒马尔（Bellemare，2008）通过著名的最后通牒博弈实验，对行为人的公平偏好程度进行了衡量，并指出劣势公平偏好对收入的影响呈单调递增趋势。韦倩（2010）梳理和总结了行为实验中的公平偏好、公平偏好的生物学基础、纳入公平偏好的经济学模型，并比较分析了两类经济学模型，发现公平偏好存在普遍性，相对于传统经济学完全理性的假设来说，纳入公平偏好的经济学能够更好地解释人类行为。董志强（2011）通过演化博弈理论和演化仿真技术，从逻辑上证实了公平偏好在人类漫长的生存进化斗争史上更具有适存性，认为人类的公平偏好可能来源于人类的早期进化过程中。宋建华（2011）归纳总结了有关公平偏好实验经济学的已有研究成果，显示了公平偏好在人类行为决策中的普遍存在性和重要性，同时也指出了国外研究者们对公平偏好实验存在的质疑以及实验研究进一步发展的方向。陈叶烽和周业安（2011）等通过设计一组最后通牒博弈实验研究了分配动机公平和分配结果公平对人决策行为的影响，实验结果表明相对于分配结果的公平，分配动机的公平显得更为重要。

随着公平偏好理论研究的不断深入，许多学者尝试将公平偏好理论引入自己的学科领域，其中较有成效的有供应链利益协调管理，企业锦标机制设计、国企高管薪酬管制等。在供应链方面，李媛和赵道致（2015）基于政府总量限制交易和碳排放权交易的背景下，讨论了零售商具有公平偏好时，批发价格契约、收益共享契约和回购契约对供应链协调的影响，结果表明，考虑公平偏好后可以实现供应链协调。毕功兵和何仕华（2013）等运用公平偏好模型研究了销售回扣契约对协调供应链的影响，发现加入公平偏好的销售回扣契约增强了零售商与供货商自愿合作的意愿，能够提高供应链的整体利润和效用。杜等（Du et al.，2014）基于 Nash 讨价还价模型制定了公平参考框架，研究了不同节点企业的公平偏好行为对供应链最优决策的影响。甄等（Zhen et al.，2019）在双渠道供应链模型中，研究了制造商和零售商在不同公平关切性情下的定价决策问题。关等（Guan et al.，2020）在不同权力结构的供应链模型中，讨论了渠道成员的公平偏好行为对产品质量改进研发努力的影响，该研究发现公平偏好行为对供应链中权力较大的一方是不利的，但对权力较小的一方始终有利。舒等（Shu et al.，2019）在信息不对称条件下，研究了第三方回收商的双向公平偏好行为对最优均衡策略的影响，结果表明同行业之间竞争性的公平偏好行为对自身是不利的。马德青和胡劲松（2019）在不同回收主体下，研究了零售商的公平偏好程度对回收率、定价决策及利润最优值的影响。

在企业锦标机制设计方面，马提亚（Matthias，2007）把不公平厌恶感与锦标机制相结合，分别考虑了同质能力的代理人和异质能力的代理人所受激励，结果发现在工资结构固定的情况下，委托人希望组织不公平的竞赛，以获得更高的期望效用。李训和曹国华（2009）针对完全竞争和不完全竞争情况分别研究了公平偏好在企业锦标机制设计中的影响，分析得出针对公平偏好员工的锦标激励机制能够提高产出效率，也会使得企业劳动合约的设计更加符合实际情况。牛等（Niu et al.，2015）通过分析公平心理对巩固管理者动机和行为的影响。发现保持经理人报酬、企业收益与经理人市场平均薪酬水平之间的公平，可以抑制员工转岗成本的增加，从而为企业创造更大的利润。韩等（Han et al.，2020）基于委托代理理论，建立了一个考虑承包商公平偏好的多承包商锦标激励模型，分析了在大型引水工程项目中比赛激励薪酬差距对承包商努力水平的影响，并在此基础上设计了一种比赛奖励薪酬分配方案。研究表明在引入锦标激励机制后，多个承包商更倾向于付出最优努力。格拉夫等（Graff et al.，2021）将公平偏好引入锦标竞赛模型中，发现在工资结构固定的情况下，委托人在代理人具有公平偏好时可以获得更高的期望效用。在国企高管薪酬方面，晏艳阳和金鹏（2014）通过将委托人和代理人的公平偏好同时引入多任务的委托代理模型中，研究发现公平偏好能够影响最优薪酬激励强度进而影响到总体薪酬水平。朱琪等（2022）分析了包含国有与非国有股东两类差异化委托人的混合所有制企业中，经理人的公平偏好对其努力程度与薪酬激励的影响。

除此之外，项目团队合作以及激励机制也是公平偏好理论广泛应用的领域。李训（2007）在 FS 收益分配公平偏好理论的基础上构建了融入员工偏好的团队激励模型，分析员工内在的公平偏好对团队合作的作用机制，发现员工具有的公平偏好可以促进团队的合作均衡。魏光兴和覃燕红（2008）通过引入公平偏好研究了同事压力的形成机制以及团队合作的激励机制，结果表明提高员工的公平偏好强度能够有效地促进团队合作。林德奎斯特（Lindquist，2010）通过分析代理人公平偏好中嫉妒公平偏好对于努力程度的影响时发现，当遭遇不公平待遇时，会有懈怠工作和努力工作两种选择，而决定如何做出选择的因素取决于努力成本函数。施建刚等（2015）运用博弈理论构建了基于公平偏好的激励模型，得出团队激励与横向公平偏好具有正相关的关系。刘慧（2015）针对多方参与的工程项目团队分析了公平偏好对项目团队成员合作行为的影响，通过数值分析得出了项目业主单位收益、项目团队成员合作努力水平均与项目团队成员的公平偏好存在正相关的关系。王和刘（Wang & Liu，2015）将公平偏好理论引入传统委托代理理论中，通过建立委托代理模型计算出政府雇佣具有公平偏好代理人时的最优激励。研究结果表明，当政府选择具有更高公平偏好的投资者时，可以获得更高的预期收益。闫（Yan，2017）等通过建立基于双方公平效用的公平偏好特许权期决策模型，为政府和社会资本方谈判基础设施项目的特许期提供了有益的参考，研究结果表明，有公平偏好的特许权期限将比没有公平偏好的特许权期限更长，特许经营期越长，基础设施项目（高速公路）的建设质量就越好。卡拉科斯塔斯（Karakostas，2017）使用 FS 模型，通过比较给予代理人制定隐性激励和显性激励契约来观察代理人的努力程度，发现隐性激励契约对于激发代理人积极性起到更加明显的作用，这一研究证明了公平偏好模型的适用性和科学性。陀等（Tuo et al.，2018）将公平偏好理论引入多主体委托代理关系模型中，分析了在信息对称和不对称的条件下公平偏好对模型影响，研究结果表明公平偏好可以提高代理人的努力水平，同时激励分享系数的提高也会增加代理人的努力水平。王先甲等（2021）基于公平偏好理论，研究了双重信息不对称条件下的激励机制设计问题，研究结果为解决 PPP 项目中的现实激励问题提供了决策参考。王先甲等（2022）研究了具有公平偏好的双代理人之间存在竞争和合作两种选择下的激励契约设计。

2. 互惠偏好研究现状

实验经济中的一系列实验证明了互惠偏好的存在。例如：古思等（Guth et al.，1982）的最后通牒博弈实验中回应者表现出了强烈的负互惠倾向；伯格（Berg，1995）的两阶段信任博弈实验中参与者都受到了互惠偏好的显著影响；阿克尔洛夫（Akerlof，1982）的礼物交换博弈实验以及阿宾克（Abbink，2000）的偷袭者博弈实验也都证明了实验参与者的行为受到互惠偏好的强烈影响。

当互惠偏好被证明广泛存在的同时，一些学者尝试将互惠偏好纳入经济学分析框架中，提出了互惠偏好的理论模型。拉宾（Rabin，1993）将互惠偏好定义为双方可能牺牲自身的利益来维护对方的利益以鼓励双方的合作行为，并且也可能会对不公平行为进行惩罚，并建立了互惠理论的经济学模型。福尔克和菲施巴赫（Falk & Fischbacher，2006）提出了考虑结果与意图双重公平的互惠模型，并建立了规范的互惠理论。此外，塞提和索玛纳坦（Sethi & Somanathan，2003）通过运用演化博弈理论对人类互惠行为进行了研究。

随着互惠偏好理论研究的不断深入，众多学者将互惠偏好引入自己的学科领域，其中应用最广泛的是供应链领域。例如，夏等（Xia et al.，2017）将互惠偏好融入二元供应链中，并建立了单个供应商和制造商的 Stackelberg 博弈模型，探讨了供应商和制造商有无互惠偏好的两种情形，得到了互惠偏好能够显著影响均衡以及企业的利润和效用研究结论。曾婷婷等（2020）将互惠偏好引入三层闭环供应链，供应链由一个制造商、一个零售商和一个再制造商组成，通过运用 Stackelberg 博弈理论对 5 种决策模式下的均衡结果进行了比较分析，研究发现，零售商与制造商的互惠偏好对 5 种决策模式的供应链系统利润均有影响。丁军飞等（2022）将互惠偏好引入闭环供应链，考虑在规模不经济条件下供应链成员的互惠偏好，分别构建了无互惠偏好和双边互惠偏好的闭环供应链模型，研究发现，系统成员的互惠偏好行为总能提高对方的利润而降低自身的利润，并且供应商的互惠偏好能够提高整个系统的利润。马等（Ma et al.，2021）将互惠偏好引入由在线到离线（O2O）环境中的制造商和零售商组成的产品服务供应链中，建立了制造商和供应商之间的微分博弈模型，研究发现互惠偏好有助于供应链成员发展更高的质量和服务水平，提高品牌商誉，并获得更大的效用。

除了供应链之外，互惠偏好也逐步被引用到项目团队合作与激励机制这一研究领域。韩姣杰和贾满作（2016）将互惠偏好引入多主体参与的项目复杂团队合作，构建动态演化模型分析不同主体之间互惠偏好以及合作选择的影响，研究发现，互惠偏好并不总是对合作有促进作用，只有在单位努力成本较低，或者合作边际产出和利润分享较高的项目中互惠偏好才能起作用。王颖林等（2016）将政府方的互惠偏好加入两阶段和三阶段讨价还价博弈模型，分别讨论两个模型如何让实现期权价值分配并作对比分析，研究发现，只有当政府的互惠偏好程度高于一定值时才能实现有效的激励效用。张云华等（2018）将互惠偏好引入PPP项目社会资本的控制权分配模型，结果发现，考虑互惠性偏好时，控制权份额对社会资本的投入水平和协同产出水平都具有突出的促进作用。王等（Wang et al.，2018）在传统委托代理模型基础上，将互惠偏好引入PPP项目分析最优激励机制，得到政府可以利用互惠偏好激励投资者在合伙过程中付出更多努力，避免道德风险的结论。王和王（Wang & Wang，2022）在基础设施PPP项目中，结合机会主义和互惠偏好，建立最优控制模型，研究政府如何设置动态激励以缓解社会资本方的机会主义努力转移，结果发现，最优动态激励随着互惠偏好水平的降低而降低。

3. 利他偏好研究现状

利他偏好行为是指决策者通过先考虑他人的利益再考虑自身的利益，最终实现自身和他人互利共赢的结果，决策者同时关注自身利益和他人利益，因此通过对他人利益关注的利他行为而最终得到利己的回报。福赛思等（Forsythe et al.，1994）的独裁者博弈实验明确了利他偏好行为在实际生活中是长期存在的。费尔等（Fehr et al.，2000）在博弈实验中，发现部分决策者愿意将部分自身利益拿出分享给那些公平的决策者或者去抵制那些不公平的决策者，这种行为被称为利他关切。布兰科（Blanco，2015）的实验研究结果表明，在决策者行为动机中，互惠动机只占到一小部分，而大部分原因则来自利他偏好行为。萨芬等（Safin et al.，2015）在重复囚徒困境博弈实验研究表明，利他偏好行为在人际交往过程中不可忽视。洛克（Loch，2008）和葛等（Ge et al.，2012）对利他属性进行了阐述，通过设计一系列数值进行实验对比，构建了一套对利他偏好行为分析的定量数学描述。

目前关于利他偏好研究较多的领域主要是供应链。由于 PPP 项目中双方都拥有各自的经济目标，因而利他偏好在 PPP 项目领域的研究较少。如：马泰奥等（Matteo et al.，2014）对比析制造商利他偏好和零售商利他偏好，发现制造商利他偏好供应链总体效率更高。鲍希等（Bassi et al.，2014）发现随着互惠利他偏好程度的提高，供应链系统的收益也会随之得到提升。夏等（Xia et al.，2018）构建单一制造商与单一零售商的利他供应链模型，发现利他偏好和低碳偏好都能显著提升供应链成员和整体利润和效用，且两种偏好效用相互叠加。马德青等（2020）在研究利他偏好对营销策略的影响过程中发现，利他行为可以改善参考质量效应不准确的影响，还可以提高供应链成员的积极性，当成员都有利他偏好时可以实行很好的协调策略。李保勇等（2020）研究了具有利他偏好的动态农产品供应链，建立了四种模型，研究发现利他偏好行为即具有积极的社会行为，不仅考虑自己利益有利润优势，还可以提升农产品的质量，达到增加竞争优势的效果。

2.1.5 本节小结

通过对相关文献的梳理分析可得出以下几点结论：

一是，学术界针对 PPP 事业的健康发展作出了诸多贡献，从投融资模式、风险分担、激励和监督机制等多个方面对 PPP 项目合作机制进行了研究，但多数学者主要是结合委托代理理论和博弈论等方法开展的，而立足于行为偏好的研究还较少。

二是，目前关于 PPP 项目激励机制的研究主要探讨刚性或柔性合同条件下的激励机制设计以及政府的监管策略问题。刚性合同以严格的条款约束能够抑制社会资本的机会主义行为，但是却难以适应PPP项目面临的各种不确定性，而柔性合同能够较好地适应这种不确定性，但是柔性过多容易引发社会资本方的机会主义行为。刚性合同和柔性合同各有优缺点，不存在绝对占优的合同。合同机制的选择是决定项目成败的关键因素之一，当前已有文献还缺乏对刚性和柔性两类合同适用性的讨论。

三是，以往关于柔性合同的研究以参与者的完全理性为假设前提，还缺乏对参与人行为偏好的考虑。另外，在演化博弈研究中以刚性合同为主，缺乏对柔性合同的考虑。

四是，公平偏好和互惠偏好被认为是能够解释传统经济学中完全理性假设与人类实际行为存在偏差的理论之一。国内外学者纷纷将公平和互惠偏好理论引入供应链管理、锦标机制设计、项目团队合作问题以及PPP项目中，用于构建激励机制并为项目管理者提供管理建议，但还缺少对刚性合同和柔性合同条件下的系统总结和分析，并缺少互惠和公平的比较研究。

基于上述分析，本书从互惠偏好与公平偏好的视角出发，研究两种偏好是如何影响PPP项目中的激励机制和合作行为选择，以及如何影响合同类型的选择。结合委托代理理论和演化博弈论，分别构建了基于公平偏好和基于互惠偏好的刚性合同和柔性合同激励模型和演化博弈模型，剖析了互惠偏好、公平偏好与最优激励机制和政企双方行为策略演化的关系，并总结了刚性合同和柔性合同的适用条件，补充和丰富了PPP领域的研究。

2.2 PPP 项目双方合作机制研究的理论基础

2.2.1 委托代理理论

1. 委托代理理论概述

委托代理理论是制度经济学契约理论的主要内容之一，是伴随着企业的所有权和经营权相分离而产生的。委托—代理关系的概念最早是由罗斯（Ross，1973）提出的，他认为在两个当事人当中，如果作为代理人的一方能够代表委托人的一方行使一定的决策权，则双方之间便存在委托代理关系。从经济学的角度来讲，委托代理关系就是经济活动当中具有非对称信息的交易双方之间的关系。通常把具有相对信息优势的一方称为代理人，具有相对信息劣势的一方称为委托人。根据非对称信息的内容和发生的时间可以将其划分为两大类，其中由于信息非对称发生的时间不同可以分为事前的逆向选择模型、信号传递模型和信息甄别模型以及事后的道德风险模型。逆向选择模型是指委托人和代理人在签订合同时，代理人知道自己的信息，而委托人不知道，导致了双方之间的信息不对称。道德风险模型是指双方在签订合同后，委托方只能观测到结果，不能直接观测到代理人的行动，因此委托人通常会设计一个合同来保证自己的利益。

2. 委托代理关系的基本分析框架

委托代理理论的核心主要是为了解决这样一个问题：委托人努力促使代理人按照自身的利益来选择行动，但委托人无法直接观测到代理人选择了何种行动，只能观测到与代理人行动相关的结果，如项目产出。这些结果由代理人行动和外生随机因素共同决定。委托人需要解决的问题是如何设计一套合同机制，根据观测到的信息对代理人进行奖惩，以激励代理人选择与委托人目标相一致的行动，即委托人通过一个可行的机制设计实现其期望效用最大化。但是，委托人设计的激励机制需要同时满足代理人的两个约束条件：

首先是参与约束，也被称为个人理性约束。当代理人在接受一份合同时，他从这份合同中得到的期望效用不能小于不接受合同时获得的期望效用。而代理人“不接受合同时获得的期望效用”是由他面临的其他市场机会所决定的，也称保留效用。当代理人从这份合同中获得的期望效用低于其保留效用时，代理人就不会接受该合同，委托人的机制设计更无从谈起。

其次是激励相容约束。由于委托人不能观测到代理人的行动和外生随机变量，因此无论在任何的激励合同下代理人选择的行动都是基于个人期望效用最大化进行考虑的。于是，委托人希望代理人所选择的行动也只能通过代理人的效用最大化行为来实现。换言之，只有当委托人满足了代理人的效用最大化后，才能实现对代理人的有效激励，进而达到委托人自身效用的最大化。

2.2.2 演化博弈理论

演化博弈理论以达尔文的生物进化论和拉马克的遗传基因理论为思想基础，从系统论出发，把群体行为的调整过程看作一个动态系统。演化博弈理论打破了传统博弈理论完全理性的假设，认为人们的认知能力是有限的，即具有有限理性特征。人们在经济活动中是不能够瞬间获得最优的结果的，通常会通过一个试错的过程来调整和改进自己对行为规则的认知，并模仿成功的策略，经过多次的博弈达到一个均衡。演化博弈理论结合了博弈理论分析和动态演化过程分析。在方法论上，相较于传统的博弈论将重点放在了静态均衡和比较静态均衡上，演化博弈主要强调的是一种动态均衡，它来源于生物进化理论，曾相当成功地解释了生物进化过程当中的一些现象，而后也被很多经济学家们用来分析社会习惯、制度以及体制形成的影响因素并解释其是如何形成的，成为经济学的一个重要分析手段，在经济管理等领域得到了广泛应用。

在演化博弈理论的发展过程中，有两个重大的事件值得一提。其一是史密斯和普锐斯（Smith & Price，1973）提出的进化稳定策略概念（*ESS*），它代表了演化博弈的稳定状态。在此之前，演化博弈理论的发展尚处于萌芽阶段。这一时期生态学理论和博弈理论在各自领域的发展壮大，为进化论和博弈论的结合提供了理论和现实基础。进化稳定概念便是在这样的条件下提出来的，该均衡概念的提出让演化博弈理论的研究有了明确的方向，标志着演化博弈理论的正式诞生，也奠定了演化博弈理论进一步发展的基础。其二是生态学家泰勒（Taylor）和琼克（Jonker）在1978年基于对生态现象的考察提出的模仿者动态概念（RD），它表征了趋向演化博弈稳定状态的动态收敛过程，解释说明了群体是如何达到演化稳定状态的，这是演化博弈理论发展史上的又一次重大性突破。进化稳定策略和模仿者动态一起构成了演化博弈理论的一对核心概念，成为演化博弈理论发展的核心。

进化稳定策略也叫作演化稳定策略，是指在一个群体中，如果绝大多数的个体都选择进化稳定策略，那么小的突变者群体就不可能侵入这个群体中。换句话说，面对自然选择的压力，小的突变者群体只能改变自己的策略而选择进化稳定策略，否则就会在进化过程中渐渐消亡。史密斯和普锐斯（1973）将演化稳定策略定义为：如果策略 x 是一个群体策略集 A 中的演化稳定策略，y 是策略集 A 中异于演化稳定策略 x 的其他策略，则对于一个很小的正数 $\varepsilon \in (0, 1)$ 来说，以下不等式始终成立：

$$u[x, \varepsilon y + (1-\varepsilon)x] > u[y, \varepsilon x + (1-\varepsilon)x] \qquad (2-1)$$

其中，y 是突变群体采取的策略，而 ε 代表突变群体在大群体中所占的比例。从定义中可知，当一个群体中的大部分成员选择了演化稳定策略时，即系统处于进化稳定状态，来自外部的少量冲击是不能够改变系统的稳定状态的。此外，可以看出演化稳定策略是一个静态概念，它仅仅突出了系统的变异结果，未能反映出群体达到稳定状态的动态进化过程。相反，复制动态方程很好地做到了这一点，弥补了演化稳定策略的不足。

复制动态方程描述了系统经过一个长期的演化博弈达到稳定状态的动态选择过程，反映了一个群体中选择纯策略的增长率与相对支付或适应度呈正比的关系。泰勒（Taylor）和朱克（Jonker）提出的复制动态方程如下：

$$\frac{dx_i}{dt}=[u(S_i, x)-u(x, x)]x_i \tag{2-2}$$

其中，x_i 表示在某一瞬间选择策略 S_i 的个体在整个群体中所占的比例，$u(S_i, x)$ 表示该群体当中选择策略 S_i 的个体所获得的期望收益，$u(x, x)$ 表示整个群体获得的期望收益。由复制动态方程可知，如果在一个群体当中选择策略的个体获得的期望收益大于整个群体的平均期望收益，那么选择策略的增长率将为正值。否则，增长率就为负值或者零。该方程模型在演化博弈理论中运用得最为广泛。

2.2.3 涉他偏好理论

传统经济学通常假定人是完全理性的，即人们是纯粹自利偏好的，只注重追求个人收益最大化。然而，一些著名经济学家早已指出：人们决策时不仅考虑自己的利益还关注他人的利益（Smith，1759；Becker，1974；Arrow，1981；Samuelson，1993；Sen，1995）。最近几十年来大量的经济学实验，如最后通牒博弈、礼物交换博弈、信任博弈、独裁博弈等一系列经典的博弈实验证明了传统经济学中的假设是与现实存在偏差的，人类的经济行为并非完全理性的（Jordi，2001）。在项目合作过程中，参与者的行为策略不仅受到利益动机的影响，也会受到自身社会偏好的影响，包括公平、互惠和其他心理偏好的影响（Bartling，2011；Halbesleben & Wheeler，2015）。

涉他偏好效用理论模型是对传统理性人假设即单纯追求个人效用最大化的效用函数进行修改，建立包含互惠、公平以及利他等目标的新效用函数，主要包含互惠意图模型（Rabin，1993；Dufwenberg & Kirchsteiger，2004）、公平偏好模型（Fehr & Schmidt，1999；Bolton &

Ockenfels，2000）和社会福利偏好效用模型（Andreoni & Miller，2002；Charness & Rabin，2002）。而本书主要考虑互惠与公平偏好这两种涉他偏好理论的模型，并结合实际进行分析。

关于公平偏好理论方面的研究主要以拉宾（1993）行为动机公平模型和费尔和施密特（1999）的收入分配公平模型为基础。拉宾（1993）模型坚持动机公平，注重行为动机的友善性。费尔和施密特（1999）的“收入差距厌恶模型”坚持公平分配收益原则，注重分配结果的公平。但相对于行为动机的公平，基于收益分配公平的理论模型在假设的真实性以及模型的可操作性方面取得了较好的均衡，得到了更广泛的应用（魏光兴，2006）。在现实生活中，人们也更在乎收入分配结果的公平，即人们在关注自己收益的同时，也关注自己与他人的收益差距。同时，相关研究显示，人们会更偏向于喜欢别人的收入低于自己（即自豪偏好），厌恶别人的收入高于自己（即嫉妒偏好）（Boole，2000）。当人们发现自己的收入低于他人时，会通过降低自己在以后工作中的努力行为来表示抗议；而当人们发现自己的收入较高时，便会通过更好的表现来获得更高的回报。在PPP项目的实施过程中，各参与主体也并非完全理性，政府方的激励监督措施和社会资本方的机会主义行为选择也会受到公平偏好的影响，如王和刘（2015）考虑投资者的公平偏好确定了PPP项目中的超额收益分享率。

而作为最重要的社会偏好之一的互惠偏好，也被广泛运用于项目的合作中。比起其他社会偏好，互惠偏好更加重视合作方的心理意图，在决策时会考虑他人的收益，即人们通常所说的“以德报德”“以怨报怨”的行为（丁军飞等，2022；张云华等，2019）。近年来，学者对项目合作中的参与者互惠偏好的研究越来越多，互惠偏好成为影响项目参与者行为策略的重要因素之一。在 PPP 项目中，互惠共赢是政企双方合作的基础，在相关政策上也有体现，例如，《政府与社会资本合作项目财政管理暂行办法》的第三条中提到，各级财政部门应当统筹安排各类公共资产与社会资本开展平等互惠的 PPP 项目合作。因此，政企双方在选择各自策略时，除考虑自身的收益外，也会考虑对方的收益。以往关于 PPP 项目激励机制的研究已经开始考虑互惠偏好因素，以刚性合同为主，例如：王等（2018）在研究 PPP 项目刚性合同下的激励问题时，将传统委托代理模型引入互惠偏好理论，分析了最适合政府的风险分担比例，建立了最优激励机制。

1. 公平偏好理论模型

基于收益分配的公平是一种基于结果的公平偏好。此时，人们对于公平的追求就体现在了不公平厌恶方面。费尔和施密特（1999）与博尔顿和奥肯费尔斯（Bolton & Ockenfels，2000）的模型便属于此类。在费尔和施密特的不公平厌恶模型中，人们会将自己的收益与其他每个参与者进行一一对比，当自己的收益低于他人时会产生嫉妒的负效用；当自己的收益高于他人时会带来同情负效用。一个参与者所获得的总效用由三部分组成：物质收益直接效用、嫉妒负效用以及同情负效用。其效用函数表达式为：

$$u_i = x_i - \frac{\alpha_i}{n-1}\sum_{j \neq i}\max(x_j - x_i, 0) - \frac{\beta_i}{n-1}\sum_{j \neq i}\max(x_i - x_j, 0) \tag{2-3}$$

其中，式（2-3）第一项为参与者获得的直接物质效应，第二项为嫉妒偏好带来的负效应，第三项为同情偏好带来的负效应。α_i 表示参与者的嫉妒偏好强度系数，β_i 表示参与者的同情偏好强度系数。一般条件下，式（2－3）满足 $\alpha_i > \beta_i$ 和 $0 < \beta_i < 1$。$\alpha_i > \beta_i$ 表示收益低于他人时给参与者带来的负效用要大于收益高于他人时的同情负效用，而 $0 < \beta_i < 1$ 则表示尽管自己收益高于他人时会产生同情负效用，但参与者仍偏好自己获得较多的收益。除此之外，$\beta_i \leqslant 0$ 则代表自豪偏好，费尔和施密特（1999）也认为这种情况在现实中常有发生，同时也没有什么证据表明人们厌恶有利于自己的收入分配。因此，参与者的效应主要由三部分构成：直接物质效应、嫉妒偏好的负效应、同情偏好的负效应/自豪偏好的正效应。α 和 β 的大小因人而异，且当 $\alpha = \beta = 0$ 时则说明参与者是完全自立的。

另一种基于收益分配的公平模型是博尔顿和奥肯费尔斯（2000）提出的 ERC 模型。在此模型中，参与者不仅考虑自己的绝对收益，也关心收益的相对水平。参与者的最大化动机函数为：

$$v_i = v_i(y_i, \ \sigma_i) \tag{2-4}$$

其中，y_i 是参与者 i 的绝对收益，σ_i 是参与者 i 的相对份额，$c = \sum_{i=1}^{n} y_i$ 为总收益，n 为参与者的总人数，效用函数的具体表达为：

$$\partial_i = \partial_i(y_i, \ c, \ n) = \begin{cases} \dfrac{y_i}{c}, & c > 0 \\ \dfrac{1}{n}, & c = 0 \end{cases} \tag{2-5}$$

ERC 模型也是一种不公平厌恶模型，它与费尔和施密特模型的最大不同之处在于：ERC 模型并不是将参与者自己的收益与所有的参与者进行逐个比较，而是与该群体的平均收入相比较。博尔顿和奥肯费尔斯的 ERC 模型在函数形式上相对自由，几乎解释了全部的实验结果，但对公共品博弈实验的解释稍有不足。而费尔和施密特模型在实验结果的解释上、行为能力的预测上以及模型的可操作性方面均取得了较好的权衡，因此应用更为广泛。

2. 互惠偏好理论模型

现有的互惠偏好模型主要以拉宾（1993）与杜文伯格和克斯坦（Dufwenberg & Kirchsteiger，2004）的理论为基础建立起来的。拉宾（1993）将互惠偏好定义为“当别人对你友善时你也会对别人友善，当别人对你不友善时你也会对别人不友善”。其将友善行为定义为“损失自己的效用来增进对方的效用”，将不友善行为定义为“损失自己的效用来损害对方的效用”，并在此基础上建立了互惠理论的经济学模型。拉宾以双人博弈为例，构建了以下善意函数：

$$f_i(a_i,\ b_j)=\frac{\pi_j(b_j,\ a_i)-\pi_j^e(b_j)}{\pi_j^h(b_j)-\pi_j^{\min}(b_j)} \tag{2-6}$$

$$\tilde{f}_j(b_j,\ c_i)=\frac{\pi_i(c_i,\ b_j)-\pi_i^e(c_j)}{\pi_i^h(c_i)-\pi_i^{\min}(c_i)} \tag{2-7}$$

$$\pi_j^e(b_j)=\frac{\pi_j^h(b_j)+\pi_j^l(b_j)}{2} \tag{2-8}$$

其中，$f_i(a_i,\ b_j)$ 表示参与者 i 对参与者 j 的善意程度，$\tilde{f}_j(b_j,\ c_i)$ 表示参与者 i 认为的参与者 j 对参与者 i 的善意程度，a_i 表示参与者 i 选择的策略，b_j 表示参与者 i 信念中参与者 j 选择的策略，c_i 表示参与者 i 信念中参与者 j 认为其选择的策略，若参与者 i 认为参与者 j 选择的策略为 b_j 时，$\pi_j^h(b_j)$ 和 $\pi_j^l(b_j)$ 分别表示参与者 j 在帕累托有效下的最高与最低收益，则 $\pi_j^e(b_j)$ 代表其公平收益。而 $\pi_j^{\min}(b_j)$ 为参与者 j 可能的最低收益。在此基础上得到参与者 i 期望效用的表达式：

$$U_i(a_i,\ b_j,\ c_i)=\pi_i(a_i,\ b_j)+\tilde{f}_j(b_j,\ c_i)[1+f_i(a_i,\ b_j)] \tag{2-9}$$

由上述表达式可以看出，若$\tilde{f}_j(b_j, c_i)<0$，则参与者i认为的参与者j对参与者i是不友善的，此时$f_i(a_i, b_j)<0$，即参与者i表现出负互惠偏好倾向；若$\tilde{f}_j(b_j, c_i)>0$，则参与者i认为的参与者j对参与者i是友善的，此时$f_i(a_i, b_j)>0$，即参与者i表现出正互惠偏好倾向。从参与者期望效用函数表达式（2-9）中可以看出，参与者i期望效用不仅受自身收益的影响，还受到参与者i对参与者j的善意程度以及其认为的参与者j对参与者i的善意程度的影响。

2.3 本章小结

本章首先阐述了 PPP 项目合作机制、激励机制、演化机制等相关研究现状，总结了现有研究的不足；其次介绍了委托代理、演化博弈理论以及涉他偏好理论的相关理论知识，为后续委托代理模型与演化博弈模型的建立与分析提供了理论基础。

第3章

PPP 项目合作与合同机制分析

3.1 PPP 项目主要参与方分析

1. PPP 项目主要参与方的界定

PPP 模式主要应用于供水、供电、港口、机场等大型基础设施项目，投资规模大、合作周期长达 20～30 年，涉及融资、设计、技术、建设、管理、法律、政治等众多领域，而我国目前的大多数企业尚不具备集成优化项目全过程、提高效率的能力。因此，PPP 项目需要多方的参与来共同完成，这也是 PPP 项目之所以复杂的一个重要原因。在 PPP 项目的不同阶段，会有政府方、私人投资者、金融机构、咨询公司、设计单位、施工承包商、保险公司以及社会公众等众多的利益主体先后参与到项目当中。从此处也可以看出，PPP 模式本质上就是一系列复杂契约的安排。在这样的安排下，各参与方充分发挥自身的优势，构建合理的合作机制，保证参与合作的各方都能够实现基本的利益目标，并最终取得项目的成功。典型的 PPP 组织结构如图 3－1 所示。

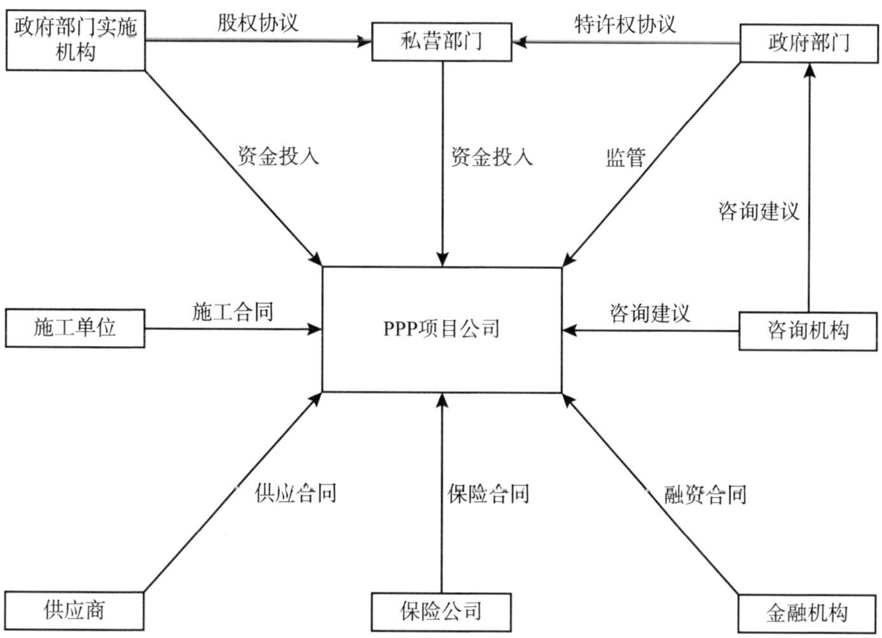

图 3－1 典型的 PPP 项目组织结构

从图 3－1 中可以看出，PPP 项目各参与方均与项目公司存在着契约关系。项目公司的存在决定了其他各参与方的存在。然而，项目公司是由政府与社会资本方共同成立的，所以根据各参与方在 PPP 项目中的参与程度来说，政府和社会资本方为 PPP 项目的两大主要参与方，其他的参与方均为一般参与方。因此，本书主要关注政府和社会资本方两大核心主体。

2. PPP 项目主要参与方的权责分析

（1）政府方的权责分析

在传统的基础设施建设模式中，政府方主导整个项目的融资、设计、建设和运营，是整个项目的投资者、决策者和管理者。这种模式存在效率低下、资源浪费以及贪污腐败等弊端，一定程度上阻碍了经济的发展。与传统模式不同，PPP 模式在基础设施的提供上引入了社会资本方，项目的融资、建设和运营等工作交由社会资本方负责。然而，做 PPP 并不是要政府方把提供公共服务的工作全部推给社会资本方，而是工作方式和工作的重点发生了变化。在 PPP 项目实施前期，项目的可行性研究、立项、审批等环节都需要政府方投入大量的资源，此工作能够把不可能实现社会公众要求或者没有前景的 PPP 项目在政府蒙受更大的损失之前就淘汰掉。

在 PPP 项目的过程中，政府方不仅要负责社会资本方，即 PPP 项目合作伙伴的选择，还具有给其提供一定支持的责任，比如特许权的赋予、项目唯一性的担保、可行性缺口补贴、提供配套的设施等。甚至在有些 PPP 项目中政府方还承担了该项目产出的购买责任。因此，政府的支持和承诺对 PPP 项目的成功实施非常重要。除此之外，政府实施 PPP 项目的目的是满足社会公众的实际需求，所以在项目的实施过程中必须将社会公共利益作为重中之重，对社会资本方在建设运营的全过程进行激励和监管，以促使其在获取合理回报的同时避免社会利益的损失。

（2）社会资本方的权责分析

PPP 模式的基础是政府和社会资本方签订的特许权协议，它规定了项目整个过程中双方的主要权利和义务。通常来说，社会资本方通过组建项目公司负责整个项目的融资、建设以及后期的运营管理。在长达20~30年的特许期后，社会资本方需要将项目移交给政府方来进行管理。因此，社会资本方是PPP项目的直接参与者。

在PPP项目中，社会资本方利用其雄厚的资金实力、专业的运作能力、丰富的市场经验等优势实现PPP项目的产出要求。社会资本方通过政府购买、补贴、使用者付费等方式来获取收益。当项目的市场状况良好时，项目获得的收益在政府和社会资本方之间进行合理的分享。当项目的收益不能弥补社会资本方的成本时，政府会对社会资本方进行补偿。由于社会资本方的逐利特性，在PPP项目的实施过程中过于追求自身的经济利益，对社会群众的公共利益不闻不问，这严重违背了基础设施建设的初衷，更偏离了PPP项目的实施理念。同时，如果政府的激励机制不完善或者对社会资本方的监管不到位，十分容易发生社会资本方为了谋取个人利益而采取降低努力程度等机会主义行为。

3. 政府和社会资本方的委托代理关系分析

在社会经济活动中普遍存在着委托代理关系。委托代理问题的冲突来源主要有两个：一是委托人和代理人的目标利益不一致，且代理人一方可以代表委托人一方的利益行使一些决策权；二是双方存在信息不对称现象，其中掌握信息多、具有相对信息优势的一方被称为代理人，而掌握信息少、在信息的获取上处于相对劣势的一方称为委托人。在PPP项目中，政府方和社会资本方的利益不完全一致。在项目实施过程中，社会资本方直接参与基础设施的建设、运营全过程，通过对项目的跟进能够实时了解到项目的信息情况，处于相对信息优势的一方。政府方作为PPP项目的发起者、合作者和监管者，在项目的建设运营过程中的参与程度要低于社会资本方，并不能及时地掌握到项目的进展情况和具体信息，且所获得的信息有很多是通过反馈得到的，在信息的可靠度上也有不足，因此是处于相对信息劣势的一方。

通过上述分析可以得出，PPP 项目中政府和社会资本方之间存在着委托代理关系，政府为委托人，社会资本方为代理人。政府方需要通过激励机制设计来促使社会资本方在满足自身利益最大化的同时最大可能地去实现社会利益最大化。

3.2 PPP 项目机会主义行为分析

1. PPP 项目机会主义形成原因

根据上述对 PPP 项目主要参与方的分析可以看出：虽然政府方在 PPP 项目的实施中仍起到很大的作用，在不同的阶段也需要承担不同的责任，但是政府在 PPP 项目中更多的利益诉求是减少财政支出，实现社会利益的最大化。政府运用 PPP 模式建设基础设施的目的是更好地满足社会公众的生活需要。社会资本方参与 PPP 项目的目的则是利用自己的资金和专业优势，通过对 PPP 项目的运作来获取利益并提高自己的行业地位。因此，PPP 项目中政府和社会资本方的主要目标是不一致的，这很容易导致社会资本方在 PPP 项目的实施过程中出现损害社会利益的机会主义行为。社会资本方在 PPP 项目中发生机会主义行为的原因主要有以下几个方面。

（1）利益不一致

双方参与 PPP 项目的利益诉求不同是诱发机会主义行为的根本原

因。政府在基础设施和公共服务的提供上负有不可推卸的责任。其在PPP项目中代表着社会公众的利益，追求的是整个项目的社会利益最大化。然而，虽然社会资本方具有一定的社会责任感，在PPP项目中也会适当地考虑社会因素，但是其参与PPP项的主要目的是赚取利益。因此，两者参与PPP项目的主要目标存在不一致的问题。

（2）信息不对称

信息不对称现象在经济生产活动中普遍存在。在PPP项目中，政府方和社会资本方同样存在信息不对称问题。在PPP项目实施过程中，社会资本方负责整个项目的融资、设计、建造以及维护等工作，其对项目的进展情况具有信息优势。政府方作为监管者，其大多数信息是借助反馈渠道被动获取的，不能完全掌握项目的实施情况。这种信息不对称的存在也在一定程度上促成了机会主义的产生。

（3）PPP项目的复杂性

PPP模式是由众多的参与方通过一系列复杂的契约安排形成的。项目的组织结构以及合同都会发生变化的复杂性容易造成各个参与方之间权责不清、关系混乱等问题，进而降低了合同的约束力，为机会主义行为创造了条件。除此之外，PPP项目的持续时间长也是造成PPP项目复杂的原因之一。由于人们认知能力的有限性和环境发展的无限性，决策者不可能准确地预测到项目未来的情况。而在长达20~30年的时间里，一方面政府方的监管会出现更多的不到位现象，比如政府相关部门的职能调换、人员变动等，这便给了社会资本方采取机会主义行为的可乘之机。另一方面项目面临的不确定风险也会越来越多，比如技术上的风险、市场需求不足的风险、原材料价格波动的风险等。当社会资本方面临项目的期望收益不足以弥补其承担的风险时，会为了实现个人的利益最大化而采取机会主义行为。

(4) 法律体系不完善

有效的法律体制是化解 PPP 项目风险，提高 PPP 项目运作效率的重要保障。然而，2014 年我国的 PPP 发展才真正开始起步，其法律体系建设还很不完善。大多 PPP 相关法律政策规定出自国务院、发展改革委、财政部等国家部门或者一些地方政府。比如：国务院出台的 PPP 方面的文件《关于投资体制改革的决定》《关于创新重点领域投融资机制鼓励社会资本的指导意见》等；国家发改委出台的《基础设施和公用事业特许经营管理办法》等。但尚未有国家层面的法律和制度，缺乏与 PPP 模式相关的较高层次的立法。法律体系的不完善极易导致项目重复审批、各地方各部门各自为政、资源浪费、效率低下等问题。在 PPP 项目实施过程中，缺乏一个统一的全国性的 PPP 项目实施指南，同时还缺乏专门的 PPP 机构来综合协调各部门的职责。因此，PPP 法律制度的不完善降低了社会资本方对于机会主义行为带来的后果的担忧，提高了社会资本方采取机会主义行为的可能性。

(5) 监管不完善

监管不完善是 PPP 项目机会主义行为产生的直接原因。PPP 模式是政府与社会资本方通过签订特许协议形成的长期契约关系。其中，政府在项目实施阶段的主要责任是对 PPP 项目和社会资本方进行监督管理，以保证项目能够实现预期的产出要求并按照规定的标准提供服务。由于社会资本方参与 PPP 项目的目标与政府不一致，其追求经济利益最大化的动机促使其在项目过程中存在道德风险。在这种情况下，由于监管不完善，未能有效地抑制社会资本方的自利行为，为机会主义行为的产生提供了条件。

2. PPP 项目机会主义的表现形式

PPP 项目的整个生命周期一般包括项目识别、项目准备、项目采购、项目执行以及项目移交五个阶段。其中，PPP 项目的特许期指的是项目执行阶段。在特许期内，社会资本方在政府的授权下负责基础设施项目的建设和运营。虽然在其他阶段社会资本方也不同程度地参与到 PPP 项目中，但其主要的资源投入是在项目的执行阶段。因此，这一阶段也是社会资本方最有可能采取机会主义行为的时期。按照 PPP 项目的阶段划分，其在执行阶段可能采取的机会主义行为可以分为建设时期和运营时期的机会主义行为两大类。

（1）建设时期的机会主义行为

这一时期主要是固定资产的形成，也就是传统的工程项目建设阶段。本阶段可能采取的机会主义行为包括以下几种：在施工过程中偷工减料、以次充好，降低工程建设的质量等。但由于建设时期一般来说为 3 ~5 年，仅为 PPP 项目特许期的前一小部分，政府和社会资本方双方都比较重视且实体工程易于监管。因此，在项目建设期，机会主义行为发生的可能性较小一些。

（2）运营时期的机会主义行为

相对于项目建设时期可能出现的机会主义行为来说，PPP 项目运营阶段由于持续时间长、政府监管难度大等因素，社会资本方采取机会主义行为的现象更为普遍，其表现方式也更隐蔽。具体来说，在 PPP 项目运营期内，社会资本方通常会通过减少设备的维修、削弱管理运营成本、降低服务水平等机会主义行为来满足自己的利益需求。比如兰州威立雅水务 PPP 项目，为了降低运营成本，疏于对技术设施的维护保养，自流沟超期服役，沟体内防渗材料出现裂缝，大量的地下含油污水渗入自流沟，导致自来水苯含量严重超标，给社会利益造成了损害①。另外，在天津双港垃圾焚烧电厂 PPP 项目中，为了节约成本，提高利益回报，垃圾焚烧过程中剩余物质的处理不彻底，产生了大量的有害气体，影响到周边居民的生命安全，引起了社会的重大反响②。

3.3 PPP 项目的激励监督机制分析

由于在 PPP 项目中机会主义行为很难完全避免，这阻碍了 PPP 项目的顺利进行，影响了社会公众的利益。因而，政府方作为公共利益的代表，在 PPP 项目中承担着监管者和合作者的双重角色，可以通过一些适当的激励监督措施来避免机会主义行为的发生，促使社会资本方在保障公共利益的前提下获取合理的回报。本部分将分析 PPP 项目中政府方相关的激励和监督措施。

1. PPP 项目中政府采取的激励机制

本书所指的激励机制主要是激励相容机制，即通过制定一套方法、制度或者体系来促使参与者能够在满足自身利益的前提下，并充分发挥其潜能来最大化机制设计者目标的过程。具体来说，PPP 项目中政府方通常采取的激励措施主要有以下几种。

（1）融资支持

融资支持是指政府为社会资本方的融资提供一定的协助，如为社

① 资料来源：http：//new. qq. com/rain/a/20230207A062M000.

② 资料来源：http：//www. cn – hw. net/news/201508109155880_1.

会资本方出具安慰函、政府提供一定的资金等措施。融资支持可以有效地帮助社会资本方降低由于项目公司在遭受不可抗力时所带来的危害，降低融资成本，为项目公司营造良好的经济环境，提高项目公司获得贷款的可能性。

(2) 收益补贴

社会资本方能够获得合理的收益回报有助于PPP模式的良好运行。政府可以在PPP特许协议中设置相关的条款，将社会资本方在PPP项目中的收益分配比例与项目的运营情况联系起来，通过提高社会资本方的收益分配比例来对社会资本方进行激励。对于一些准公益性PPP项目，由于市场收益往往不足以弥补社会资本方的投资成本，政府方可以给予足够的补贴来进行激励。同时，政府方还可以综合采用财政奖励、税收优惠等方式来鼓励社会资本方提高PPP项目的运营水平和管理效率。如社会资本方通过某一PPP项目而带动了项目所在的整个行业或者项目所在地区的发展时，政府方可以利用一定的财政资金对其进行奖励。

(3) 企业表彰

当PPP项目运营良好，社会资本方完成或者超额完成既定的项目目标时，政府方可以对企业进行表彰，并在行业内和社会上进行宣传。这样做虽然不能给社会资本方带来直接的经济收益，但能树立企业的良好形象，提高其在行业中的地位和话语权，增强其未来的市场竞争力，从而给企业带来巨大的声誉效益。

2. PPP项目中政府监督机制

虽然政府激励措施在很大程度上能够对机会主义行为起到一定的抑制作用，但由于存在利益不一致等因素，单纯依靠激励措施并不能实现 PPP 项目的顺利进行。因此，依据政府和社会资本方签订的特许权协议，政府方需要在 PPP 项目中进行监督来保障公共利益，其主要的监督措施包括以下几个方面。

（1）价格监管

公共服务的价格是体现 PPP 项目物有所值的一个重要标准。政府方要合理控制 PPP 项目的服务收费价格区间，即对 PPP 项目公司的服务收费标准、收费结构进行控制。其目的是使公共服务的价格保持在一个合理的范围。同时，要适时审查公共服务的定价和调价方式，防止社会资本方为了剥夺消费者剩余而随意更改定价，进而损害基础设施的公益性。

（2）质量和服务监管

基础设施和公共服务的建设承载着城市的功能和运行，是一个城市经济发展的重中之重。PPP 监管的核心任务之一就是要确保基础设施的质量和公共服务的水平。政府必须对企业提供的产品和服务进行定期和随机监管，杜绝项目公司为了追求经济利益而损害工程质量或者降低服务水平的行为。

（3）信息公开和公众监督

信息不公开不透明是导致 PPP 项目机会主义行为的重要原因之一。政府方须将项目相关的重要信息公布于众，同时也应要求社会资本方将其项目建设、运营维护的信息数据进行公开，并接受社会公众的监督。这样做的目的有两个：一方面，社会公众是基础设施项目的直接受益者，将 PPP 项目信息进行公开为公众获取信息提供了有利条件，提高了社会公众的满意度；另一方面，将社会公众的监督引入 PPP 项目监管中，使得 PPP 项目的监管更为全面有效，对社会资本方的机会主义行为动机形成有力的威慑，降低政府监管的成本，同时对政府方的行为也有一定的监督。

3.4 PPP项目合同机制分析

1. 刚性合同机制分析

(1) 刚性合同的定义与特征

刚性合同在传统的PPP项目占据了主导地位。对刚性合同，不同的学者有着不同理解，因此学术界纷纷给出了定义，具体见表3-1。根据以上定义，本书将PPP项目中的刚性合同定义为：通过严格合法的硬性条款，规定政府和社会资本方的权利和义务的合同，合同一经签订，不会随着外界的环境变化，在合同的履行过程中双方都必须按照合同的条款进行执行。

表3-1　　刚性合同定义

文献	刚性合同定义
杜亚灵（2014）	刚性合同是不论外界环境如何变化，交易双方的行为和选择都必须遵循合同条款的限制与约束的合同
严玲等（2015）	刚性合同是建立在严格、正式的法律合同基础上的长期契约，订立合同的当事人通常具有利益对抗性
娄黎星（2016）	刚性合同是指在执行过程中，交易双方都必须完全按照合同条款的规定执行
阿蒂斯（Athias，2018）	刚性合同是指缔约各方试图根据未来的自然状态规定协调的方式，即在合同中，双方试图防止重新谈判，主要是通过确定私人经营者在整个合同期间收取的价格
冯（Feng，2022）	刚性合同是为努力防止重新谈判的合同

根据刚性合同的定义，PPP 项目中的刚性合同主要有以下三方面特征。

第一，长期性。在 PPP 项目中，政府方作为发起人，由社会资本方负责项目的建设与运营，特许期结束后再将项目移交给政府方，双方的合作长达几十年。刚性合同在项目初期由政府方与社会资本方签订后，合同条款不再随外部环境的变化而变化，直到双方的合作结束。

第二，严格性。刚性合同中采用严格合法的硬性条款对政府方与社会资本方的权利和义务以及风险分配进行了规定与划分，在项目的建设过程中不会发生改变。在合同的执行过程中，双方的行为与选择都要严格按照刚性合同条款的规定与约束来执行。

第三，约束性。在 PPP 项目中，由于刚性合同中硬性条款的约束，政府方与社会资本方对于不履约后的惩罚有所忌惮，所以会选择按照合同条款去执行。同时，由于刚性条款的约束，能够在一定程度上约束社会资本方的机会主义行为。

（2）刚性合同运行机制

在刚性合同条件下，依据财政部印发的《PPP 项目合同指南（试行）》，在项目初期阶段，项目公司尚未成立时，政府方会先与社会资本方签订意向书明确双方合作意向，待项目公司成立后，再正式签订 PPP 项目合同。刚性合同经签订后，合同条款在项目的融资、建设以及运营维护过程中不再改变，政府方与社会资本方依据刚性合同规定相关的权利义务来履行合同。考虑到刚性合同与柔性合同的差异部分，本部分主要从风险分配和激励机制来论述刚性合同的运行机制。

第一，风险分配机制。PPP 项目合同的目的就是将项目风险在政府方与社会资本方实现合理的分配，明确双方的权利与义务，以确保PPP项目的顺利实施。在刚性合同中，按照“风险由最适宜的一方来承担”的原则，一般由政府承担的风险有土地获取、项目审批以及政治不可抗力风险，而由社会资本方承担的风险有项目融资、设计、建设以及运营维护相关风险，自然不可抗力风险由双方共同承担。在项目初期，刚性合同经签订后，双方的风险分配便依据合同约定进行履行，不会随着项目阶段、环境、社会资本方的行为等的变化而变化。

第二，激励机制。在刚性合同中，对于社会资本方的激励是一种静态的激励，并且在初期设计刚性合同条款的同时设置好激励机制。这种静态的激励主要包括两方面：一方面是抑制社会资本方的不努力经营、机会主义行为；另一方面是从正向激励出发，通过利益分配、项目绩效等措施来激励社会资本方付出更多的努力去完成PPP项目的建设。

2. 柔性合同机制分析

（1）柔性合同的定义与特征

在研究PPP项目面临的较大不确定环境的问题时，学术界引入了柔性合同的概念，并给出了不同的定义，具体见表3-2。此外，严玲等（2015）提到，柔性合同的实施途径主要有：签订不完全合同；调整价格、激励或者再谈判等条款；签订变更程序协议；分阶段执行合同，将长期合同划分成若干个短期合同。加格和加格（Garg & Garg，2017）认为，在风险和不确定性很大的政企伙伴关系中，需要有意识地远离长期、僵硬、单一和复杂的合同，采用短期、灵活、模块化和简单的安排，以实现有效管理。因此，本书主要讨论分阶段执行的柔性合同，将长期合同划分成若干个短期合同，缩短合同周期。综合以上分析，本书给出柔性合同的定义为：柔性合同是指预防风险为主、动态的、具有灵活性的合同体系，并且分阶段执行，根据上一阶段的市场情况与合同执行情况来确定下一阶段灵活的条款或合同。

表 3-2　　不同视角下合同柔性的定义

<table>
<tr><th>研究视角</th><th>文献</th><th>柔性合同的内涵定义与描述</th><th>要点总结</th></tr>
<tr><td rowspan="2">外包合同</td><td>怀劲梅（2006）</td><td>设计柔性合同的方式是在合同条款中加入能够对合同加以修改的内容</td><td rowspan="2">合同条款的柔性（包括合同结构调整柔性、根据需要终止对方权利、运用合同外能力的权力）</td></tr>
<tr><td>苏萨拉（Susarla，2012）</td><td>合同柔性指的是事前决定权。条款柔性设计可降低对执行过程中再谈判的依赖。为合同执行提供了调整机会与能力</td></tr>
<tr><td rowspan="4">供应链合同</td><td>舒斯特（Schuster，2002）</td><td>在双方签订的采购合同中向供应商给出承诺，未来将向其购买定量的产品。也就是给定一个期权，采购商根据此期权具有调整订单的权利</td><td rowspan="4">价格柔性、带有期权的数量柔性、考虑风险偏好、收益共享</td></tr>
<tr><td>邱若臻和黄小原（2006）</td><td>为签订最优契约，应用柔性合同有益于解决供应链的收入共享以及契约协调问题，考虑弹性设计需求价格和零售商的成本按比例加以分摊</td></tr>
<tr><td>胡本勇（2009）</td><td>为有效提升供应链竞争力，应该对传统的供应链合同做出创新，增加合作合同柔性，实现供应链合同关系下的风险共担和增值收益共享</td></tr>
<tr><td>慕银平和刘利明（2015）</td><td>考虑市场需求及原材料价格不确定情况下，供应商和制造商通过签订采购合同，价格可以缓解原材料价格剧烈波动带来的风险。根据供应商和采购商之间的博弈谈判得到参考的价格参数</td></tr>
</table>

续表

研究视角	文献	柔性合同的内涵定义与描述	要点总结
建设工程合同	布兰科斯（Branconi，2004）	在发生风险时，承包人无须请示发包人，可以利用控制权限来快速采取相关经济有效行动应对变化	合同条款柔性、控制权让渡柔性、合同执行柔性
	杜亚灵（2014）	工程柔性的意义随着不确定性的增加而提升，当环境变化时，合同签约双方依据所签约的规则，如权利配置、成本的柔性管理等多个方面来执行合同	
	娄黎星（2016）	合同柔性是合同签订和履约执行的全过程中应对外部风险的措施，包含合同条款和合同执行柔性两个内容	
	德米雷尔（Demirel，2017）	柔性合同是对工程项目在建设运营过程中面临的不确定性的一种快速响应机制	
	朱方伟（2018）	柔性合同是一种能力，即承包商能在合同执行过程中，依据合同规定对不确定环境的适应与事后调整能力	
	蒋士成（2018）	柔性合同是对某个状态下的行动或者结果不精确规定的合同	
	阿蒂斯（2018）	柔性合同是指一旦出现任何不确定性，双方就可以通过事后协商调整价格来避免重新谈判	

不同于刚性合同，柔性合同主要具备以下特点。

第一，短期性。在 PPP 项目中的柔性合同下，将项目合同划分为若干个短期的动态合同，摆脱了长期合同的限制性与约束性，可以根据上一阶段的合同执行情况与社会资本方的绩效产出情况来确定下一阶段的条款或者合同，柔性合同按阶段执行。

第二，灵活性。柔性合同最大的特点就是灵活性，不同于刚性合同严格、硬性的条款，柔性合同分阶段执行，每个阶段的条款或者合同都可以依据外部环境的变化来重新调整与制定，形成一定的事后调整空间，以适应 PPP 项目所面临的不确定环境。

第三，动态性。刚性合同是一种不随外界环境变化的静态合同，而柔性合同是一种可以随着项目阶段、环境、代理人行为等的变化而变化，根据合同的执行情况来进行下一阶段合同的调整，是一种动态合同。

（2）柔性合同的运行机制

与刚性合同类似，本部分同样从风险分配机制、激励机制两个方面来论述柔性合同的运行机制。

第一，风险分配机制。在柔性合同下，由于长期合同按阶段划分为了若干个短期合同，所以政府方与社会资本方的风险分配在每一个阶段重新调整合同的时候根据上一阶段社会资本方的绩效产出进行重新分配，但仍然会依据“风险由最适宜的一方来承担”的原则。因此，在柔性合同下，风险分配原则和刚性合同类似，但是政府方与社会资本方的风险分担比例会随每个阶段的项目绩效重新调整。

第二，激励机制。从上述柔性合同激励机制的研究现状可以看出，柔性合同对社会资本方形成的是一种动态的激励，通过将 PPP 项目合同注入动态的激励要素来提高社会资本方应对项目不确定性环境的执行效率。在本书所讨论的柔性合同中，将合同划分为若干个短期合同，同时政府方对社会资本方的绩效评价也将被划分若干个阶段。社会资本方在每个阶段的期望效用都会受到政府方上一阶段对其自身绩效评价的影响，并且政府方可以依据此绩效评价来对下一阶段的合同进行动态调整，以此形成对社会资本方的动态激励。

3. 刚性和柔性合同优缺点比较

刚性和柔性合同是PPP项目两大类基本合同类型。其中，刚性合同在实务操作中占主导地位。刚性合同的采用能够使得PPP项目中社会资本方感受到自身权利受到保护，从而提高对于项目投资的积极性，同时可以约束社会资本方，以防其采取机会主义行为（杜亚灵等，2014）。但这种建立在严格的合同结构上的刚性合同不仅无法灵活应对项目面临的不确定性，还会导致基于再谈判形成的项目价值增值路径的丧失（严玲等，2015；娄黎星，2016），给项目带来了高昂的代价（Domingues et al.，2015）。在PPP项目面临较高的不确定环境下，合同的功能已经不局限于维护政府方与社会资本方的利益关系，更要适应不确定环境并且促进双方的合作。柔性合同是对工程项目在建设运营过程中面临的不确定性的一种快速响应机制（柯洪和刘秀娜，2014）。柔性合同具有一定的灵活性，有利于PPP项目中政府方与社会资本方风险的合理分担、合同激励机制的形成，支持项目参与人对风险的有效转移（严玲等，2015）。虽然在一定程度上会增加合同成本（Dong & Chiara，2010；Gottardi & Tallon，2017），但是有利于PPP项目整体绩效的提升（尹贻林和王垚，2015；赵延超等，2019）。但柔性合同中对于灵活性程度设计也面临着挑战：若是柔性太多，可能有利于社会资本方机会主义行为的发生；若是柔性太少，可能会丧失福利提升的机会（Bigsten et al.，2000；Athias & Saussier，2018）。由此可见，刚性合同和柔性合同各有优缺点，不存在绝对占优的合同，两类合同各有不同的激励机制与适用条件。刚性合同和柔性合同的对比分析如表3-3所示。

表3－3　　　　　　刚性合同与柔性合同的优劣势对比

<table>
<tr><th colspan="2">合同类型</th><th>优势/劣势</th><th>文献</th><th>应用现状</th></tr>
<tr><td rowspan="3">刚性合同</td><td>优势</td><td>约束社会资本方，以防其采取机会主义行为</td><td>杜亚灵等（2014）；斯皮勒（Spiller，2013）</td><td rowspan="3">我国工程领域签约通常采用合同范本并严格遵守相关法律法规，刚性合同为PPP项目中主导合同</td></tr>
<tr><td rowspan="2">劣势</td><td>无法灵活应对项目面临的不确定性</td><td>严玲等（2015）；娄黎星（2016）；冯等（2022）；德米雷尔等（Demirel et al.，2019）</td></tr>
<tr><td>不可预见情况给项目带来高昂的代价</td><td>多曼格等（Domingues et al.，2015）</td></tr>
<tr><td rowspan="5">柔性合同</td><td rowspan="3">优势</td><td>有利于PPP项目中政府方与社会资本方风险的合理分担、合同激励机制的形成</td><td>冬和奇亚拉（Dong & Chiara，2010）；严玲等（2015）</td><td rowspan="5">在合同中注入柔性条款，例如：弹性特许期（澳大利亚政府“M2收费公路”）；弹性价格条款（广西来宾B电厂项目）；弹性收益分配条款（北京地铁四号线）</td></tr>
<tr><td>改善项目管理绩效</td><td>尹贻林和王垚（2015）；赵延超（2019）；冬和奇亚拉（2010）</td></tr>
<tr><td>可以较好地应对环境的不确定性</td><td>米雷尔等（2017）；肖万等（2020）、郭等（Guo et al.，2020）</td></tr>
<tr><td rowspan="2">劣势</td><td>在一定程度上会增加合同成本</td><td>冬和奇亚拉（2010）；戈塔尔迪和塔隆（Gottardi & Tallon，2017）</td></tr>
<tr><td>灵活性程度设计也面临着挑战，柔性太多有利于社会资本方机会主义行为的发生，柔性太少可能会丧失福利提升的机会</td><td>比斯滕等（Bigsten et al.，2000）；阿蒂斯和绍西耶（Athias & Saussier，2018）</td></tr>
</table>

综上可以看出，如何设计激励机制以增强项目适应外界环境的不确定性并降低社会资本方的机会主义行为是PPP项目需要解决的关键问题。将刚性合同与柔性合同的激励机制进行对比分析，初步讨论出在不同环境条件下更具有激励效果的合同，总结两种合同的不同适用

情形，为 PPP 项目中政府与社会资本方对于合同的选择和柔性合同激励机制的设计提供一定的指导是非常必要的。

3.5 本章小结

首先，通过对 PPP 项目参与方的梳理，界定了政府和社会资本为两大主要参与方，并对双方在 PPP 项目中的权责关系进行了分析，明确政府与社会资本方双方在项目合同中各自应该承担的责任，确定了双方的委托代理关系。其次，分析了 PPP 项目中社会资本机会主义行为发生的主要原因和采取机会主义行为的主要表现方式。再次，介绍了 PPP 项目中政府方的激励监督机制，为本书后续的理论研究提供了研究基础。最后，通过梳理刚性合同与柔性合同的定义、特征与运行机制，明确两类合同的相同之处与不同之处，并将两类合同的优缺点与应用现状做了对比，阐述了总结刚性与柔性合同的适用情形的必要性，为后文分析刚性合同与柔性合同的适用边界分析奠定基础。

第4章

问题描述与基本假设

4.1 问题描述

本研究考虑政府方和社会资本方参与的 PPP 项目。其中，政府方作为委托人，在一定的特许经营期内将项目的建设运营工作委托给社会资本方，社会资本方作为代理人，负责项目的建设运营。根据第 3 章合同机制的分析，本书假设政府方提供给社会资本方的合同有刚性合同与柔性合同两类。政府方与社会资本方在项目开始前选择合同类型并签订合同，约定一个利润分享系数。其中，刚性合同中利润分享系数在项目建设过程中保持不变，属于静态合同。在柔性合同中利润分享系数可以根据项目建设过程中出现的环境变化进行一定调整（Athias & Saussier，2018），通常政府方将在每个阶段根据社会资本方在上一个阶段的绩效进行合同的调整，属于动态合同。在项目实施过程中，社会资本方根据政府方提供的激励合同类型选择努力水平。

PPP 项目中政府和社会资本方的博弈顺序为：①项目开始前，政府方制定合同激励类型和监管策略；②社会资本方根据合同类型和政府方的监管策略选择努力水平并得到项目第一个阶段的绩效产出；③政府方根据第一阶段的绩效产出动态调整下一阶段的激励合同和监管策略；④社会资本方再根据第二阶段的激励合同和监管策略选择努力水平并得到相应的绩效产出。以此类推，直到 PPP 项目特许经营期结束。不失一般性，本书假设项目有两个阶段，刚性和柔性合同的博弈顺序分别如图 4－1 和图 4－2 所示。

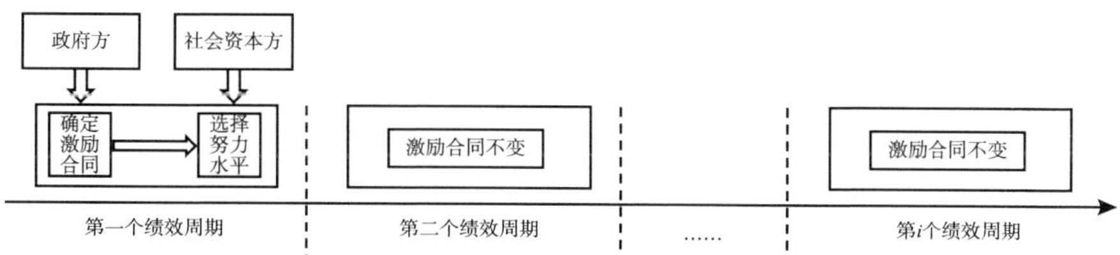

图 4－1　刚性合同条件下政府方和社会资本方博弈顺序

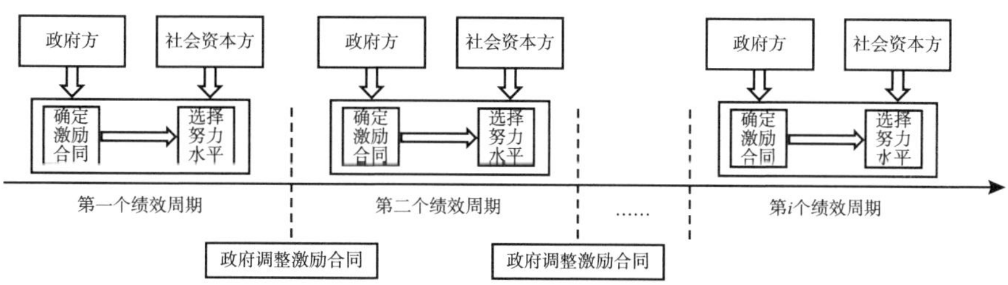

图 4－2　柔性合同条件下政府方和社会资本方博弈顺序

4.2　模型基本假设

根据前文分析，本部分为本书模型构建提出以下基本假设。

假设 1：PPP 项目可以分为两个阶段，社会资本方负责项目的建设和运营阶段的管理工作。根据以往相关文献假设（Tirole，1994；Wang et al.，2018；Zhang et al.，2020），项目的绩效取决于社会资本方的能力禀赋以及自身努力程度的乘积，即项目的绩效产出 π 与社会资本方的努力程度 $e(0\leqslant e\leqslant 1)$ 以及能力禀赋 $q(q>0)$ 正相关，第 $i(i=1, 2)$ 阶段的绩效函数为：

$$\pi_i = qe_i + \varepsilon_i \tag{4-1}$$

其中，ε_i 为不确定因素。为了方便分析，本书不考虑各阶段不确定性之间复杂的相关关系。假设 ε_1 和 ε_2 为独立同分布的随机变量，服从期望为 0，方差为 σ^2 的正态分布，即 $\varepsilon_i \sim N(0, \sigma^2)$，表示政府或者社会资本方面临的不可控的风险因素。

在刚性合同条件下，政府与社会资本方在项目初期签订合同。在柔性合同条件下，政府和社会资本方在各阶段初期签订合同。项目总绩效 $\pi=\pi_1+\pi_2$。社会资本方的能力禀赋 q 主要包括社会资本方在技术、管理等方面的能力，是一个大于 0 的常数。社会资本方的努力程度 e 是指社会资本方在项目建设、维护和运营过程中投入的人力、物力和财力，以及付出的工作努力，并且付出的努力程度越高，其产生的成本越大，满足 $C'(e_i)>0$，$C''(e_i)>0$。于是，假设社会资本方的努力成本为 $C(e_i)=\frac{1}{2}ce_i^2$。其中，c 为社会资本方的努力成本系数，c 越大，社会资本方付出的努力成本也越高。

在柔性合同第二阶段中，政府方在制定激励策略时会考虑第一阶段的项目绩效。借鉴以往文献（徐飞和宋波，2010；Zhang et al.，2020），本书用一个外部收益 π_{12} 来表示第一阶段项目绩效对第二阶段项目绩效的影响。显然，外部性收益 π_{12} 与社会资本方的能力禀赋和第一阶段的努力水平有关，可表示为 $\pi_{12}=\theta qe_1$。其中，$\theta(-1\leqslant\theta\leqslant1, \theta\neq0)$ 为外部性收益系数，即第一阶段的项目绩效对第二阶段社会资本方收益的影响系数。θ 的符号由政府根据社会资本方在项目第一阶段的建设表现来决定。若 $\theta>0$，即 $\pi_{12}>0$，表示政府对社会资本方在第一阶段的表现满意，产生正的外部收益；若 $\theta<0$，即 $\pi_{12}<0$，表示政府对社会资本方在第一阶段的表现不满意，产生负的外部收益。

假设2：PPP项目由社会资本方和政府在初期按一定比例进行投资，采用收益共享、风险共担的机制，按投资比例进行分享收益和分担风险，假设第 $i(i=1, 2)$ 阶段的社会资本方与政府方的利润分享系数分别为 β_i 和 $(1-\beta_i)$，$0\leqslant\beta_i\leqslant1$。政府向社会资本方提供固定的报酬 α，即为社会资本方的固定收益。社会资本方的阶段收益应取决于其阶段经济收益和努力成本，可以表示为：

$$W_{Pi}=\alpha+\beta_i(qe_i+\varepsilon_i)-\frac{1}{2}ce_i^2 \tag{4-2}$$

同时，政府方在平等合作的基础上也会追求自身利益最大化，其收益可以表示为：

$$W_{Gi}=-\alpha+(1-\beta_i)(qe_i+\varepsilon_i) \tag{4-3}$$

假设3：根据传统委托代理理论（Holmstrom，1999），本书假设政府作为委托人具有风险中性的特点，社会资本方作为投资者具有风险规避的特点。社会资本方的风险成本效用函数可以表示为（Zhang et al.，2020）：

$$u_r=-\exp(-\rho(EW_P)) \tag{4-4}$$

其中，$\rho(\rho>0)$ 为绝对风险规避系数，W_P 为社会资本方的期望收益。社会资本方的风险成本效用可以进一步表示为：

$$u_{ri}=\frac{1}{2}\rho\beta_i^2\sigma^2 \tag{4-5}$$

由于 PPP 项目周期较长，社会资本方采取积极合作或机会主义行为策略会受到政府的监管策略、双方的互惠偏好等各种因素的影响，同时，政府方也会根据监管成本、监管效果和社会资本方的合作策略选择等选择采取强监管或弱监管策略。因此，在 PPP 项目中，政府方与社会资本方的行为策略的选择存在动态的博弈过程，并在多次博弈后实现均衡状态。于是，本书运用演化博弈方法讨论 PPP 项目政企双方的合作行为。该部分的基本假设如下：

假设 4：在项目实施过程中，社会资本方可能采取的策略集为：{积极合作，机会主义}，概率分别为 x 和 $1-x(0\leqslant x\leqslant 1)$。在积极合作时，社会资本方会严格遵从合同约定保质保量完成任务；在不合作时，会采取偷工减料、降低努力程度等机会主义行为。假设社会资本方积极合作时付出的努力水平为 e_H，采取机会主义时的努力水平为 e_L，且 $e_H>e_L$。同时，政府方可能采取的策略集为：{强监管，弱监管}，概率分别为 y 和 $1-y(0\leqslant y\leqslant 1)$。在强监管策略下，政府方会投入大量的时间和精力对社会资本方进行严格监督，防止机会主义行为的发生；在弱监管时，政府方只会履行日常规定的监督职责。

假设 5：在项目实施过程中，若社会资本方采取机会主义，政府方会损失 $L(L\geqslant 0)$ 的收益。政府在采取监管策略时，会付出一定的监管成本，在强监管下的成本为 C_s，在弱监管下的成本为 C_w，满足条件：C_s，$C_w>0$ 且 $C_s>C_w$，并且政府在强监管下发现社会资本方机会主义的概率为 $P(0\leqslant P\leqslant 1)$。由于政府方在弱监管时只会履行规定的监管职责，因而较难发现社会资本方的机会主义行为。于是假设弱监管条件下，政府方发现社会资本方机会主义的概率为 0。当社会资本方的机会主义行为被发现时，政府会对其进行一定的惩罚，惩罚金额为 $B(B\geqslant 0)$。

本书涉及的参数含义如表4-1所示。

表4-1 参数含义列表

参数	含义
π	项目绩效产出
e_i	委托代理模型中社会资本方在第i阶段的努力程度
e_H	演化博弈模型中社会资本方积极合作时的努力程度
e_L	演化博弈模型中社会资本方选择机会主义时的努力程度
q	社会资本方能力禀赋
B	项目经济效益
ε	风险变量
π_{12}	表示第一阶段项目绩效对第二阶段项目绩效的影响
θ	外部性收益系数，即第一阶段的项目绩效对第二阶段社会资本方收益的影响系数
β^R	社会资本方在刚性合同各阶段利润分享系数
β_i^F	社会资本方在柔性合同第i阶段利润分享系数
C	社会资本方努力成本函数
c	社会资本方努力成本系数
$W_P(W_G)$	社会资本方（政府）的收益函数
$U_P(U_G)$	社会资本方（政府）的效用函数
C_s	政府方强监管付出的成本
C_w	政府方弱监管付出的成本
L	社会资本方采取机会主义时政府方的损失
B	社会资本方被发现机会主义时的罚款金额
α	社会资本方的固定收益

4.3 本章小结

本章在前面三章基本概念、研究背景、PPP 项目合作和合同机制分析的基础上，定义了本书理论模型涉及的基本问题，进一步根据 PPP 项目特点，结合已有研究，为本书理论模型的构建提出了基本假设。本部分基本问题描述和假设提出为第 5 章和第 6 章 PPP 项目激励委托代理模型和合作演化博弈模型构建和分析奠定了基础。

第5章

基于互惠偏好的PPP项目合作激励与演化

5.1 引　言

近年来不少学者指出传统经济学中完全理性人的假设在实际生活中并不成立，完全理性人的决策与现实并不相符（Jordi，2001；Bartling，2011；Halbesleben & Wheeler，2015）。在PPP项目中，互惠共赢是政企双方合作的基础，在相关政策也有体现。例如《政府与社会资本合作项目财政管理暂行办法》的第三条中提到，各级财政部门应当统筹安排各类公共资产与社会资本开展平等互惠的PPP项目合作。因此，政企双方在选择各自策略时，除考虑自身的收益外，也会考虑对方的收益。以往关于PPP项目激励机制的研究已经开始考虑社会偏好因素，但以刚性合同为主，在相关柔性激励机制的研究中还缺乏对社会偏好因素的考虑（详见第2章文献综述）。

基于以上分析，本章首先考虑政企双方的互惠偏好，假设项目实施过程中，政企双方除考虑自身的收益外，还会考虑对方的收益。借鉴科赫和魏因申克（Koch & Weinschenk，2021），用互惠偏好系数表示双方的互惠偏好程度，即对方收益对政府或社会资本方效用的影响。通过计算得出在刚性和柔性合同条件下社会资本方的最优努力水平和最优利润分享系数，并分析互惠偏好程度对双方合作努力的影响。根据模型计算结果，政府方可以为项目选择更加合适的合同，激励社会资本方付出更多努力，保证项目的顺利完成，实现双方的互惠共赢。

其中，社会资本方的互惠偏好程度用 $\delta_P(0\leqslant\delta_P\leqslant1)$ 表示，政府方的互惠偏好程度用 $\delta_G(0\leqslant\delta_G\leqslant1)$ 表示，当 $\delta_P=0(\delta_G=0)$ 时，社会资本方（政府）完全自私，仅考虑以个人收益最大化为目标。当 $\delta_P=1(\delta_G=1)$ 时，社会资本方（政府方）完全互惠，将政府收益（社会资本方收益）与其个人收益看得同等重要。根据科赫和魏因申克（2021），结合第 4 章基本假设，社会资本方和政府方在互惠偏好下的期望效用分别如式（5－1）和式（5－2）所示：

$$EU_{Pi}=\alpha+\beta_i(qe_i)-\frac{1}{2}ce_i^2-\frac{1}{2}\rho\beta_i^2\sigma^2+\delta_P[(1-\beta_i)qe_i-\alpha] \quad (5-1)$$

$$EU_{Gi}=-\alpha+qe_i-\beta_iqe_i+\delta_G[\beta_iqe_i+\alpha] \quad (5-2)$$

本章将按照以下结构安排：第二部分根据第 4 章假设分别建立了基于互惠偏好的刚性合同和柔性合同条件下的激励机制模型，并进行求解和比较分析；第三部分构建了刚性和柔性合同条件下基于互惠偏好的演化博弈模型，求解演化稳定策略并进行比较分析；第二和第三部分都分别将两类合同的激励机制进行了对比分析，初步讨论出在不同环境条件下更具有激励效果的合同，总结了两种合同的不同适用情形，均运用 Matlab 2021b 对刚性合同和柔性合同条件下的激励机制和政企双方策略选择进行数值仿真；第四部分对本章作出了总结，并提出相关管理建议。

5.2 互惠偏好条件下PPP项目合作激励机制分析

5.2.1 模型建立

1. 刚性合同条件下模型建立

在刚性合同条件下，政府与社会资本方在项目初期签订合同，并在两个阶段中保持不变，即$\beta_1=\beta_2$，$U_{P1}=U_{P2}$，$U_{G1}=U_{G2}$。于是，刚性合同可以看作两个阶段的固定合同。设社会资本方的保留收益为U_0，即社会资本方参与其他项目的最低收益，满足条件：$U_0\geqslant 0$。在PPP项目中，政府方在最大化社会福利的同时，会保证社会资本方参与并且最大化社会资本方的产出努力和利益。根据第4章假设，结合式（5-1）和式（5-2），刚性合同条件下的委托代理模型可以表示为式（5-3）。

$$\max_{\beta} EU_G=\max_{\beta}\{-\alpha+(1-\beta)q(e_1+ke_2)+\delta_G[\beta q(e_1+ke_2)+\alpha]\}$$

$$s.t.\ EU_{P1}=\alpha+\beta q e_1-\frac{1}{2}ce_1^2-\frac{1}{2}\rho\beta^2\sigma^2+\delta_P[(1-\beta)qe_1-\alpha]$$

$$+kU_{P2}\geqslant 0 \quad (\mathrm{IR1})$$

$$EU_{P2} = \alpha + \beta qe_2 - \frac{1}{2}ce_2^2 - \frac{1}{2}\rho\beta^2\sigma^2 + \delta_P[(1-\beta)qe_2 - \alpha] \geqslant 0 \quad (IR2)$$

$$\max_{e_1}\{\alpha + \beta qe_1 - \frac{1}{2}ce_1^2 - \frac{1}{2}\rho\beta^2\sigma^2 + \delta_P[(1-\beta)qe_1 - \alpha] + kU_{P2}\} \quad (IC1)$$

$$\max_{e_2}\{\alpha + \beta qe_2 - \frac{1}{2}ce_2^2 - \frac{1}{2}\rho\beta^2\sigma^2 + \delta_P[(1-\beta)qe_2 - \alpha]\} \quad (IC2)$$

(5-3)

2. 柔性合同条件下模型建立

在柔性合同条件下，政府与社会资本方签订的合同是一个多阶段的合同，并非固定不变，会根据项目各阶段的绩效进行调整。计算时采用逆向归纳法来计算，即先计算第二阶段，再计算第一阶段。

(1) 第二阶段委托代理模型

第二阶段社会资本方和政府方的期望效用分别为：

$$EU_{P2} = \alpha + \beta_2 qe_2 + \theta qe_1 - \frac{1}{2}ce_2^2 - \frac{1}{2}\rho\beta_2^2\sigma^2 + \delta_P[-\alpha + (1-\beta_2)qe_2] \tag{5-4}$$

$$EU_{G2} = -\alpha + (1-\beta_2)qe_2 + \delta_G[\alpha + \beta_2 qe_2 + \theta qe_1] \tag{5-5}$$

进一步，第二阶段委托代理模型构建如下：

$$\max_{\beta_2} EU_{G2} = \max_{\beta_2}\{-\alpha + (1-\beta_2)qe_2 + \delta_G[\alpha + \beta_2 qe_2 + \theta qe_1]\}$$

$$s.t.\ EU_{P2} = \alpha + \beta_2 qe_2 + \theta qe_1 - \frac{1}{2}ce_2^2 - \frac{1}{2}\rho\beta_2^2\sigma^2 + \delta_P[(1-\beta_2)qe_2 - \alpha] \geqslant 0 \quad (IR)$$

$$\max_{e_2}\left\{\alpha+\beta_2 qe_2+\theta qe_1-\frac{1}{2}ce_2^2-\frac{1}{2}\rho\beta_2^2\sigma^2+\delta_P\left[(1-\beta_2)qe_2-\alpha\right]\right\}\quad(\text{IC})\tag{5-6}$$

(2) 第一阶段委托代理模型

在第一阶段，考虑社会资本方在两阶段的总期望效用为：

$$EU_{P1}=\alpha+\beta_1(qe_1)-\frac{1}{2}ce_1^2-\frac{1}{2}\rho\beta_1^2\sigma^2+\delta_P\left[(1-\beta_1)qe_1-\alpha\right]+kU_{P2}\tag{5-7}$$

其中，$k(0\leqslant k\leqslant 1)$ 是未来收益的贴现率。政府方的期望效用为：

$$EU_{G1}=-\alpha+(1-\beta_1)qe_1+\delta_G\left[\alpha+\beta_1(qe_1)\right]+kU_{G2}$$

于是，可得柔性合同条件下第一阶段的委托代理模型如下：

$$\max_{\beta_1}EU_{G1}=\max_{\beta_1}\left\{-\alpha+(1-\beta_1)qe_1+\delta_G\left[\alpha+\beta_1(qe_1)\right]+kU_{G2}\right\}$$

$$s.t.\ EU_{P1}=\alpha+\beta_1 qe_1-\frac{1}{2}ce_1^2-\frac{1}{2}\rho\beta_1^2\sigma^2+\delta_P\left[(1-\beta_1)qe_1-\alpha\right]+kU_{P2}\geqslant 0\quad(\text{IR})$$

$$\max_{e_1}\left\{\alpha+\beta_1 qe_1-\frac{1}{2}ce_1^2-\frac{1}{2}\rho\beta_1^2\sigma^2+\delta_P\left[(1-\beta_1)qe_1-\alpha\right]+kU_{P2}\right\}\quad(\text{IC})\tag{5-8}$$

5.2.2 模型求解与分析

1. 刚性合同条件下模型求解与分析

(1) 模型求解

在上述刚性合同条件模型中，最大化社会资本方的效用，即令 $\frac{\partial EU_{P1}(e_1)}{\partial e_1}=0$，$\frac{\partial EU_{P2}(e_2)}{\partial e_2}=0$，可得社会资本方的最优努力程度为：

$$e_1^* = e_2^* = e^* = \frac{[(1-\delta_P)\beta + \delta_P]q}{c}.$$

进一步，将 e^* 代入 U_G，将 U_G 对 β 分别求一阶和二阶偏导可得：

$$\frac{\partial EU_G}{\partial \beta} = \frac{1}{c}q^2(1+k)\{1-\delta_P(2-\delta_G) - 2\beta(1-\delta_G)(1-\delta_P)\},$$

$$\frac{\partial^2 EU_G}{\partial \beta^2} = -\frac{2}{c}q^2(1+k)(1-\delta_G)(1-\delta_P) < 0.$$

令 $\frac{\partial EU_G}{\partial \beta} = 0$，可得：$\beta^* = \frac{1-\delta_P(2-\delta_G)}{2(1-\delta_G)(1-\delta_P)}$；代入 e^*，可得：$e^* = \frac{(1-\delta_P\delta_G)q}{2c(1-\delta_G)}$. 于是，社会资本方在刚性合同条件下的最优努力程度与利润分享系数为：

$$\beta_1^* = \beta_2^* = \beta^* = \frac{1-\delta_P(2-\delta_G)}{2(1-\delta_G)(1-\delta_P)} \tag{5-9}$$

$$e_1^* = e_2^* = e^* = \frac{(1-\delta_P\delta_G)q}{2c(1-\delta_G)} \tag{5-10}$$

（2）模型分析

①社会资本方互惠偏好的影响

命题 5-1：在刚性合同条件下，社会资本方的最优利润分享系数和最优努力程度与其自身互惠偏好程度均为负相关。

证明：将式（5-9）和式（5-10）分别对 δ_P 求导可得：

$$\frac{\partial \beta^*}{\partial \delta_P} = -\frac{1}{2(1-\delta_P)^2} < 0,\quad \frac{\partial e^*}{\partial \delta_P} = -\frac{q\delta_G}{2c(1-\delta_G)} < 0.$$

命题 5-1 说明：在刚性合同条件下，社会资本方最优利润分享系数会随着其自身的互惠偏好程度的提高而降低，说明社会资本方的互惠偏好程度越高，其所要求的利润分享越低，这与现实相符。同时，社会资本方的互惠偏好程度对其自身的努力程度并不能起到促进作用，这说明社会资本方在项目建设过程中所付出的努力对其自身的互惠偏好反应并不积极。

②政府方互惠偏好的影响

命题5－2：在刚性合同条件下，社会资本方的最优利润分享系数与最优努力程度均与政府方互惠偏好程度正相关。

证明：将式（5－9）和式（5－10）分别对 δ_G 求导可得：

$$\frac{\partial\beta^*}{\partial\delta_G}=\frac{1}{2(\delta_G-1)^2}>0,\ \frac{\partial e^*}{\partial\delta_G}=\frac{q(1-\delta_P)}{2c(1-\delta_G)^2}>0.$$

命题5－2说明：在刚性合同条件下，提高政府方的互惠偏好程度能够提高社会资本方的努力程度，这是因为，社会资本方对政府方互惠偏好反应积极，其能够得到政府高互惠偏好的回报，从而付出更大的努力，这与王等（2018）的结论一致。不同于王等（2018）认为政府互惠偏好对社会资本方最优利润系数的增加还受到政府方风险偏好和社会资本方预期回报的影响的是，提高政府方的互惠偏好程度总能提高社会资本方的最优利润分享系数，也就是说，政府方的互惠偏好程度的提高能够提高其对社会资本方的激励程度，即利润分享系数的提高。

③其他

命题5－3：社会资本方在刚性合同各阶段的努力程度与努力成本系数负相关，与其能力禀赋正相关，而最优利润分享系数则不受影响。

证明：将式（5－9）和式（5－10）分别对 c 和 q 求导可得：

$$\frac{\partial\beta^*}{\partial c}=0,\ \frac{\partial\beta^*}{\partial q}=0,\ \frac{\partial e^*}{\partial c}=-\frac{q(1-\delta_P\delta_G)}{2c^2(1-\delta_G)}<0,\ \frac{\partial e^*}{\partial q}=\frac{1-\delta_P\delta_G}{2c(1-\delta_G)}>0.$$

由命题5－3可以看出：在互惠偏好条件下，刚性合同最优激励水平只与政府方和社会资本方的互惠偏好程度相关，与社会资本方的努力成本和能力禀赋不相关。这与传统委托代理的结论有所不同，说明政企双方的互惠偏好改变了最优利润分享。社会资本方在刚性合同各阶段的最优努力程度与努力成本系数负相关，这与现实相符。此外，这一努力程度与其能力禀赋正相关，说明提高社会资本方的能力禀赋能够促进其付出更多的努力。这可能因为，提高社会资本方的能力禀赋能够提高社会资本方对于完成项目的信心，从而付出更多的努力。

2. 柔性合同条件下模型求解与分析

(1) 模型求解

①第二阶段模型求解

在柔性合同第二阶段模型中，最大化社会资本方的效用，即令 $\frac{\partial EU_{P2}(e_2)}{\partial e_2}=0$，可得社会资本方在第二阶段的最优努力程度为：

$$e_2^* = \frac{[(1-\delta_P)\beta_2+\delta_P]q}{c}.$$

将 e_2^* 代入 U_{G2}，对 β_2 求导数可得：

$$\frac{\partial EU_{G2}}{\partial \beta_2} = \frac{q^2}{c}\{1-\delta_P(2-\delta_G)-2\beta(1-\delta_G)(1-\delta_P)\},$$

$$\frac{\partial^2 EU_{G2}}{\partial \beta_2^2} = -\frac{2q^2}{c}(1-\delta_G)(1-\delta_P)<0.$$

令 $\frac{\partial U_{G2}}{\partial \beta_2}=0$，可得 $\beta_2^* = \frac{1-\delta_P(2-\delta_G)}{2(1-\delta_G)(1-\delta_P)}$，代入 e_2^* 可得 $e_2^* = \frac{(1-\delta_P\delta_G)q}{2c(1-\delta_G)}$.

社会资本方在柔性合同第二阶段的最优努力程度与利润分享系数为：

$$\beta_2^* = \frac{1-\delta_P(2-\delta_G)}{2(1-\delta_G)(1-\delta_P)} \tag{5-11}$$

$$e_2^* = \frac{(1-\delta_P\delta_G)q}{2c(1-\delta_G)} \tag{5-12}$$

②第一阶段模型求解

本阶段将 e_2^* 与 β_2^* 代入政府和社会资本方的效用函数中，计算 e_1^* 与 β_1^*。首先，代入 EU_{P1} 并对 e_1 求导，令 $\frac{\partial U_{P1}}{\partial e_1}=0$，可得：

$$e_1^* = \frac{q}{c}[(1-\delta_P)\beta_1+\delta_P+k\theta]$$

然后，代入 EU_{G1}，将其对 β_1 分别求一阶和二阶导数可得：

$$\frac{\partial EU_{G1}}{\partial\beta_1} = \frac{q^2}{c}\{1-2\beta_1(1-\delta_G)(1-\delta_P)-(2-\delta_G)\delta_P$$
$$-k\theta(1-2\delta_G+\delta_P\delta_G)\}.$$

$$\frac{\partial^2 EU_{G1}}{\partial\beta_1^2} = -\frac{2q^2(1-\delta_G)(1-\delta_P)}{c}<0.$$

令 $\frac{\partial EU_{G1}}{\partial\beta_1}=0$，可得 $\beta_1^* = \frac{1-\delta_P(2-\delta_G)-k\theta(1-2\delta_G+\delta_P\delta_G)}{2(1-\delta_G)(1-\delta_P)}$，代入 e_1^* 可得 $e_1^* = \frac{(1-\delta_P\delta_G)(1+k\theta)q}{2c(1-\delta_G)}$.

在柔性合同第一阶段社会资本方最优努力程度与利润分享系数为：

$$\beta_1^* = \frac{1-\delta_P(2-\delta_G)-k\theta(1-2\delta_G+\delta_P\delta_G)}{2(1-\delta_G)(1-\delta_P)} \tag{5-13}$$

$$e_1^* = \frac{(1-\delta_P\delta_G)(1+k\theta)q}{2c(1-\delta_G)} \tag{5-14}$$

（2）模型分析

①社会资本方互惠偏好的影响

命题 5－4：在柔性合同条件下，社会资本方在第一阶段和第二阶段的最优利润分享系数和最优努力程度与其自身互惠偏好均为负相关。

证明：在柔性合同第一阶段，对式（5－13）和式（5－14）分别求偏导可得：

$$\frac{\partial\beta_1^*}{\partial\delta_P}=-\frac{1+k\theta}{2(1-\delta_P)^2}<0，\frac{\partial e_1^*}{\partial\delta_P}=-\frac{q\delta_G(1+k\theta)}{2c(1-\delta_G)}<0.$$

在柔性合同第二阶段，对式（5－11）和式（5－12）分别求偏导可得：

$$\frac{\partial\beta_2^*}{\partial\delta_P}=-\frac{1}{2(1-\delta_P)^2}<0，\frac{\partial e_2^*}{\partial\delta_P}=-\frac{q\delta_G}{2c(1-\delta_G)}<0.$$

命题 5－4 说明：与刚性合同条件下类似，在柔性合同条件下，社会资本方对其努力程度与利润分享系数的提高均不起作用。说明社会资本方的互惠偏好程度对其合作努力与激励水平的影响与合同类型无关，社会资本方的合作努力对其自身的互惠偏好反应并不强烈。

②政府互惠偏好的影响

命题 5－5：在柔性合同条件下，社会资本方在第一阶段和第二阶段的最优利润分享系数与最优努力程度与政府方互惠偏好程度均为正相关。

证明：在柔性合同第一阶段，对式（5－13）和式（5－14）分别求偏导可得：

$$\frac{\partial\beta_1^*}{\partial\delta_G}=\frac{1+k\theta}{2(1-\delta_G)^2}>0，\frac{\partial e_1^*}{\partial\delta_G}=\frac{q(1-\delta_P)(1+k\theta)}{2c(1-\delta_G)^2}>0.$$

在柔性合同第二阶段，对式（5－11）和式（5－12）分别求偏导可得：

$$\frac{\partial\beta_2^*}{\partial\delta_G}=\frac{1}{2(1-\delta_G)^2}>0,\ \frac{\partial e_2^*}{\partial\delta_G}=\frac{q(1-\delta_P)}{2c(1-\delta_G)^2}>0.$$

命题5－5说明：与刚性合同条件下类似，在柔性合同条件下，提高政府方的互惠偏好程度均能提高社会资本方的最优利润分享系数与努力程度，并且这一影响与合同类型无关，说明社会资本方对政府方的互惠偏好反应积极，只有当政府方的互惠偏好程度提高时，社会资本方才能受到更大的激励，从而付出更多的努力。因此，无论选择何种合同类型，政府方作为项目发起人和宏观调控者，应在一定条件下创造积极的外部制度环境，引导投资者在合作伙伴关系中付出更大努力。

③其他

命题5－6：社会资本方在柔性合同第一阶段与第二阶段的努力程度与努力成本系数负相关，与其能力禀赋正相关，最优利润分享系数则不受其影响。

证明：在柔性合同第一阶段，对式（5－13）和式（5－14）分别求偏导可得：

$$\frac{\partial\beta_1^*}{\partial c}=0,\ \frac{\partial\beta_1^*}{\partial q}=0,\ \frac{\partial e_1^*}{\partial c}=-\frac{(1-\delta_P\delta_G)(1+k\theta)q}{2c^2(1-\delta_G)}<0,$$

$$\frac{\partial e_1^*}{\partial q}=\frac{(1-\delta_P\delta_G)(1+k\theta)}{2c(1-\delta_G)}>0.$$

在柔性合同第二阶段，对式（5－11）和式（5－12）分别求偏导可得：

$$\frac{\partial\beta_2^*}{\partial c}=0,\ \frac{\partial\beta_2^*}{\partial q}=0,\ \frac{\partial e_2^*}{\partial c}=-\frac{(1-\delta_P\delta_G)q}{2c^2(1-\delta_G)}<0,\ \frac{\partial e_2^*}{\partial q}=\frac{1-\delta_P\delta_G}{2c(1-\delta_G)}>0.$$

命题 5 - 6 说明：与刚性合同条件下类似，社会资本方在柔性合同各阶段的最优努力程度与努力成本系数负相关，这与现实相符。这一努力程度与其能力禀赋正相关，说明提高社会资本方的能力禀赋能够促进其付出更多的努力，这是因为提高社会资本方的能力禀赋能够提高社会资本方对于完成项目的信心，从而付出更多的努力。

5.2.3 刚性合同和柔性合同激励机制对比分析

根据刚性合同与柔性合同下的最优利润分享和社会资本方的最优努力水平，可得表 5 - 1。其中，↘表示负相关；↗表示正相关；- 表示不相关。

表 5 - 1　　刚性合同和柔性合同条件下的参数敏感性分析对比

主要参数			c	q	δ_P	δ_G
刚性合同		β^*	-	-	↘	↗
		e^*	↘	↗	↘	↗
柔性合同	第一阶段	β_1^*	-	-	↘	↗
		e_1^*	↘	↗	↘	↗
	第二阶段	β_2^*	-	-	↘	↗
		e_2^*	↘	↗	↘	↗

从表 5 - 1 中可以看出，在刚性和柔性合同条件下，努力成本 c、能力禀赋 q 和政企双方互惠偏好（δ_P 和 δ_G）对最优激励水平和最优努力水平的影响是相同的，不会因激励机制的改变而不同。进一步比较两类合同条件下的项目绩效，可得命题 5 - 7。

命题 5 - 7：刚性合同与柔性合同的适用性与外部性收益系数 θ 的

符号相关。若外部性收益系数 $\theta>0$，则柔性合同条件下产生的项目绩效更大，即柔性合同更适用；若外部性收益系数 $\theta<0$，则刚性合同条件下产生的项目绩效更大，即刚性合同更适用。

证明：刚性合同与柔性合同条件下的项目绩效分别记为 π_r 和 π_f。

$$\pi_r-q(e_1^*+e_2^*)=q\left[\frac{(1-\delta_P\delta_G)q}{2c(1-\delta_G)}+\frac{(1-\delta_P\delta_G)q}{2c(1-\delta_G)}\right]=\frac{q^2(1-\delta_P\delta_G)}{c(1-\delta_G)}$$

$$\pi_f=q(e_1^*+e_2^*)=q\left[\frac{(1-\delta_P\delta_G)(1+k\theta)q}{2c(1-\delta_G)}+\frac{(1-\delta_P\delta_G)q}{2c(1-\delta_G)}\right]$$

$$=\frac{q^2(1-\delta_P\delta_G)(2+k\theta)}{2c(1-\delta_G)}$$

$\pi_r-\pi_f=\frac{-k\theta(1-\delta_P\delta_G)q^2}{2c(1-\delta_G)}$，当 $\theta>0$ 时，$\pi_r-\pi_f<0$，柔性合同条件下的项目绩效更大；当 $\theta<0$ 时，$\pi_r-\pi_f>0$，刚性合同条件下的项目绩效更大。

命题5-7说明：刚性与柔性合同的适用性主要取决于外部性收益系数。在项目开始前，政府无法准确估计项目第一阶段的产出情况。此时 θ 可以看作政府方对项目前景的预期以及对社会资本方的信任程度，预期和信任越高则 θ 越大。于是，当政府对项目预期和对社会资本方信任较高时应采用柔性合同，相反则采用刚性合同。在项目开始前，政府方对项目的预期一定程度上也反映了其风险厌恶程度。对于风险厌恶程度较高的政府方，其对项目的预期会比较保守，即刚性合同更加可取，对于风险厌恶程度较低的政府方，其对项目的预期会比较高，即柔性合同更加可取。

5.2.4 数值仿真分析

为了进一步验证在刚性合同和柔性合同条件下政府方和社会资本

方的互惠偏好程度对双方合作的影响，利用 Matlab 2021b 进行数值仿真。由于政府方和社会资本方互惠偏好程度无法直接度量，所以结合实际情况将模型赋以数值。关键要素的具体取值如表 5－2 所示：

表 5－2　各关键要素取值

参数	ρ	σ	c	q	k	θ
赋值	0. 6	0. 1	0. 4	0. 3	0. 4	0. 65（－0. 65）

1. 刚性合同条件下的数值仿真

（1）δ_P 与 δ_G 和 β^* 的关系

在刚性合同条件下，研究社会资本方的互惠偏好程度 δ_P 和政府方互惠偏好程度 δ_G 对社会资本方最优利润分享系数 β^* 的影响，得到仿真结果并如图 5－1 所示。由图 5－1 可知，在刚性合同条件下，社会资本方在刚性合同各阶段最优利润分享系数与自身互惠偏好程度负相关，与政府方互惠偏好程度正相关，这与命题 5－1 和命题 5－2 的结论相符。

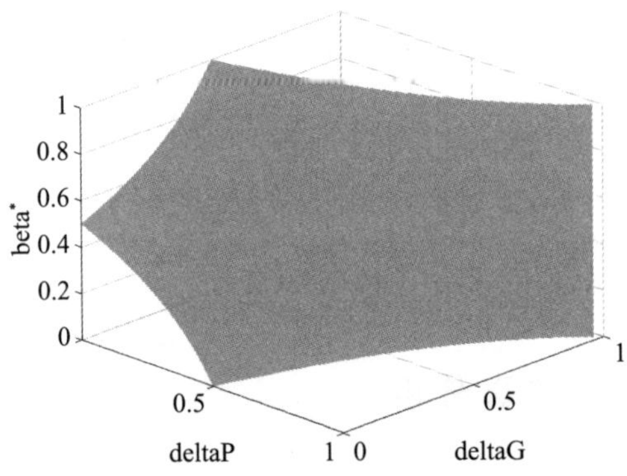

图 5－1　刚性合同各阶段 δ_P 与 δ_G 和 β^* 的关系

(2) δ_P 与 δ_G 和 e^* 的关系

在刚性合同条件下，研究社会资本方的互惠偏好程度 δ_P 和政府方互惠偏好程度 δ_G 对社会资本方最优努力程度 e^* 的影响，得到仿真结果并如图5－2所示。由图5－2可知，社会资本方在刚性合同各阶段最优努力程度与自身互惠偏好程度呈负相关，而与政府方互惠偏好程度呈正相关，这与命题5－1和命题5－2的结论相符。此外，由图5－2可以看出，当政府方互惠偏好程度较低时，社会资本方自身的互惠偏好程度与政府方的互惠偏好程度对社会资本方努力程度的影响较小，而在政府方互惠偏好程度较高时影响较为显著。

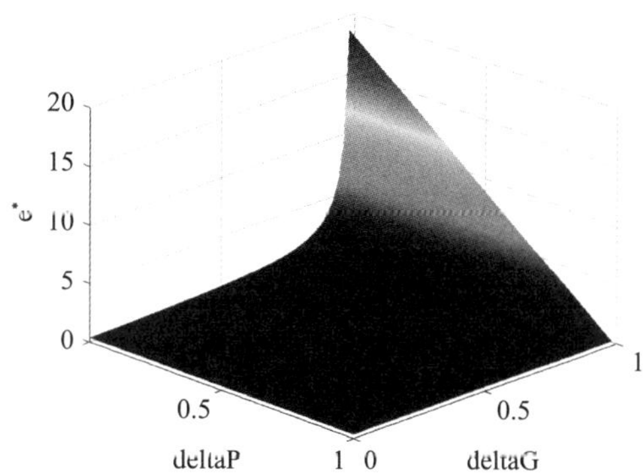

图5－2　刚性合同各阶段 δ_P 与 δ_G 和 e^* 的关系

2. 柔性合同条件下的数值仿真

(1) 第二阶段

①δ_P 与 δ_G 和 β_2^* 的关系

在柔性合同第二阶段，研究社会资本方的互惠偏好程度 δ_P 和政府方互惠偏好程度 δ_G 对社会资本方最优利润分享系数 β_2^* 的影响，得到仿真结果并如图 5－3 所示。由图 5－3 可知，与刚性合同条件下类似，在柔性合同条件下，社会资本方在第二阶段最优利润分享系数与自身互惠偏好程度负相关，与政府方互惠偏好程度正相关。这与命题 5－4 和命题 5－5 的结论相符。

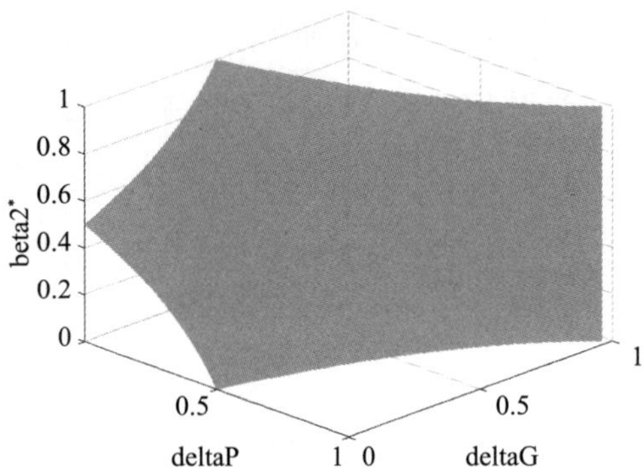

图 5－3　柔性合同第二阶段 $\boldsymbol{\delta_P}$ 与 $\boldsymbol{\delta_G}$ 和 $\boldsymbol{\beta_2^*}$ 的关系

②δ_P 与 δ_G 和 e_2^* 的关系

在柔性合同第二阶段，研究社会资本方的互惠偏好程度 δ_P 和政府方互惠偏好程度 δ_G 对社会资本方最优努力程度 e_2^* 的影响，得到仿真结果并如图 5－4 所示。由图 5－4 可知，与刚性合同条件下类似，社会资本方在柔性合同第二阶段最优努力程度与自身互惠偏好程度负相关，而与政府方互惠偏好程度为正相关，这与命题 5－4 和命题 5－5 的结论相符。此外，由图 5－4 可以看出，与刚性合同条件下类似，当政府方互惠偏好程度较低时，社会资本方自身的互惠偏好程度与政府方的互惠偏好程度对社会资本方努力程度的影响较小，而在政府方互惠偏好程度较高时影响较为显著。

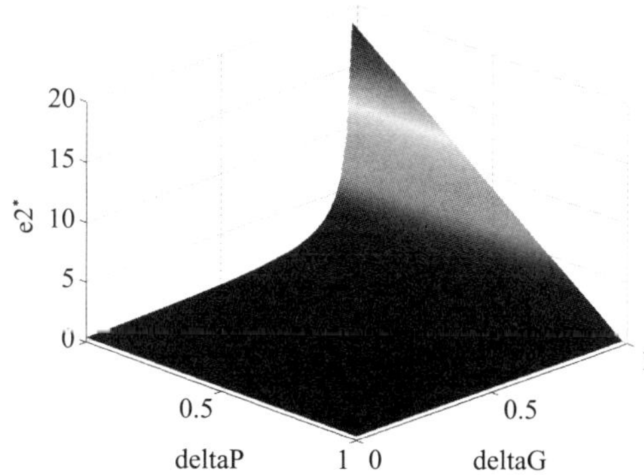

图5-4　柔性合同第二阶段 δ_P 与 δ_G 和 e^* 的关系

（2）第一阶段

①δ_P 与 δ_G 和 β_1^* 的关系

在柔性合同第一阶段，研究社会资本方的互惠偏好程度 δ_P 和政府方互惠偏好程度 δ_G 对社会资本方最优利润分享系数 β_1^* 的影响，得到仿真结果并如图5-5所示。由图5-5可知，在柔性合同第一阶段，社会资本方的最优利润分享系数与自身互惠偏好程度负相关，与政府方互惠偏好程度正相关。这与命题5-4和命题5-5的结论相符。

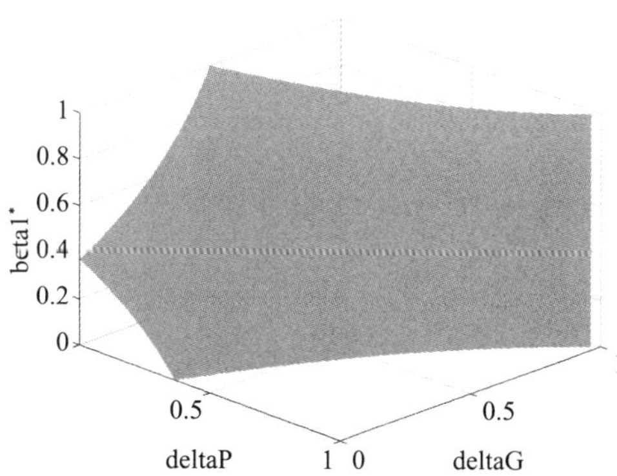

图5-5　柔性合同第一阶段 δ_P 与 δ_G 和 β_1^* 的关系

②δ_P 与 δ_G 和 e_1^* 的关系

在柔性合同第一阶段，研究社会资本方的互惠偏好程度 δ_P 和政府方互惠偏好程度 δ_G 对社会资本方最优努力程度 e_1^* 的影响，得到仿真结果并如图 5-6 所示。由图 5-6 可知，社会资本方在柔性合同第一阶段最优努力程度与自身互惠偏好程度负相关，与政府方互惠偏好程度正相关，并且这一影响在政府方的互惠偏好程度较高时较为显著。这与命题 5-4 和命题 5-5 的结论相符。

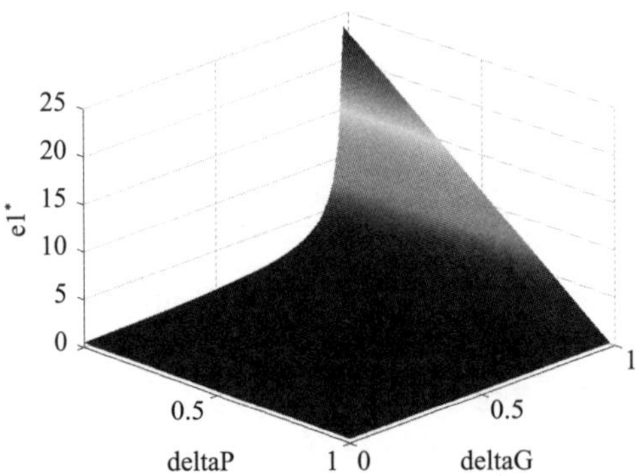

图 5-6　柔性合同第一阶段 δ_P 与 δ_G 和 e_1^* 的关系

3. 刚性合同与柔性合同对比分析

研究刚性合同与柔性合同条件下项目绩效的大小关系以及社会资本方的互惠偏好程度 δ_P 和政府方互惠偏好程度 δ_G 对其绩效的影响，得到仿真结果并如图 5-7 和图 5-8 所示。其中，图 5-7 和图 5-8 表示的是刚性合同与柔性合同分别在外部性收益系数 $\theta>0$ 和 $\theta<0$ 下的项目绩效对比。由图 5-7 和图 5-8 可以看出：若 $\theta>0$，则柔性合同条件下项目绩效更大；若 $\theta<0$，刚性合同条件下项目绩效更大。这与命题 5-7 的结论相符。此外，由图 5-7 和图 5-8 还可以看出，

刚性合同与柔性合同条件下的项目绩效与政府方的互惠偏好正相关。由此可见，不管是刚性合同还是柔性合同条件下，提高政府方的互惠偏好程度均能提高项目绩效，并且这一促进作用在政府方互惠偏好程度较高时较为显著。

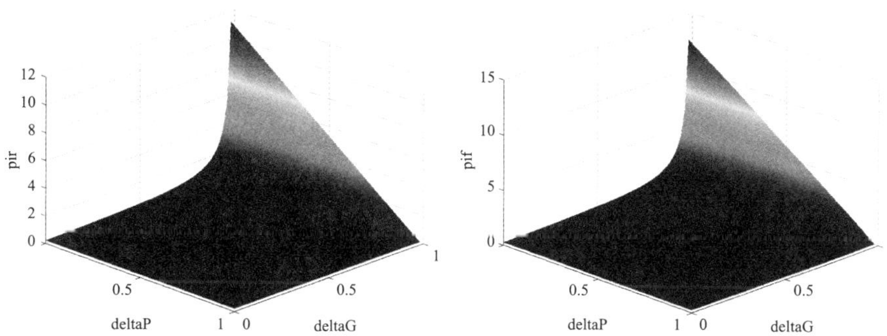

（a）　　　　（b）

图5-7　刚性合同与柔性合同条件下项目绩效对比（$\theta>0$）

（a）刚性合同；（b）柔性合同

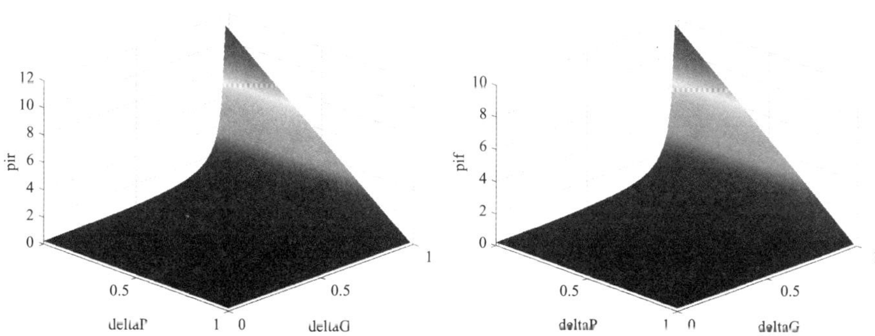

（a）　　　　（b）

图5-8　刚性合同与柔性合同条件下项目绩效对比（$\theta<0$）

（a）刚性合同；（b）柔性合同

5.3　互惠偏好条件下 PPP 项目合作演化博弈分析

5.3.1　模型建立

1. 刚性合同条件下模型建立

不同于传统演化博弈分析，本书根据项目阶段将演化博弈拆分成两个子博弈，且第一阶段子博弈的演化稳定结果会影响第二阶段子博弈的演化稳定结果。在刚性合同条件下，政府提供的激励和监管策略保持不变。根据贝尔曼最优化原理，在项目第一阶段决策时需要同时考虑第一阶段和第二阶段的效用，于是可得第一阶段和第二阶段的博弈支付矩阵，分别如表 5－3 和表 5－4 所示①。上标 R 表示刚性合同，

---

① $EU_{P1}^{R}(e_H,\ C_s)=EU_{P2}^{R}(e_H,\ C_s)=EU_{P1}^{R}(e_H,\ C_w)=EU_{P2}^{R}(e_H,\ C_w)=\alpha+\beta^R qe_H-\frac{1}{2}ce_H^2-\frac{1}{2}\rho\beta^R\sigma^2+\delta_P[-\alpha+(1-\beta^R)qe_H]$；

$EU_{P1}^{R}(e_L,\ C_s)=EU_{P2}^{R}(e_L,\ C_s)=\alpha+\beta^R qe_L-PB-\frac{1}{2}ce_L^2-\frac{1}{2}\rho\beta^R\sigma^2+\delta_P[-\alpha+(1-\beta^R)qe_L-L+PB]$；

$EU_{P1}^{R}(e_L,\ C_w)=EU_{P2}^{R}(e_L,\ C_w)=\alpha+\beta^R qe_L-\frac{1}{2}ce_L^2-\frac{1}{2}\rho\beta^R\sigma^2+\delta_P[-\alpha+(1-\beta^R)qe_L-L]$；

$EU_{G1}^{R}(e_H,\ C_s)=EU_{G2}^{R}(e_H,\ C_s)=-\alpha+(1-\beta^R)qe_H-C_s+\delta_G[\alpha+\beta^R qe_H]$；

$EU_{G1}^{R}(e_H,\ C_w)=EU_{G2}^{R}(e_H,\ C_w)=-\alpha+(1-\beta^R)qe_H-C_w+\delta_G[\alpha+\beta^R qe_H]$；

$EU_{G1}^{R}(e_L,\ C_s)=EU_{G2}^{R}(e_L,\ C_s)=-\alpha+(1-\beta^R)qe_L-L+PB-C_s+\delta_G[\alpha+\beta^R qe_L-PB]$；

$EU_{G1}^{R}(e_L,\ C_w)=EU_{G2}^{R}(e_L,\ C_w)=-\alpha+(1-\beta^R)qe_L-L-C_w+\delta_G[\alpha+\beta^R qe_L]$.

x^{R1}和x^{R2}分别表示第一阶段和第二阶段社会资本方选择合作的概率，y^{R1}和y^{R2}分别表示第一阶段和第二阶段政府方选择强监管的概率。

表5－3　　刚性合同第一阶段政府方与社会资本方博弈支付矩阵

社会资本方		政府			
		强监管（y^{R1}）		弱监管（$1-y^{R1}$）	
		强监管（y^{R2}）	弱监管（$1-y^{R2}$）	强监管（y^{R2}）	弱监管（$1-y^{R2}$）
合作（x^{R1}）	合作（x^{R2}）	$EU_{P1}^{R}(e_H, C_s)+kEU_{P2}^{R}(e_H, C_s)$, $EU_{G1}^{R}(e_H, C_s)+kEU_{G2}^{R}(e_H, C_s)$	$EU_{P1}^{R}(e_H, C_s)+kEU_{P2}^{R}(e_H, C_w)$, $EU_{G1}^{R}(e_H, C_s)+kEU_{G2}^{R}(e_H, C_w)$	$EU_{P1}^{R}(e_H, C_w)+kEU_{P2}^{R}(e_H, C_s)$, $EU_{G1}^{R}(e_H, C_w)+kEU_{G2}^{R}(e_H, C_s)$	$EU_{P1}^{R}(e_H, C_w)+kEU_{P2}^{R}(e_H, C_w)$, $EU_{G1}^{R}(e_H, C_w)+kEU_{G2}^{R}(e_H, C_w)$
	机会主义（$1-x^{R1}$）	$EU_{P1}^{R}(e_H, C_s)+kEU_{P2}^{R}(e_L, C_s)$, $EU_{G1}^{R}(e_H, C_s)+kEU_{G2}^{R}(e_L, C_s)$	$EU_{P1}^{R}(e_H, C_s)+kEU_{P2}^{R}(e_L, C_w)$, $EU_{G1}^{R}(e_H, C_s)+kEU_{G2}^{R}(e_L, C_w)$	$EU_{P1}^{R}(e_H, C_w)+kEU_{P2}^{R}(e_L, C_s)$, $EU_{G1}^{R}(e_H, C_w)+kEU_{G2}^{R}(e_L, C_s)$	$EU_{P1}^{R}(e_H, C_w)+kEU_{P2}^{R}(e_L, C_w)$, $EU_{G1}^{R}(e_H, C_w)+kEU_{G2}^{R}(e_L, C_w)$
机会主义（$1-x^{R1}$）	合作（x^{R2}）	$EU_{P1}^{R}(e_L, C_s)+kEU_{P2}^{R}(e_H, C_s)$, $EU_{G1}^{R}(e_L, C_s)+kEU_{G2}^{R}(e_H, C_s)$	$EU_{P1}^{R}(e_L, C_s)+kEU_{P2}^{R}(e_H, C_w)$, $EU_{G1}^{R}(e_L, C_s)+kEU_{G2}^{R}(e_H, C_w)$	$EU_{P1}^{R}(e_L, C_w)+kEU_{P2}^{R}(e_H, C_s)$, $EU_{G1}^{R}(e_L, C_w)+kEU_{G2}^{R}(e_H, C_s)$	$EU_{P1}^{R}(e_L, C_w)+kEU_{P2}^{R}(e_H, C_w)$, $EU_{G1}^{R}(e_L, C_w)+kEU_{G2}^{R}(e_H, C_w)$
	机会主义（$1-x^{R1}$）	$EU_{P1}^{R}(e_L, C_s)+kEU_{P2}^{R}(e_L, C_s)$, $EU_{G1}^{R}(e_L, C_s)+kEU_{G2}^{R}(e_L, C_s)$	$EU_{P1}^{R}(e_L, C_s)+kEU_{P2}^{R}(e_L, C_w)$, $EU_{G1}^{R}(e_L, C_s)+kEU_{G2}^{R}(e_L, C_w)$	$EU_{P1}^{R}(e_L, C_w)+kEU_{P2}^{R}(e_L, C_s)$, $EU_{G1}^{R}(e_L, C_w)+kEU_{G2}^{R}(e_L, C_s)$	$EU_{P1}^{R}(e_L, C_w)+kEU_{P2}^{R}(e_L, C_w)$, $EU_{G1}^{R}(e_L, C_w)+kEU_{G2}^{R}(e_L, C_w)$

表5－4　　刚性合同第二阶段政府方与社会资本方的博弈支付矩阵

社会资本方	政府	
	强监管（y^{R2}）	弱监管（$1-y^{R2}$）
合作（x^{R2}）	$EU_{P2}^{R}(e_H, C_s)$, $EU_{G2}^{R}(e_H, C_s)$	$EU_{G2}^{R}(e_H, C_w)$, $EU_{G2}^{R}(e_H, C_w)$
机会主义（$1-x^{R2}$）	$EU_{P2}^{R}(e_L, C_s)$, $EU_{G2}^{R}(e_L, C_s)$	$EU_{P2}^{R}(e_L, C_w)$, $EU_{G2}^{R}(e_L, C_w)$

根据表5－3和表5－4的博弈支付矩阵可以求得刚性合同条件下，在第一和第二阶段社会资本方选择积极合作策略时的期望收益 EU_x^{R1} 和 EU_x^{R2}，以及选择机会主义时的期望收益 EU_{1-x}^{R1} 和 EU_{1-x}^{R2}。于是，在刚性合同条件下，社会资本方在第一和第二阶段的平均期望收益为：

$$\overline{EU_P^{R1}} = x^{R1}EU_x^{R1} + (1-x^{R1})EU_{1-x}^{R1} \tag{5-15}$$

$$\overline{EU_P^{R2}} = x^{R2}EU_x^{R2} + (1-x^{R2})EU_{1-x}^{R2} \tag{5-16}$$

进一步可得刚性合同条件下第一阶段和第二阶段社会资本方选择积极合作策略时的复制动态方程为：

$$F(x^{R1}) = \frac{\mathrm{d}x^{R1}}{\mathrm{d}t} = x^{R1}(EU_x^{R1} - \overline{EU_P^{R1}}) \tag{5-17}$$

$$F(x^{R2}) = \frac{\mathrm{d}x^{R2}}{\mathrm{d}t} = x^{R2}(EU_x^{R2} - \overline{EU_P^{R2}}) \tag{5-18}$$

经过计算发现，刚性合同条件下第一阶段和第二阶段的复制动态方程基本相同，这与刚性合同条件下合同在项目两阶段中保持不变相关。于是，设 $x^{R1}=x^{R2}=x^R$，$y^{R1}=y^{R2}=y^R$，可得刚性合同条件下社会资本方选择积极合作策略时的复制动态方程为：

$$F(x^R) = \frac{\mathrm{d}x}{\mathrm{d}t} = x^R(1-x^R)\Big[y^R(1-\delta_P)PB + (1-\delta_P)\beta^R q(e_H - e_L) - \frac{1}{2}c(e_H^2 - e_L^2) + \delta_P(qe_H - qe_L + L)\Big] \tag{5-19}$$

同理可得，刚性合同条件下政府方选择强监管时的复制动态方程为：

$$F(y^R) = \frac{\mathrm{d}y}{\mathrm{d}t} = y^R(1-y^R)[(1-\delta_G)PB + C_w - C_s - x^R(1-\delta_G)PB] \tag{5-20}$$

2. 柔性合同条件下模型建立

在柔性合同条件下，政府与社会资本方签订的是一个多阶段合同。计算时采用逆向归纳法来计算，即先计算第二阶段，再计算第一阶段。于是可得第二阶段和第一阶段的博弈支付矩阵分别如表 5 - 5 和表 5 - 6 所示①。

---

① $EU_{P1}^F(e_H,\ C_s)=EU_{P1}^F(e_H,\ C_w)=\alpha+\beta_1^F qe_H-\frac{1}{2}ce_H^2-\frac{1}{2}\rho\beta_1^{F2}\sigma^2+\delta_P[-\alpha+(1-\beta_1^F)qe_H]$；

$EU_{P1}^F(e_L,\ C_s)=\alpha+\beta_1^F qe_L-PB-\frac{1}{2}ce_L^2-\frac{1}{2}\rho\beta_1^{F2}\sigma^2+\delta_P[-\alpha+(1-\beta_1^F)qe_L-L+PB]$；

$EU_{P1}^F(e_L,\ C_w)=\alpha+\beta_1^F qe_L-\frac{1}{2}ce_L^2-\frac{1}{2}\rho\beta_1^{F2}\sigma^2+\delta_P[-\alpha+(1-\beta_1^F)qe_L-L]$；

$EU_{G1}^F(e_H,\ C_s)=-\alpha+(1-\beta_1^F)qe_H-C_s+\delta_G[\alpha+\beta_1^F qe_H]$；

$EU_{G1}^F(e_H,\ C_w)=-\alpha+(1-\beta_1^F)qe_H-C_w+\delta_G[\alpha+\beta_1^F qe_H]$；

$EU_{G1}^F(e_L,\ C_s)=-\alpha+(1-\beta_1^F)qe_L-L+PB-C_s+\delta_G[\alpha+\beta_1^F qe_L-PB]$；

$EU_{G1}^F(e_L,\ C_w)=-\alpha+(1-\beta_1^F)qe_L-L-C_w+\delta_G[\alpha+\beta_1^F qe_L]$；

$EU_{P2}^F(e_H,\ e_H,\ C_s)=EU_{P2}^F(e_H,\ e_H,\ C_w)=\alpha+\beta_2^F qe_H+\theta qe_H-\frac{1}{2}ce_H^2-\frac{1}{2}\rho\beta_2^{F2}\sigma^2+\delta_P[-\alpha+(1-\beta_1^F)qe_H]$；

$EU_{P2}^F(e_H,\ e_L,\ C_s)=\alpha+\beta_2^F qe_L+\theta qe_H-PB-\frac{1}{2}ce_L^2-\frac{1}{2}\rho\beta_2^{F2}\sigma^2+\delta_P[-\alpha+(1-\beta_1^F)qe_L-L+PB]$；

$EU_{P2}^F(e_H,\ e_L,\ C_w)=\alpha+\beta_2^F qe_L+\theta qe_H-\frac{1}{2}ce_L^2-\frac{1}{2}\rho\beta_2^{F2}\sigma^2+\delta_P[-\alpha+(1-\beta_1^F)qe_L-L]$；

$EU_{P2}^F(e_L,\ e_H,\ C_s)=EU_{P2}^F(e_L,\ e_H,\ C_w)=\alpha+\beta_2^F qe_H+\theta qe_L-\frac{1}{2}ce_H^2-\frac{1}{2}\rho\beta_2^{F2}\sigma^2+\delta_P[-\alpha+(1-\beta_1^F)qe_H]$；

$EU_{P2}^F(e_L,\ e_L,\ C_s)=\alpha+\beta_2^F qe_L+\theta qe_L-PB-\frac{1}{2}ce_L^2-\frac{1}{2}\rho\beta_2^{F2}\sigma^2+\delta_P[-\alpha+(1-\beta_1^F)qe_L-L+PB]$；

$EU_{P2}^F(e_L,\ e_L,\ C_w)=\alpha+\beta_2^F qe_L+\theta qe_L-\frac{1}{2}ce_L^2-\frac{1}{2}\rho\beta_2^{F2}\sigma^2+\delta_P[-\alpha+(1-\beta_1^F)qe_L-L]$；

$EU_{G2}^F(e_H,\ e_H,\ C_s)=-\alpha+(1-\beta_1^F)qe_H-C_s+\delta_G[\alpha+\beta_2^F qe_H+\theta qe_H]$；

$EU_{G2}^F(e_H,\ e_H,\ C_w)=-\alpha+(1-\beta_1^F)qe_H-C_w+\delta_G[\alpha+\beta_2^F qe_H+\theta qe_H]$；

$EU_{G2}^F(e_H,\ e_L,\ C_s)=-\alpha+(1-\beta_1^F)qe_L-L+PB-C_s+\delta_G[\alpha+\beta_2^F qe_L+\theta qe_H-PB]$；

$EU_{G2}^F(e_H,\ e_L,\ C_w)=-\alpha+(1-\beta_1^F)qe_L-L-C_w+\delta_G[\alpha+\beta_2^F qe_L+\theta qe_H]$；

$EU_{G2}^F(e_L,\ e_H,\ C_s)=-\alpha+(1-\beta_1^F)qe_H-C_s+\delta_G[\alpha+\beta_2^F qe_H+\theta qe_L]$；

$EU_{G2}^F(e_L,\ e_H,\ C_w)=-\alpha+(1-\beta_1^F)qe_H-C_w+\delta_G[\alpha+\beta_2^F qe_H+\theta qe_L]$；

$EU_{G2}^F(e_L,\ e_L,\ C_s)=-\alpha+(1-\beta_1^F)qe_L-L+PB-C_s+\delta_G[\alpha+\beta_2^F qe_L+\theta qe_L-PB]$；

$EU_{G2}^F(e_L,\ e_L,\ C_w)=-\alpha+(1-\beta_1^F)qe_L-L-C_w+\delta_G[\alpha+\beta_2^F qe_L+\theta qe_L]$.

(1) 第二阶段

根据假设条件，在柔性合同条件下，政府方与社会资本方的第二阶段博弈支付矩阵如表 5-5 所示，其中，上标 F 表示刚性合同，x^{F2} 分别表示第二阶段社会资本方选择合作的概率，y^{F2} 分别表示第二阶段政府方选择强监管的概率。

表 5-5　柔性合同第二阶段政府方与社会资本方博弈支付矩阵

社会资本方在第一阶段策略为积极合作（e_H）		
社会资本方	政府	
	强监管（y^{F2}）	弱监管（$1-y^{F2}$）
合作（x^{F2}）	$EU_{P2}^{F}(e_H, e_H, C_s)$, $EU_{G2}^{F}(e_H, e_H, C_s)$	$EU_{P2}^{F}(e_H, e_H, C_w)$, $EU_{G2}^{F}(e_H, e_H, C_w)$
机会主义（$1-x^{F2}$）	$EU_{P2}^{F}(e_H, e_L, C_s)$, $EU_{G2}^{F}(e_H, e_L, C_s)$	$EU_{P2}^{F}(e_H, e_L, C_w)$, $EU_{G2}^{F}(e_H, e_L, C_w)$
社会资本方在第一阶段策略为机会主义（e_L）		
社会资本方	政府	
	强监管（y^{F2}）	弱监管（$1-y^{F2}$）
合作（x^{F2}）	$EU_{P2}^{F}(e_L, e_H, C_s)$, $EU_{G2}^{F}(e_L, e_H, C_s)$	$EU_{P2}^{F}(e_L, e_H, C_w)$, $EU_{G2}^{F}(e_L, e_H, C_w)$
机会主义（$1-x^{F2}$）	$EU_{P2}^{F}(e_L, e_L, C_s)$, $EU_{G2}^{F}(e_L, e_L, C_s)$	$EU_{P2}^{F}(e_L, e_L, C_w)$, $EU_{G2}^{F}(e_L, e_L, C_w)$

由表 5-5 博弈支付矩阵，分别求社会资本方在第一阶段的策略为积极合作和机会主义时的复制动态方程 $F(x^{F2})$，可以发现所求的 $F(x^{F2})$ 相同，即社会资本方在第一阶段的策略不会影响其第二阶段的复制动态方程。于是，在柔性合同条件下，社会资本方第二阶段选择积极合作策略时的复制动态方程为：

$$F(x^{F2})=\frac{\mathrm{d}x}{\mathrm{d}t}=x^{F2}(1-x^{F2})\Big[y^{F2}(1-\delta_P)PB+(1-\delta_P)\beta_2^F q(e_H-e_L)-\frac{1}{2}c(e_H^2-e_L^2)+\delta_P(qe_H-qe_L+L)\Big] \tag{5-21}$$

同理可得，柔性合同条件下，在项目第二阶段，政府方选择强监管时的复制动态方程为：

$$F(y^{F2})=\frac{\mathrm{d}y}{\mathrm{d}t}=y^{F2}(1-y^{F2})[(1-\delta_G)PB+C_w-C_s-x^{F2}(1-\delta_G)PB] \tag{5-22}$$

（2）第一阶段

在柔性合同条件卜政府方与社会资本方的第一阶段博弈支付矩阵如表5-6所示，x^{F1}表示第一阶段社会资本方选择合作的概率，y^{F1}表示第一阶段政府方选择强监管的概率。

表5-6　柔性合同第一阶段政府方与社会资本方博弈支付矩阵

<table>
<tr><td rowspan="3" colspan="2">社会资本方</td><td colspan="4">政府</td></tr>
<tr><td colspan="2">强监管（y^{F1}）</td><td colspan="2">弱监管（$1-y^{F1}$）</td></tr>
<tr><td>强监管（y^{F2}）</td><td>弱监管（$1-y^{F2}$）</td><td>强监管（y^{F2}）</td><td>弱监管（$1-y^{F2}$）</td></tr>
<tr><td rowspan="2">合作（x^{F1}）</td><td>合作（x^{F2}）</td><td>$EU_{P1}^F(e_H,C_s)+kEU_{P2}^F(e_H,e_H,C_s)$，$EU_{G1}^F(e_H,C_s)+kEU_{G2}^F(e_H,e_H,C_s)$</td><td>$EU_{P1}^F(e_H,C_s)+kEU_{P2}^F(e_H,e_H,C_w)$，$EU_{G1}^F(e_H,C_s)+kEU_{G2}^F(e_H,e_H,C_w)$</td><td>$EU_{P1}^F(e_H,C_w)+kEU_{P2}^F(e_H,e_H,C_s)$，$EU_{G1}^F(e_H,C_w)+kEU_{G2}^F(e_H,e_H,C_s)$</td><td>$EU_{P1}^F(e_H,C_w)+kEU_{P2}^F(e_H,e_H,C_w)$，$EU_{G1}^F(e_H,C_w)+kEU_{G2}^F(e_H,e_H,C_w)$</td></tr>
<tr><td>机会主义（$1-x^{F2}$）</td><td>$EU_{P1}^F(e_H,C_s)+kEU_{P2}^F(e_H,e_L,C_s)$，$EU_{G1}^F(e_H,C_s)+kEU_{G2}^F(e_H,e_L,C_s)$</td><td>$EU_{P1}^F(e_H,C_s)+kEU_{P2}^F(e_H,e_L,C_w)$，$EU_{G1}^F(e_H,C_s)+kEU_{G2}^F(e_H,e_L,C_w)$</td><td>$EU_{P1}^F(e_H,C_w)+kEU_{P2}^F(e_H,e_L,C_s)$，$EU_{G1}^F(e_H,C_w)+kEU_{G2}^F(e_H,e_L,C_s)$</td><td>$EU_{P1}^F(e_H,C_w)+kEU_{P2}^F(e_H,e_L,C_w)$，$EU_{G1}^F(e_H,C_w)+kEU_{G2}^F(e_H,e_L,C_w)$</td></tr>
</table>

续表

<table>
<tr><td rowspan="3" colspan="2">社会资本方</td><td colspan="4">政府</td></tr>
<tr><td colspan="2">强监管(y^{F1})</td><td colspan="2">弱监管($1-y^{F1}$)</td></tr>
<tr><td>强监管(y^{F2})</td><td>弱监管($1-y^{F2}$)</td><td>强监管(y^{F2})</td><td>弱监管($1-y^{F2}$)</td></tr>
<tr><td rowspan="2">机会主义($1-x^{F1}$)</td><td>合作(x^{F2})</td><td>$EU_{P1}^{F}(e_L, C_s)+kEU_{P2}^{F}(e_L, e_H, C_s)$, $EU_{G1}^{F}(e_L, C_s)+kEU_{G2}^{F}(e_L, e_H, C_s)$</td><td>$EU_{P1}^{F}(e_L, C_s)+kEU_{P2}^{F}(e_L, e_H, C_w)$, $EU_{G1}^{F}(e_L, C_s)+kEU_{G2}^{F}(e_L, e_H, C_w)$</td><td>$EU_{P1}^{F}(e_L, C_w)+kEU_{P2}^{F}(e_L, e_H, C_s)$, $EU_{G1}^{F}(e_L, C_w)+kEU_{G2}^{F}(e_L, e_H, C_s)$</td><td>$EU_{P1}^{F}(e_L, C_w)+kEU_{P2}^{F}(e_L, e_H, C_w)$, $EU_{G1}^{F}(e_L, C_w)+kEU_{G2}^{F}(e_L, e_H, C_w)$</td></tr>
<tr><td>机会主义($1-x^{F2}$)</td><td>$EU_{P1}^{F}(e_L, C_s)+kEU_{P2}^{F}(e_L, e_L, C_s)$, $EU_{G1}^{F}(e_L, C_s)+kEU_{G2}^{F}(e_L, e_L, C_s)$</td><td>$EU_{P1}^{F}(e_L, C_s)+kEU_{P2}^{F}(e_L, e_L, C_w)$, $EU_{G1}^{F}(e_L, C_s)+kEU_{G2}^{F}(e_L, e_L, C_w)$</td><td>$EU_{P1}^{F}(e_L, C_w)+kEU_{P2}^{F}(e_L, e_L, C_s)$, $EU_{G1}^{F}(e_L, C_w)+kEU_{G2}^{F}(e_L, e_L, C_s)$</td><td>$EU_{P1}^{F}(e_L, C_w)+kEU_{P2}^{F}(e_L, e_L, C_w)$, $EU_{G1}^{F}(e_L, C_w)+kEU_{G2}^{F}(e_L, e_L, C_w)$</td></tr>
</table>

由表 5-6 博弈支付矩阵可以求得柔性合同条件下，社会资本方第一阶段选择积极合作策略时的复制动态方程为：

$$F(x^{F1})=\frac{\mathrm{d}x}{\mathrm{d}t}=x^{F1}(1-x^{F1})\Big[y^{F1}(1-\delta_P)PB+(1-\delta_P)\beta_1^F q(e_H-e_L)-\frac{1}{2}c(e_H^2-e_L^2)+\delta_P(qe_H-qe_L+L)+k\theta q(e_H-e_L)\Big] \tag{5-23}$$

同理可得，柔性合同第一阶段，政府方选择强监管时的复制动态方程为：

$$F(y^{F1})=\frac{\mathrm{d}y}{\mathrm{d}t}=y^{F1}(1-y^{F1})[(1-\delta_G)PB+C_w-C_s-x^{F1}(1-\delta_G)PB] \tag{5-24}$$

5.3.2 模型求解

1. 刚性合同条件下模型求解

根据刚性合同条件下复制动态方程组可得复制动态体的雅克比矩阵为：

$$J=\begin{bmatrix}\frac{\partial F(x^R)}{\partial x} & \frac{\partial F(x^R)}{\partial y}\\ \frac{\partial F(y^R)}{\partial x} & \frac{\partial F(y^R)}{\partial y}\end{bmatrix}$$

由 $F(x^R)=0$、$F(y^R)=0$ 可得系统战略均衡点有（0，0）、（0，1）、（1，0）、（1，1）、（x^{R*}，y^{R*}）。其中：

$$x^{R*}=1-\frac{C_s-C_w}{(1-\delta_G)PB} \tag{5-25}$$

$$y^{R*}=\frac{\frac{1}{2}c(e_H^2-e_L^2)-(1-\delta_P)\beta^R q(e_H-e_L)-\delta_P(qe_H-qe_L+L)}{(1-\delta_P)PB} \tag{5-26}$$

对复制动态系统的五个均衡点进行局部稳定性分析，得到的结果如表5-7所示。

表 5-7　　各均衡点处雅可比矩阵的 Det(J) 和 Tr(J)

均衡点	Det(J)	Tr(J)
(0, 0)	$\left[(1-\delta_P)\beta^R q(e_H-e_L)-\frac{1}{2}c(e_H^2-e_L^2)+\delta_P(qe_H-qe_L+L)\right][(1-\delta_G)PB+C_w-C_s]$	$\left[(1-\delta_P)\beta^R q(e_H-e_L)-\frac{1}{2}c(e_H^2-e_L^2)+\delta_P(qe_H-qe_L+L)\right]+[(1-\delta_G)PB+C_w-C_s]$
(0, 1)	$-\left[(1-\delta_P)\beta^R q(e_H-e_L)-\frac{1}{2}c(e_H^2-e_L^2)+\delta_P(qe_H-qe_L+L)+(1-\delta_P)PB\right][(1-\delta_G)PB+C_w-C_s]$	$\left[(1-\delta_P)\beta^R q(e_H-e_L)-\frac{1}{2}c(e_H^2-e_L^2)+\delta_P(qe_H-qe_L+L)+(1-\delta_P)PB\right]-[(1-\delta_G)PB+C_w-C_s]$
(1, 0)	$-\left[(1-\delta_P)\beta^R q(e_H-e_L)-\frac{1}{2}c(e_H^2-e_L^2)+\delta_P(qe_H-qe_L+L)\right](C_w-C_s)$	$-\left[(1-\delta_P)\beta^R q(e_H-e_L)-\frac{1}{2}c(e_H^2-e_L^2)+\delta_P(qe_H-qe_L+L)\right]+(C_w-C_s)$
(1, 1)	$\left[(1-\delta_P)\beta^R q(e_H-e_L)-\frac{1}{2}c(e_H^2-e_L^2)+\delta_P(qe_H-qe_L+L)+(1-\delta_P)PB\right](C_w-C_s)$	$-\left[(1-\delta_P)\beta^R q(e_H-e_L)-\frac{1}{2}c(e_H^2-e_L^2)+\delta_P(qe_H-qe_L+L)+(1-\delta_P)PB\right]-(C_w-C_s)$
(x^{R*}, y^{R*})	$x^{R*}(1-x^{R*})y^{R*}(1-y^{R*})(1-\delta_P)PB(1-\delta_G)PB$	0

根据判别方法得到不同参数初始状态下，各均衡点的局部稳定性如表 5-8 所示[①]。

① $g^R=(1-\delta_P)\beta^R q(e_H-e_L)-\frac{1}{2}c(e_H^2-e_L^2)+\delta_P(qe_H-qe_L+L)$；
$h^R=(1-\delta_P)\beta^R q(e_H-e_L)-\frac{1}{2}c(e_H^2-e_L^2)+\delta_P(qe_H-qe_L+L)+(1-\delta_P)PB.$

表 5-8　　刚性合同第二阶段初始状态 R1 ~ R6 均衡点的局部稳定性

均衡点	初始状态 R1			初始状态 R2			初始状态 R3		
	$g^R > 0$			$g^R > 0$			$g^R < 0$		
	$(1-\delta_G)PB + C_w - C_s > 0$			$(1-\delta_G)PB + C_w - C_s < 0$			$(1-\delta_G)PB + C_w - C_s > 0$		
	$h^R > 0$			$h^R > 0$			$h^R < 0$		
	$C_w - C_s < 0$			$C_w - C_s < 0$			$C_w - C_s < 0$		
	Det(J)	Tr(J)	稳定性	Det(J)	Tr(J)	稳定性	Det(J)	Tr(J)	稳定性
(0, 0)	+	+	不稳定	−	±	鞍点	−	±	鞍点
(0, 1)	−	±	鞍点	+	+	不稳定	+	−	*ESS*
(1, 0)	+	−	*ESS*	+	−	*ESS*	−	±	鞍点
(1, 1)	−	±	鞍点	−	±	鞍点	+	+	不稳定
(x^{R*}, y^{R*})	不存在			不存在			不存在		
演化相位图	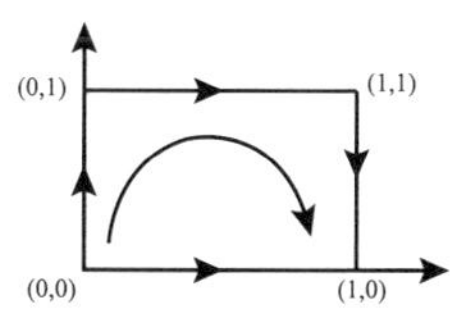			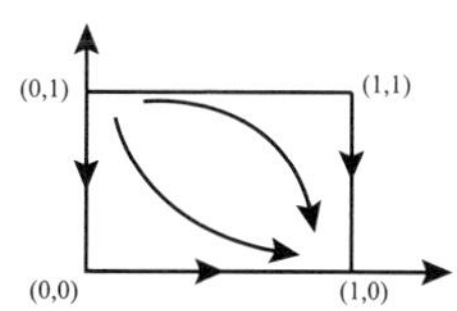			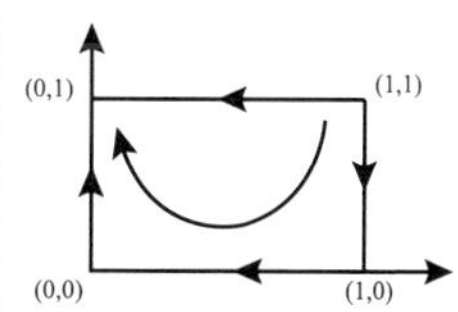		
均衡点	初始状态 R4			初始状态 R5			初始状态 R6		
	$g^R < 0$			$g^R < 0$			$g^R < 0$		
	$(1-\delta_G)PB + C_w - C_s < 0$			$(1-\delta_G)PB + C_w - C_s < 0$			$(1-\delta_G)PB + C_w - C_s > 0$		
	$h^R < 0$			$h^R > 0$			$h^R > 0$		
	$C_w - C_s < 0$			$C_w - C_s < 0$			$C_w - C_s < 0$		
	Det(J)	Tr(J)	稳定性	Det(J)	Tr(J)	稳定性	Det(J)	Tr(J)	稳定性
(0, 0)	+	−	*ESS*	+	−	*ESS*	−	±	鞍点
(0, 1)	−	±	鞍点	+	+	不稳定	−	±	鞍点
(1, 0)	−	±	鞍点	−	±	鞍点	−	±	鞍点
(1, 1)	+	+	不稳定	−	±	鞍点	−	±	鞍点
(x^{R*}, y^{R*})	不存在			不存在			中心		
演化相位图	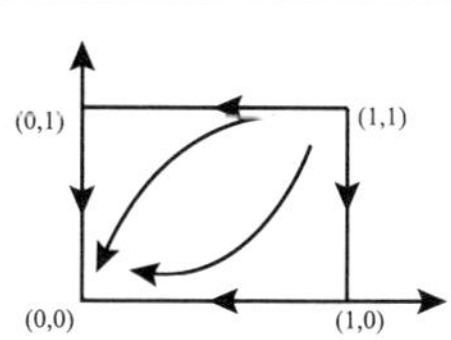			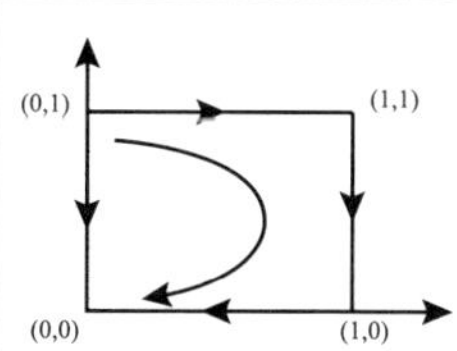			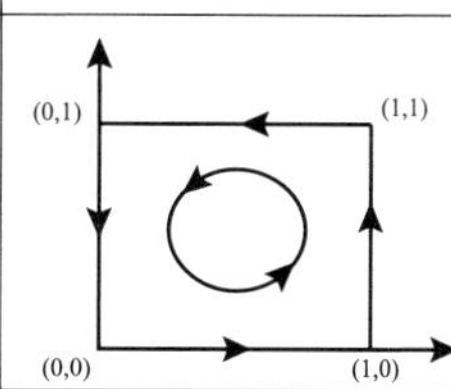		

2. 柔性合同条件下模型求解与分析

(1) 第二阶段

根据柔性合同第二阶段复制动态方程组得复制动态体的雅克比矩阵为:

$$J=\begin{bmatrix}\frac{\partial F(x^{F2})}{\partial x} & \frac{\partial F(x^{F2})}{\partial y}\\ \frac{\partial F(y^{F2})}{\partial x} & \frac{\partial F(y^{F2})}{\partial y}\end{bmatrix}$$

由 $F(x^{F2})=0$、$F(y^{F2})=0$ 可得系统战略均衡点有(0, 0)、(0, 1)、(1, 0)、(1, 1)、(x^{F2*}, y^{F2*})。其中,

$$x^{F2*}=1-\frac{C_s-C_w}{(1-\delta_G)PB} \tag{5-27}$$

$$y^{F2*}=\frac{\frac{1}{2}c(e_H^2-e_L^2)-(1-\delta_P)\beta_2^F q(e_H-e_L)-\delta_P(qe_H-qe_L+L)}{(1-\delta_P)PB} \tag{5-28}$$

对复制动态系统的五个均衡点进行局部稳定性分析,得到的结果如表5-9所示。

表5-9　柔性合同第二阶段各均衡点处雅可比矩阵的 Det(J) 和 Tr(J)

均衡点	Det(J)	Tr(J)
(0, 0)	$\left[(1-\delta_P)\beta_2^F q(e_H-e_L)-\frac{1}{2}c(e_H^2-e_L^2)+\delta_P(qe_H-qe_L+L)\right][(1-\delta_G)PB+C_w-C_s]$	$\left[(1-\delta_P)\beta_2^F q(e_H-e_L)-\frac{1}{2}c(e_H^2-e_L^2)+\delta_P(qe_H-qe_L+L)\right]+[(1-\delta_G)PB+C_w-C_s]$

续表

均衡点	Det(J)	Tr(J)
(0, 1)	$-\left[(1-\delta_P)\beta_2^F q(e_H-e_L)-\frac{1}{2}c(e_H^2-e_L^2)+\delta_P(qe_H-qe_L+L)+(1-\delta_P)PB\right][(1-\delta_G)PB+C_w-C_s]$	$\left[(1-\delta_P)\beta_2^F q(e_H-e_L)-\frac{1}{2}c(e_H^2-e_L^2)+\delta_P(qe_H-qe_L+L)+(1-\delta_P)PB\right]-[(1-\delta_G)PB+C_w-C_s]$
(1, 0)	$-\left[(1-\delta_P)\beta_2^F q(e_H-e_L)-\frac{1}{2}c(e_H^2-e_L^2)+\delta_P(qe_H-qe_L+L)\right](C_w-C_s)$	$-\left[(1-\delta_P)\beta_2^F q(e_H-e_L)-\frac{1}{2}c(e_H^2-e_L^2)+\delta_P(qe_H-qe_L+L)\right]+(C_w-C_s)$
(1, 1)	$\left[(1-\delta_P)\beta_2^F q(e_H-e_L)-\frac{1}{2}c(e_H^2-e_L^2)+\delta_P(qe_H-qe_L+L)+(1-\delta_P)PB\right](C_w-C_s)$	$-\left[(1-\delta_P)\beta_2^F q(e_H-e_L)-\frac{1}{2}c(e_H^2-e_L^2)+\delta_P(qe_H-qe_L+L)+(1-\delta_P)PB\right]-(C_w-C_s)$
(x^{F2*}, y^{F2*})	$x^{F2*}(1-x^{F2*})y^{F2*}(1-y^{F2*})(1-\delta_P)PB(1-\delta_G)PB$	0

根据判别方法得到不同参数初始状态下，各均衡点的局部稳定性如表5-10所示①。

① $g^{F2}=(1-\delta_P)\beta_2^F q(e_H-e_L)-\frac{1}{2}c(e_H^2-e_L^2)+\delta_P(qe_H-qe_L+L)$；

$h^{F2}=(1-\delta_P)\beta_2^F q(e_H-e_L)-\frac{1}{2}c(e_H^2-e_L^2)+\delta_P(qe_H-qe_L+L)+(1-\delta_P)PB.$

表 5－10　　柔性合同第二阶段初始状态①～⑥均衡点的局部稳定性

均衡点	初始状态①			初始状态②			初始状态③		
	$g^{F2}>0$			$g^{F2}>0$			$g^{F2}<0$		
	$(1-\delta_G)PB+C_w-C_s>0$			$(1-\delta_G)PB+C_w-C_s<0$			$(1-\delta_G)PB+C_w-C_s>0$		
	$h^{F2}>0$			$h^{F2}>0$			$h^{F2}<0$		
	$C_w-C_s<0$			$C_w-C_s<0$			$C_w-C_s<0$		
	Det(J)	Tr(J)	稳定性	Det(J)	Tr(J)	稳定性	Det(J)	Tr(J)	稳定性
(0，0)	+	+	不稳定	−	±	鞍点	−	±	鞍点
(0，1)	−	±	鞍点	+	+	不稳定	+	−	*ESS*
(1，0)	+	−	*ESS*	+	−	*ESS*	−	±	鞍点
(1，1)	−	±	鞍点	−	±	鞍点	+	+	不稳定
$(x^{F2*},\ y^{F2*})$	不存在			不存在			不存在		
演化相位图	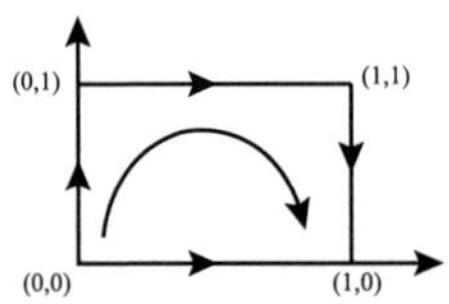			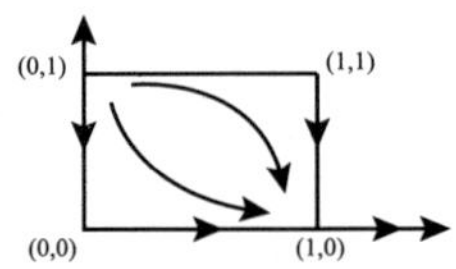			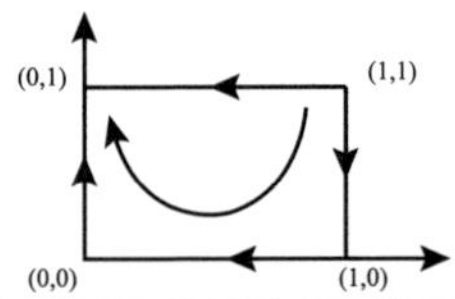		

均衡点	初始状态④			初始状态⑤			初始状态⑥		
	$g^{F2}<0$			$g^{F2}<0$			$g^{F2}<0$		
	$(1-\delta_G)PB+C_w-C_s<0$			$(1-\delta_G)PB+C_w-C_s<0$			$(1-\delta_G)PB+C_w-C_s>0$		
	$h^{F2}<0$			$h^{F2}>0$			$h^{F2}>0$		
	$C_w-C_s<0$			$C_w-C_s<0$			$C_w-C_s<0$		
	Det(J)	Tr(J)	稳定性	Det(J)	Tr(J)	稳定性	Det(J)	Tr(J)	稳定性
(0，0)	+	−	*ESS*	+	−	*ESS*	−	±	鞍点
(0，1)	−	±	鞍点	+	+	不稳定	−	±	鞍点
(1，0)	−	±	鞍点	−	±	鞍点	−	±	鞍点
(1，1)	+	+	不稳定	−	±	鞍点	−	±	鞍点
$(x^{F2*},\ y^{F2*})$	不存在			不存在			中心		
演化相位图	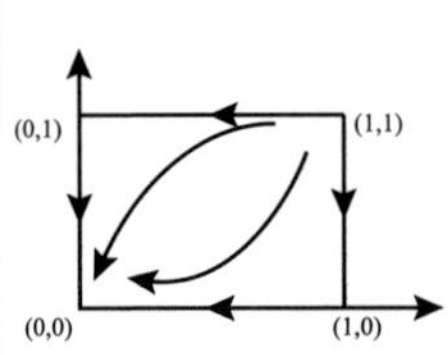			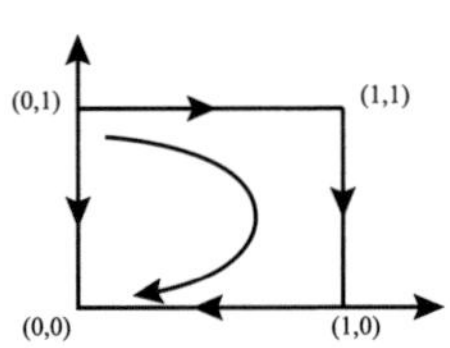			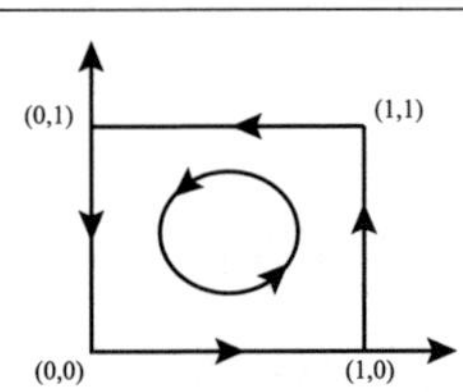		

(2) 第一阶段

根据柔性合同第一阶段复制动态方程组得复制动态体的雅克比矩阵为:

$$J=\begin{bmatrix}\dfrac{\partial F(x^{F1})}{\partial x} & \dfrac{\partial F(x^{F1})}{\partial y}\\ \dfrac{\partial F(y^{F1})}{\partial x} & \dfrac{\partial F(y^{F1})}{\partial y}\end{bmatrix}$$

由 $F(x^{F1})=0$、$F(y^{F1})=0$ 可得系统战略均衡点有 (0, 0)、(0, 1)、(1, 0)、(1, 1)、(x^{F1*}, y^{F1*}), 其中,

$$x^{F1*}=1-\frac{C_s-C_w}{(1-\delta_G)PB} \tag{5-29}$$

$$y^{F1*}=\frac{\frac{1}{2}c(e_H^2-e_L^2)-(1-\delta_P)\beta_1^F q(e_H-e_L)-\delta_P(qe_H-qe_L+L)-k\theta q(e_H-e_L)}{(1-\delta_P)PB} \tag{5-30}$$

对复制动态系统的五个均衡点进行局部稳定性分析, 得到的结果如表5-11所示。

表5-11 柔性合同第一阶段各均衡点处雅可比矩阵的Det(J)和Tr(J)

均衡点	Det(J)	Tr(J)
(0, 0)	$\left[(1-\delta_P)\beta_1^F q(e_H-e_L)-\frac{1}{2}c(e_H^2-e_L^2)+\delta_P(qe_H-qe_L+L)+k\theta q(e_H-e_L)\right][(1-\delta_G)PB+C_w-C_s]$	$\left[(1-\delta_P)\beta_1^F q(e_H-e_L)-\frac{1}{2}c(e_H^2-e_L^2)+\delta_P(qe_H-qe_L+L)+k\theta q(e_H-e_L)\right]+[(1-\delta_G)PB+C_w-C_s]$

续表

均衡点	Det(J)	Tr(J)
(0, 1)	$-\left[(1-\delta_P)\beta_1^F q(e_H-e_L)-\frac{1}{2}c(e_H^2-e_L^2)+\delta_P(qe_H-qe_L+L)+k\theta q(e_H-e_L)+(1-\delta_P)PB\right][(1-\delta_G)PB+C_w-C_s]$	$\left[(1-\delta_P)\beta_1^F q(e_H-e_L)-\frac{1}{2}c(e_H^2-e_L^2)+\delta_P(qe_H-qe_L+L)+k\theta q(e_H-e_L)+(1-\delta_P)PB\right]-[(1-\delta_G)PB+C_w-C_s]$
(1, 0)	$-\left[(1-\delta_P)\beta_1^F q(e_H-e_L)-\frac{1}{2}c(e_H^2-e_L^2)+\delta_P(qe_H-qe_L+L)+k\theta q(e_H-e_L)\right](C_w-C_s)$	$-\left[(1-\delta_P)\beta_1^F q(e_H-e_L)-\frac{1}{2}c(e_H^2-e_L^2)+\delta_P(qe_H-qe_L+L)+k\theta q(e_H-e_L)\right]+(C_w-C_s)$
(1, 1)	$\left[(1-\delta_P)\beta_1^F q(e_H-e_L)-\frac{1}{2}c(e_H^2-e_L^2)+\delta_P(qe_H-qe_L+L)+k\theta q(e_H-e_L)+(1-\delta_P)PB\right](C_w-C_s)$	$-\left[(1-\delta_P)\beta_1^F q(e_H-e_L)-\frac{1}{2}c(e_H^2-e_L^2)+\delta_P(qe_H-qe_L+L)+k\theta q(e_H-e_L)+(1-\delta_P)PB\right]-(C_w-C_s)$
(x^{F1*}, y^{F1*})	$x^{F1*}(1-x^{F1*})y^{F1*}(1-y^{F1*})(1-\delta_P)PB(1-\delta_G)PB$	0

根据判别方法得到不同参数初始状态下，各均衡点的局部稳定性如表 5－12 所示①。

① $g^{F1}=(1-\delta_P)\beta_1^F q(e_H-e_L)-\frac{1}{2}c(e_H^2-e_L^2)+\delta_P(qe_H-qe_L+L)+k\theta q(e_H-e_L)$；
$h^{F1}=(1-\delta_P)\beta_1^F q(e_H-e_L)-\frac{1}{2}c(e_H^2-e_L^2)+\delta_P(qe_H-qe_L+L)+k\theta q(e_H-e_L)+(1-\delta_P)PB$.

表 5－12　　柔性合同第一阶段初始状态 F1 ~ F6 均衡点的局部稳定性

均衡点	初始状态 F1			初始状态 F2			初始状态 F3		
	$g^{F1}>0$			$g^{F1}>0$			$g^{F1}<0$		
	$(1-\delta_G)PB+C_w-C_s>0$			$(1-\delta_G)PB+C_w-C_s<0$			$(1-\delta_G)PB+C_w-C_s>0$		
	$h^{F1}>0$			$h^{F1}>0$			$h^{F1}<0$		
	$C_w-C_s<0$			$C_w-C_s<0$			$C_w-C_s<0$		
	Det(J)	Tr(J)	稳定性	Det(J)	Tr(J)	稳定性	Det(J)	Tr(J)	稳定性
(0, 0)	+	+	不稳定	−	±	鞍点	−	±	鞍点
(0, 1)	−	±	鞍点	+	+	不稳定	+	−	*ESS*
(1, 0)	+	−	*ESS*	+	−	*ESS*	−	±	鞍点
(1, 1)	−	±	鞍点	−	±	鞍点	+	+	不稳定
(x^{F1*}, y^{F1*})	不存在			不存在			不存在		
演化相位图	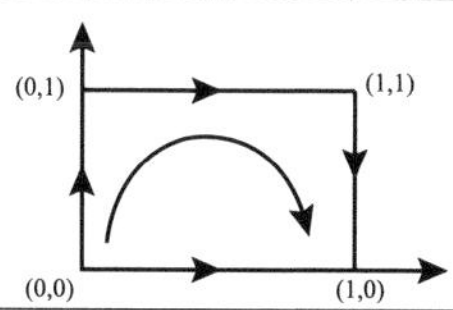			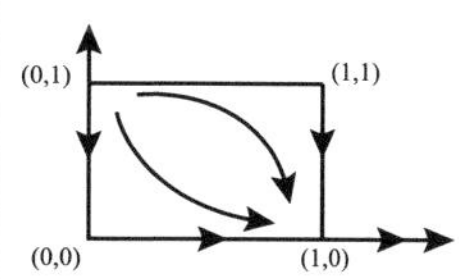			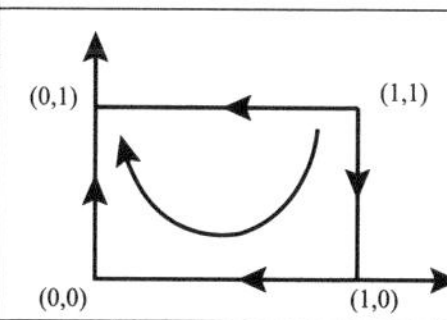		

均衡点	初始状态 F4			初始状态 F5			初始状态 F6		
	$g^{F1}<0$			$g^{F1}<0$			$g^{F1}<0$		
	$(1-\delta_G)PB+C_w-C_s<0$			$(1-\delta_G)PB+C_w-C_s<0$			$(1-\delta_G)PB+C_w-C_s>0$		
	$h^{F1}<0$			$h^{F1}>0$			$h^{F1}>0$		
	$C_w-C_s<0$			$C_w-C_s<0$			$C_w-C_s<0$		
	Det(J)	Tr(J)	稳定性	Det(J)	Tr(J)	稳定性	Det(J)	Tr(J)	稳定性
(0, 0)	+	−	*ESS*	+	−	*ESS*	−	±	鞍点
(0, 1)	−	±	鞍点	+	+	不稳定	−	±	鞍点
(1, 0)	−	±	鞍点	−	±	鞍点	−	±	鞍点
(1, 1)	+	+	不稳定	−	±	鞍点	−	±	鞍点
(x^{F1*}, y^{F1*})	不存在			不存在			中心		
演化相位图	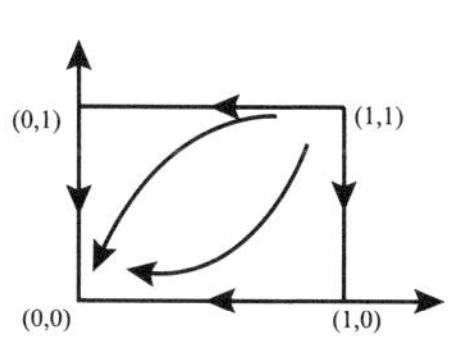			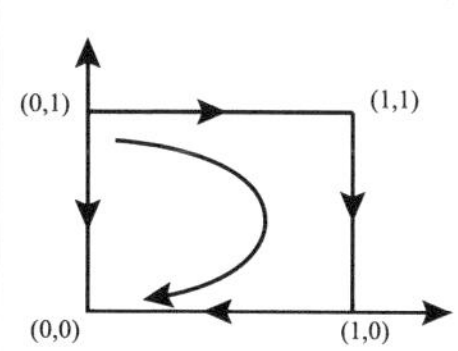			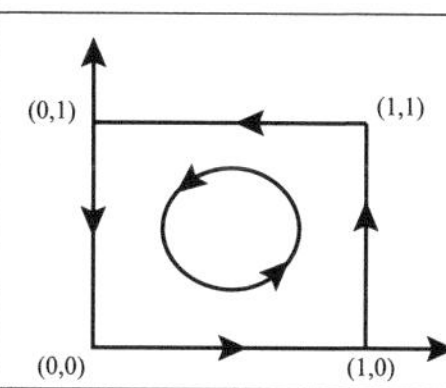		

5.3.3 刚性和柔性合同条件下演化策略对比分析与讨论

由 5.3.1 和 5.3.2 节可知，刚性合同和柔性合同的演化机制主要区别在于项目第一阶段，在项目第二阶段基本相似。此外，刚性合同和柔性合同在项目第二阶段的演化机制与刚性合同条件下第一阶段的演化机制相似。因此，本部分主要讨论刚性合同和柔性合同条件下第一阶段的演化机制。

1. 社会资本方演化策略趋势分析

根据表 5-8 和表 5-12 可得如下结论：

（1）当 $y^* < 0$ 时，无论初始状态和政府方的策略如何演化，最终社会资本方都会选择积极合作策略。刚性合同条件和柔性合同条件下分别满足条件：

①刚性合同：$\frac{1}{2}c(e_H^2 - e_L^2) < (1-\delta_P)\beta^R q(e_H - e_L) + \delta_P(qe_H - qe_L + L)$，即满足初始状态 R1 和 R2；

②柔性合同：$\frac{1}{2}c(e_H^2 - e_L^2) < [(1-\delta_P)\beta_1^F + k\theta]q(e_H - e_L) + \delta_P(qe_H - qe_L + L)$，即满足初始状态 F1 和 F2。

其中，不等式左边表示的是机会主义行为为其节约的努力成本 $\frac{1}{2}c(e_H^2 - e_L^2)$，即机会主义行为带来的社会收益。不等式右边表示的是机会主义行为的社会效用损失，包括因产出下降带来的收益的损失（$\beta^R q(e_H - e_L)$、$q(\beta_1^F + k\theta)(e_H - e_L)$）和互惠偏好效用损失（$\delta_P(q(1-\beta^R)(e_H - e_L) + L)$、$\delta_P(q(1-\beta_1^F)(e_H - e_L) + L)$）。

（2）当 $y^* > 1$ 时，无论初始状态和政府方的策略如何演化，最终社会资本方都会选择机会主义策略。刚性合同和柔性合同条件下分别满足条件：

①刚性合同：$\frac{1}{2}c(e_H^2 - e_L^2) > \beta^R q(1-\delta_P)(e_H - e_L) + \delta_P(qe_H - qe_L + L) + (1-\delta_P)PB$，即满足初始状态R3和R4；

②柔性合同：$\frac{1}{2}c(e_H^2 - e_L^2) > [(1-\delta_P)\beta_1^F + k\theta]q(e_H - e_L) + \delta_P(qe_H - qe_L + L) + (1-\delta_P)PB$，即满足初始状态F3和F4。

（3）当 $0 < y^* < 1$ 时，社会资本方是否选择积极合作与政府方的策略选择有关，当政府方选择强监管的概率小于 y^* 时（即 $y < y^*$），社会资本方的演化趋势总是偏向于机会主义；当政府方选择强监管的概率大于 y^* 时（即 $y > y^*$），社会资本方的演化趋势总是偏向于积极合作策略。当政府方选择强监管的概率等于 y^* 时（即 $y = y^*$），社会资本方选择积极合作或机会主义行为策略无差别。刚性合同和柔性合同条件下需要满足的条件分别为：

①刚性合同：$\beta^R q(1-\delta_P)(e_H - e_L) + \delta_P(qe_H - qe_L + L) < \frac{1}{2}c(e_H^2 - e_L^2) < \beta^R q(1-\delta_P)(e_H - e_L) + \delta_P(qe_H - qe_L + L) + (1-\delta_P)PB$，即满足初始状态R5和R6；

②柔性合同：$q[(1-\delta_P)\beta_1^F + k\theta](e_H - e_L) + \delta_P(qe_H - qe_L + L) < \frac{1}{2}c(e_H^2 - e_L^2) < q[(1-\delta_P)\beta_1^F + k\theta](e_H - e_L) + \delta_P(qe_H - qe_L + L) + (1-\delta_P)PB$，即满足初始状态F5和F6。

综合以上分析可得出如下命题：

命题5-8：当其他条件保持不变时，若 $(1-\delta_P)\beta_1^F + k\theta > (1-$

$\delta_P)\beta^R$，柔性合同条件下达成积极合作的概率较高，达成机会主义的概率较小；若 $(1-\delta_P)\beta_1^F+k\theta<(1-\delta_P)\beta^R$，刚性合同达成积极合作的概率较高，达成机会主义的概率较小；若 $(1-\delta_P)\beta_1^F+k\theta=(1-\delta_P)\beta^R$，刚性合同和柔性合同没有差别，即合同机制不会影响社会资本方的策略选择。

由命题5-8可以进一步看出，若两类合同条件下的激励水平相同（$\beta_1^F=\beta^R$），当 $\theta>0$ 时，与刚性合同相比，柔性合同付出较小的激励就可以促进社会资本方采取积极合作策略；相反，当 $\theta<0$ 时，则柔性合同需要付出比刚性合同更多的激励才能促进社会资本方的积极合作。在项目开始前，政府无法准确估计项目第一阶段的产出情况。此时 θ 可以看作政府方对项目前景的预期，以及对社会资本方的信任程度，预期和信任越高则 θ 越大。于是，当政府对项目预期和对社会资本方信任较高时应采用柔性合同，相反则采用刚性合同。由此可得推论5-1：

推论5-1：当两类合同条件下的激励水平相同时（$\beta_1^F=\beta^R$），若政府对项目预期和对社会资本方信任程度较高时（$\theta>0$），刚性合同的激励成本较高，应采用柔性合同；相反（$\theta<0$），柔性合同的激励成本较高，则应采用刚性合同。

在项目开始前，政府方对项目的预期一定程度上也反映了其风险厌恶程度。对于风险厌恶程度较高的政府方，其对项目的预期会比较保守。对于风险厌恶程度较低的政府方，其对项目的预期会比较高。戈塔尔迪等（Gottardi et al.，2016）证实了在代理人的风险厌恶程度或不精确厌恶较高时，委托人采取柔性合同的成本更高，因此刚性合同更可取。推论5-1的结论与戈塔尔迪等（2016）的结论一致。

当两类合同的激励水平不同时（$\beta^R \neq \beta_1^F$），可以发现：提高社会资本方的互惠偏好程度会降低激励水平在不等式中的影响作用，同时增加θ在不等式中的影响作用。相反，如果降低社会资本方的互惠偏好程度，则会提高激励水平、降低θ在不等式中的影响作用。

此外，进一步分析社会资本方选择积极合作的边界条件，可以发现：机会主义行为产生的社会收益和社会效用损失（包含互惠偏好损失）是社会资本方策略选择的关键因素。在刚性合同和柔性合同条件下，当机会主义行为产生的社会收益小于社会效用损失时，积极合作是社会资本方的演化均衡策略；相反，机会主义行为是其演化均衡策略。进一步分析机会主义的社会收益和社会损失函数，可以发现：降低努力系数（c）会降低机会主义行为的社会收益，而提高社会资本方的能力禀赋（q）则会提高机会主义行为的社会效用损失。因此，对于努力成本较低的项目，以及能力禀赋较高的社会资本方，社会资本方实施机会主义行为的倾向较低。此外，在互惠偏好的影响下，社会资本方还会考虑机会主义行为对项目的损失（L），损失越大其机会主义行为的动机就越小。于是，社会资本方的互惠偏好可以有效杜绝对项目影响过大的机会主义行为。

综合以上分析，可得推论5-2：

推论5-2：在努力成本较低的项目中，或对于能力禀赋较高的社会资本方，社会资本方机会主义行为的倾向较弱。社会资本方的互惠偏好可以有效杜绝一部分对项目产生损失过大的机会主义行为。

当政府方选择强监管的概率y保持不变时，y^{R*}和y^{F1*}的增加会提高社会资本方选择机会主义行为的概率，而y^{R*}和y^{F1*}的降低则会增加社会资本方选择积极合作的概率。通过y^{R*}和y^{F1*}的表达式可以看出：y^{R*}和y^{F1*}的大小与政府方的社会偏好程度δ_G不相关，仅与社会资本方的社会偏好程度 δ_P 相关。将 y^{R*} 和 y^{F1*} 分别对 δ_P 求导可得：

$$\frac{\partial y^{R*}}{\partial \delta_P}=\frac{\frac{1}{2}c(e_H^2-e_L^2)-[L+q(e_H-e_L)]}{(1-\delta_P)^2PB},$$

$$\frac{\partial y^{F1*}}{\partial \delta_P}=\frac{\frac{1}{2}c(e_H^2-e_L^2)-[L+q(1+k\theta)(e_H-e_L)]}{(1-\delta_P)^2PB}.$$

在刚性合同条件下，当 $\frac{1}{2}c(e_H^2-e_L^2)>L+q(e_H-e_L)$ 时，$\frac{\partial y^{R*}}{\partial \delta_P}>0$；当 $\frac{1}{2}c(e_H^2-e_L^2)<L+q(e_H-e_L)$ 时，$\frac{\partial y^{R*}}{\partial \delta_P}<0$；当 $\frac{1}{2}c(e_H^2-e_L^2)=L+q(e_H-e_L)$ 时，$\frac{\partial y^{R*}}{\partial \delta_P}=0$。同理，在柔性合同条件下，当 $\frac{1}{2}c(e_H^2-e_L^2)>L+q(1+k\theta)(e_H-e_L)$ 时，$\frac{\partial y^{F1*}}{\partial \delta_P}>0$；当 $\frac{1}{2}c(e_H^2-e_L^2)<L+q(1+k\theta)(e_H-e_L)$ 时，$\frac{\partial y^{F1*}}{\partial \delta_P}<0$；当 $\frac{1}{2}c(e_H^2-e_L^2)=L+q(1+k\theta)(e_H-e_L)$ 时，$\frac{\partial y^{F1*}}{\partial \delta_P}=0$。由此可见，社会资本方的互惠偏好程度如何影响其合作策略选择主要取决于机会主义行为的社会收益与社会损失（不包括互惠偏好损失）的大小。当机会主义行为的社会收益大于社会损失时，提高社会资本方的互惠偏好会降低其积极合作的可能性；相反，当机会主义行为的社会收益小于社会损失时，提高社会资本方的互惠偏好则可以提高其积极合作的可能性；当机会主义行为的社会收益等于社会损失时，社会资本方的互惠偏好不会影响其合作策略选择。这是因为，提高社会资本方的互惠偏好程度会增加其机会主义行为的社会损失。于是，当机会主义行为的社会收益大于社会损失时，提高社会资本方的互惠偏好程度会缩小机会主义行为社会收益和社会损失的差

距，进一步降低了社会资本方选择积极合作的可能性；而当机会主义行为的社会收益小于社会损失时，提高社会资本方的互惠偏好程度会进一步加大社会损失和社会收益的差距，从而提高了社会资本方积极合作的可能性。由此可见，社会资本方的互惠偏好并不总是有利于促进其积极合作。

综合以上分析，可得推论5-3：

推论5-3：政府方的互惠偏好程度不会直接影响社会资本方的策略选择。社会资本方的互惠偏好程度对其策略选择的影响主要取决于其机会主义行为社会和社会损失（不包括惠偏好损失）的大小。当机会主义行为的社会收益大于社会损失时，提高社会资本方的互惠偏好会降低其积极合作的可能性；当机会主义行为的社会收益小于社会损失时，提高社会资本方的互惠偏好则可以提高其积极合作的可能性；当机会主义行为的社会收益等于社会损失时，社会资本方的互惠偏好不会影响其合作策略选择。

此外，将 y^{R*} 和 y^{F1*} 分别对 PB 求导可得：

$$\frac{\partial y^{R*}}{\partial PB}=-\frac{\frac{1}{2}c(e_H^2-e_L^2)-(1-\delta_P)\beta^R q(e_H-e_L)-\delta_P(qe_H-qe_L+L)}{(1-\delta_P)(PB)^2},$$

$$\frac{\partial y_1^{F*}}{\partial PB}=-\frac{\frac{1}{2}c(e_H^2-e_L^2)-(1-\delta_P)\beta_1^F q(e_H-e_L)-\delta_P(qe_H-qe_L+L)-k\theta q(e_H-e_L)}{(1-\delta_P)(PB)^2}.$$

可以看出：1）若 $\frac{1}{2}c(e_H^2-e_L^2)>(1-\delta_P)\beta^R q(e_H-e_L)+\delta_P(qe_H-qe_L+L)$（或 $\frac{1}{2}c(e_H^2-e_L^2)>(1-\delta_P)\beta_1^F q(e_H-e_L)+\delta_P(qe_H-qe_L+L)+k\theta q(e_H-e_L)$），即 $y^{R*}>0$（或 $y_1^{F*}>0$），$\frac{\partial y^{R*}}{\partial PB}<0\left(或\frac{\partial y_1^{F*}}{\partial PB}<0\right)$；

2）若$\frac{1}{2}c(e_H^2 - e_L^2) < (1 - \delta_P)\beta^R q(e_H - e_L) + \delta_P(qe_H - qe_L + L)$（或$\frac{1}{2}c(e_H^2 - e_L^2) < (1 - \delta_P)\beta_1^F q(e_H - e_L) + \delta_P(qe_H - qe_L + L) + k\theta q(e_H - e_L)$），即$y^{R*} < 0$（或$y_1^{F*} < 0$），$\frac{\partial y^{R*}}{\partial PB} > 0$$\left(或\frac{\partial y_1^{F*}}{\partial PB} > 0\right)$。基于之前分析，$\frac{1}{2}c(e_H^2 - e_L^2)$代表社会资本方机会主义行为带来的社会收益，不等式右边表示的是机会主义行为的社会损失，包括项目产出和社会资本方互惠偏好的损失。综上，可得推论 5－4：

推论 5－4：当社会资本方机会主义行为的社会收益高于社会效用损失（包括项目产出和社会资本方互惠偏好的损失）时，增加预期惩罚 *PB* 会增加其积极合作的可能性。相反，如果社会资本方机会主义行为的社会收益低于其社会效用损失，增加预期惩罚 *PB* 会降低其积极合作的可能性。

推论 5－4 表明，惩罚并不总是有利于促进合作。当$y^* < 0$时，无论政府的策略如何选择，积极合作是社会资本方的主导战略。当$y^* > 0$时，合作不是社会资本方的主导战略。由推论 5－4 可以看出，社会资本方在合作策略和机会主义策略之间摇摆时，增加惩罚 *PB* 有利于促进社会资本方的合作，这与之前认为惩罚促进合作的研究结论是一致的（Dreber et al.，2008；Rand et al.，2009；Rand et al.，2010）。然而，当积极合作是主导策略时，增加对机会主义行为的惩罚 *PB* 将降低社会资本方的合作积极性。这可以用反社会惩罚现象（antisocial punishment，即对合作者的惩罚）来解释。当反社会惩罚发生时，惩罚不再促进合作（Herrmann et al.，2008；Rand & Nowak，2011）。虽然本书假设在 PPP 项目中，只有当社会资本方的机会主义

行为被发现时，政府才会对其进行惩罚，但还存在一种特殊情况：即便社会资本方选择了积极合作，但是由于外界环境因素使得项目的产出较低，在这种情形下，社会资本方虽选择了合作，但是还是可能会受到惩罚。此外，已有文献研究证明惩罚可能会破坏信任（Irwin et al.，2014）。这是因为惩罚使合作变成了外部动机，而非内部动机。因此，当社会资本方的合作是属于内部动机时，提高惩罚很可能会破坏政府和社会资本方之间的信任，从而破坏了双方的合作关系。

2. 政府方演化策略趋势分析

根据表5-7和表5-11可得如下结论：

（1）当$x^* < 0$时，无论初始状态和社会资本方的策略如何演化，最终政府方都会选择弱监管策略。刚性合同条件和柔性合同条件下分别满足条件：

①刚性合同：$C_s - C_w > (1-\delta_G)PB$，即满足初始状态R2、R4、R5；

②柔性合同：$C_s - C_w > (1-\delta_G)PB$，即满足初始状态F2、F4、F5。

（2）在刚性和柔性合同中，x^*均小于1，即$x^* > 1$的条件不成立。于是，在刚性合同和柔性合同中，不存在使得政府方始终选择强监管策略的情形。

（3）当$0 < x^* < 1$时，政府方的监管策略与社会资本方的策略选择有关。当社会资本方选择积极合作的概率小于x^*时（即$x < x^*$），政府方的演化趋势总是偏向于强监管策略（初始状态R3和F3）。当社会资本方选择积极合作的概率大于x^*时（即$x > x^*$），政府方的演化趋势总是偏向于弱监管策略（初始状态R1和F1）。当社会资本方选择积极合作的概率等于x^*时（即$x = x^*$），政府方选择弱监管和强监管策略无差别。刚性合同和柔性合同条件下需要满足的条件分别为：

①刚性合同：$C_s - C_w < (1-\delta_G)PB$，即满足初始状态 R1、R3、R6；

②柔性合同：$C_s - C_w < (1-\delta_G)PB$，即满足初始状态 F1、F3、F6。

综合以上分析可以看出，刚性合同和柔性合同条件下政府方的策略选择相同。以上不等式中，不等式左边为强监管策略增加的成本（即弱监管策略节约的成本），右边为社会资本方采取机会主义行为时政府选择强监管策略的收益（即弱监管策略带来的收益损失）。因而，降低弱监管策略的成本（C_w）、增加强监管策略的成本（C_s）、降低惩罚金额（B）会提高政府选择弱监管的概率。政府选择强监管策略的可能性则取决于 x^{R*} 和 x^{F1*} 的大小。当社会资本方选择积极合作的概率 x 不变时，政府方策略选择与 x^{R*} 和 x^{F1*} 的大小相关。x^{R*} 和 x^{F1*} 的值越大，政府方选择弱监管的概率越大。相反，当 x^{R*} 和 x^{F1*} 的值越小，则政府方选择强监管的概率越大。由 x^{R*} 和 x^{F1*} 的表达式可以看出，政府方的演化稳定策略的选择不会受社会资本方社会偏好 δ_p 的影响。将 x^{R*} 和 x^{F1*} 分别对 δ_G 求偏导可得：

$\frac{\partial x^{R*}}{\partial \delta_G} = \frac{\partial x^{F1*}}{\partial \delta_G} = -\frac{C_s - C_w}{BP(1-\delta_G)^2}$，即 $\frac{\partial x^{R*}}{\partial \delta_G} = \frac{\partial x^{F1*}}{\partial \delta_G} < 0$，即提高政府方的社会偏好程度会增加其选择弱监管的可能性。综合以上分析可得命题 5-9 和推论 5-5：

命题 5-9：政府方监管策略的选择主要受监管成本、社会资本方机会主义行为被发现的概率和罚款金额的影响，不会受合同类型、社会资本方互惠偏好和项目前景的影响，并且不存在使政府始终选择强监管策略的情形。降低弱监管策略的成本（C_w）、增加强监管策略的成本（C_s）、降低惩罚金额（B）会提高政府选择弱监管的概率。

推论 5-5：政府方监管策略的选择只受其自身互惠偏好的影响，与社会资本方的互惠偏好程度不相关。当其他条件不变时，提高政府方的互惠偏好会增加其选择弱监管的可能性，特别是当政府方完全利他时，则弱监管是其唯一的策略选择。同时，当社会资本方的机会主义行为较难被发现或惩罚金额较低时，政府方选择弱监管的概率会增加。相反，则选择强监管的概率会增加。

当前PPP项目政府监管方面的研究普遍认为监管成本和监管收益是政府方监管策略的关键决定因素（李等（2016），刘等（2017））与命题5-9的结论相同。推论5-5说明：政府方的互惠偏好程度越高，其选择强监管的概率越低，即政府方的互惠偏好并不有利于其强监管策略的实施，补充了现有文献研究结论。将命题5-9和推论5-5相结合可以看出，增加惩罚金额 B 会提高政府方选择强监管的可能性。当社会资本方的合作积极性较高时，增加惩罚力度可能会加剧信任的破坏，从而会降低社会资本方的合作积极性。这可能是不存在使政府方始终选择强监管策略的原因。

3. 博弈双方策略组合的演化趋势分析

根据表5-8和表5-12可知，在演化稳定状态中，次优均衡状态（1，1）即（社会资本方积极合作，政府方强监管）的策略组合无法达成。整个演化系统的演化路径是：（0，1）→（0，0）→（1，0），即以（社会资本方机会主义，政府方强监管）的策略组合为最劣均衡，逐渐向（社会资本方机会主义，政府方弱监管）的次劣均衡演化，最后演化为（社会资本方积极合作，政府方弱监管）的最优均衡。刚性合同和柔性合同条件下形成各类策略组合的条件如下：

（1）最优均衡状态（社会资本方积极合作，政府方弱监管）

在刚性合同和柔性合同条件下，达到最优均衡状态（社会资本方积极合作，政府方弱监管）（即（1，0））需要满足的条件如下：

①刚性合同：$\frac{1}{2}c(e_H^2-e_L^2)<\beta^R q(1-\delta_P)(e_H-e_L)+\delta_P(qe_H-qe_L+L)$；

②柔性合同：$\frac{1}{2}c(e_H^2-e_L^2)<q[\beta_1^F(1-\delta_P)+k\theta](e_H-e_L)+\delta_P(qe_H-qe_L+L)$.

由以上条件可以看出，只有当社会资本方机会主义行为的社会福利小于其福利损失时，整个系统博弈演化过程中才能达成对最优均衡状态的“锁定”。因而，无论合同类型如何，最优均衡状态的达成主要取决于社会资本方。比较刚性合同和柔性合同条件下的阈值，可以看出：当 $(1-\delta_P)\beta^R<(1-\delta_P)\beta_1^F+k\theta$ 时，刚性合同条件下的阈值小于柔性合同条件下的阈值，从而使刚性合同达成最优均衡的概率会小于柔性合同。相反，当 $(1-\delta_P)\beta^R>(1-\delta_P)\beta_1^F+k\theta$ 时，刚性合同达成最优均衡的概率更大。当 $(1-\delta_P)\beta^R=(1-\delta_P)\beta_1^F+k\theta$ 时，刚性合同和柔性合同达成最优均衡的概率相同。这一结论与命题 1 一致。

（2）次劣均衡状态（社会资本方机会主义，政府方弱监管）

社会资本方机会主义和政府方弱监管时政企双方都没有为项目付出较多的努力，属于整个系统的次劣均衡状态。在刚性合同和柔性合同条件下，需要满足的条件分别如下：

①刚性合同：$\frac{1}{2}c(e_H^2-e_L^2)>\beta^R q(1-\delta_P)(e_H-e_L)+\delta_P(qe_H-qe_L+L)$；$(1-\delta_G)PB+C_w-C_s<0$；

②柔性合同：$\frac{1}{2}c(e_H^2-e_L^2)>q[(1-\delta_P)\beta_1^F+k\theta](e_H-e_L)+\delta_P(qe_H-qe_L+L)$；$(1-\delta_G)PB+C_w-C_s<0$.

对比刚性合同和柔性合同的阈值条件可以看出：当 $(1-\delta_G)\beta^R<(1-\delta_G)\beta_1^F+k\theta$ 时，刚性合同条件下的阈值小于柔性合同条件下的阈

值，即刚性合同到达次劣均衡的概率高于柔性合同；当 $(1-\delta_G)\beta^R > (1-\delta_G)\beta_1^F + k\theta$ 时则相反；当 $(1-\delta_G)\beta^R = (1-\delta_G)\beta_1^F + k\theta$ 时，两类合同达到次劣均衡的概率相同。这一结论与命题1一致。

（3）最劣均衡状态（社会资本方机会主义，政府方强监管）

当政府方采取强监管，而社会资本方仍采用机会主义行为时，说明政府的监管无效，属于整个系统的最劣均衡状态。此时，刚性合同和柔性合同需要满足的条件分别为：

①刚性合同：$\frac{1}{2}c(e_H^2-e_L^2) > (1-\delta_P)\beta^R q(e_H-e_L) + \delta_P(qe_H-qe_L+L) + (1-\delta_P)PB$；$(1-\delta_G)PB + C_w - C_s > 0$；

②柔性合同：$\frac{1}{2}c(e_H^2-e_L^2) > q[(1-\delta_P)\beta_1^F + k\theta](e_H-e_L) + \delta_P(qe_H-qe_L+L) + (1-\delta_P)PB$；$(1-\delta_G)PB + C_w - C_s > 0$.

通过以上条件可以看出：当 $(1-\delta_G)PB + C_w - C_s > 0$ 时，若 $(1-\delta_P)\beta^R < (1-\delta_P)\beta_1^F + k\theta$，刚性合同条件下的阈值小于柔性合同条件，即刚性合同达到最劣均衡的概率高于柔性合同；若 $(1-\delta_P)\beta^R > (1-\delta_P)\beta_1^F + k\theta$ 时则相反；若 $(1-\delta_P)\beta^R = (1-\delta_P)\beta_1^F + k\theta$，两类合同达到最劣均衡的概率相同。

综合以上分析，可得命题5-10：

命题5-10：在刚性和柔性合同条件下，（社会资本方积极合作，政府方强监管）（即（1，1））的次优均衡状态无法达成。当 $(1-\delta_P)\beta^R < (1-\delta_P)\beta_1^F + k\theta$ 时，柔性合同达到最优均衡的概率高于刚性合同；当 $(1-\delta_P)\beta^R > (1-\delta_P)\beta_1^F + k\theta$ 时则相反；当 $(1-\delta_P)\beta^R = (1-\delta_P)\beta_1^F + k\theta$ 时，刚性合同和柔性合同达到最优均衡解的概率相同。

由命题5-10可以看出，在整个演化系统中，演化稳定状态主要取决于社会资本方。因而，命题 5 - 10 与命题 5 - 8 的结论类似。

4. 第二阶段演化稳定策略分析

刚性合同和柔性合同条件下，项目第二阶段的复制动态方程和演化稳定策略条件基本相同，主要区别在于激励系数的差异。根据表 5 - 10，进一步可得项目第二阶段两类合同条件下，政府方和社会资本方的演化稳定策略。

命题 5 - 11：在其他条件不变的情况下，柔性合同第二阶段的演化趋势与稳定点与刚性合同类似，利润分享系数是决定哪类合同更有利于促进合作的关键因素。在其他条件不变的情况下，在刚性合同和柔性合同第二阶段，若 $\beta^R > \beta_2^F$，在刚性合同条件下系统更易达到最优均衡策略；若 $\beta^R < \beta_2^F$，在柔性合同条件下系统更易达到最优均衡策略；若 $\beta^R = \beta_2^F$，在两类合同条件下系统达到最优均衡策略的速度相当。

证明：在刚性合同第二阶段达到最优稳定策略的条件为 $(1-\delta_P)\beta^R q(e_H - e_L) - \frac{1}{2}c(e_H^2 - e_L^2) + \delta_P(qe_H - qe_L + L) > 0$，在柔性合同第二阶段达到最优稳定策略的条件为：$\beta_2^F q(1-\delta_P)(e_H - e_L) - \frac{1}{2}c(e_H^2 - e_L^2) + \delta_P(qe_H - qe_L + L) > 0$. 令：

$$\begin{aligned}\Delta\tau_2 &= \beta^R q(1-\delta_P)(e_H - e_L) - \frac{1}{2}c(e_H^2 - e_L^2) + \delta_P(qe_H - qe_L + L) \\ &\quad - \left[\beta_2^F q(1-\delta_P)(e_H - e_L) - \frac{1}{2}c(e_H^2 - e_L^2) + \delta_P(qe_H - qe_L + L)\right] \\ &= q(1-\delta_P)(\beta^R - \beta_2^F)(e_H - e_L).\end{aligned}$$

当其他条件不变时，若 $\beta^R > \beta_2^F$，则 $\Delta\tau_2 > 0$，即在刚性合同条件

下系统更易达到最优均衡策略；若 $\beta^R<\beta_2^F$，则 $\Delta\tau_2<0$，即在柔性合同条件下系统更易达到最优均衡策略；若 $\beta^R=\beta_2^F$，则 $\Delta\tau_2=0$，在两类合同条件下系统达到最优均衡策略的速度相当。

命题5－11说明：在项目第二阶段，刚性合同和柔性合同的优劣主要取决于激励系数，即激励系数越高，则越容易达到最优均衡。因而，不存在哪一种激励机制绝对最优的情况。

5.3.4 数值仿真分析

为了进一步验证在刚性合同和柔性合同条件下，政府方和社会资本方参与的博弈系统中演化博弈均衡点稳定性结论以及各要素的影响关系，利用Matlab 2021b进行数值仿真。由于政府方和社会资本方互惠偏好程度无法直接度量，所以结合实际情况将模型赋以数值。关键要素的具体取值如表5－13所示。

表5－13　各关键要素取值

参数	δ_P	δ_G	β^R	$\beta_1^F(\beta_2^F)$	q	c	e_H	e_L
赋值	0.5	0.5	0.5	0.5	0.6	0.4	0.8	0.2
参数	k	θ		C_w	C_s	P	B	L
赋值	0.8	0.8	－0.8	0.4	1.5	0.5	5	0.1

由上述分析可知，刚性合同和柔性合同的演化机制主要区别在于项目第一阶段，在项目第二阶段基本相似。因此，本部分主要对刚性合同和柔性合同条件下第一阶段的稳定点与敏感性进行分析讨论。

1. 项目第一阶段合同适应度与敏感性分析

由于社会资本方与政府方在刚性合同与柔性合同第二阶段的复制动态方程类似，并且合同类型的选择在项目起始阶段，本部分将主要分析第一阶段的合同实适用性。设 $\theta=0.8$，可得刚性合同和柔性合同条件下 PPP 项目政府方和社会资本方策略演化的仿真结果，如图 5－9 所示。此时，第一阶段的利润分享系数满足条件：$(1-\delta_P)\beta^R<(1-\delta_P)\beta_1^F+k\theta$。在图 5－9 中，刚性合同和柔性合同条件下都达到了最优均衡状态（1，0），即（社会资本方积极合作，政府方弱监管）。此外，对比图 5－9（a）和图 5－9（b）可以发现柔性合同条件下，社会资本方达到积极合作的速度更快，此时政府方应选择柔性合同。

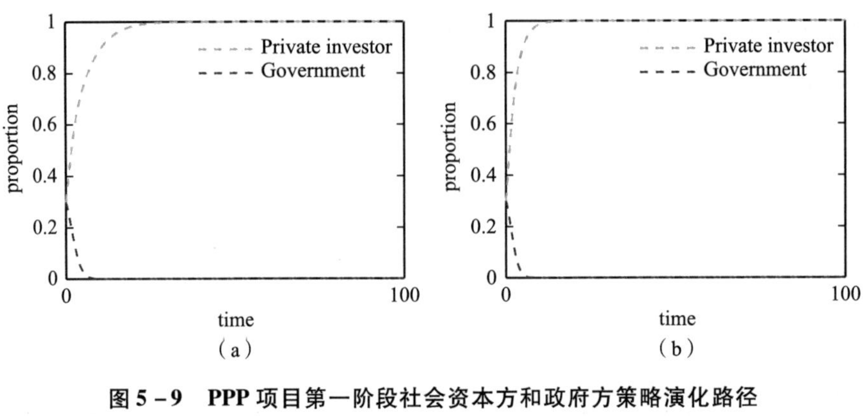

图 5－9　PPP 项目第一阶段社会资本方和政府方策略演化路径

($k=0.8$，$\theta=0.8$)

（a）刚性合同；（b）柔性合同

保持其他条件不变，降低 θ 值，使得 $\theta=-0.8$，满足条件 $(1-\delta_P)\beta^R>(1-\delta_P)\beta_1^F+k\theta$，可得演化仿真结果，如图 5－10 所示。

在图5－10中，刚性合同条件下的均衡状态没有变化，柔性合同条件下由最优均衡（1，0）演进到了次劣均衡（0，0），即（社会资本方机会主义，政府方弱监管）。于是，此时刚性合同更有利于最优均衡的达成，政府方应选择刚性合同。由此可见，若其他条件不变，当激励力度相同时，政府方对项目前景的预估（θ）是合同机制选择的关键。当政府方十分看好项目时，应选择柔性合同，否则应选择刚性合同。

本部分以图5－9和图5－10作为演化比较分析的基础。

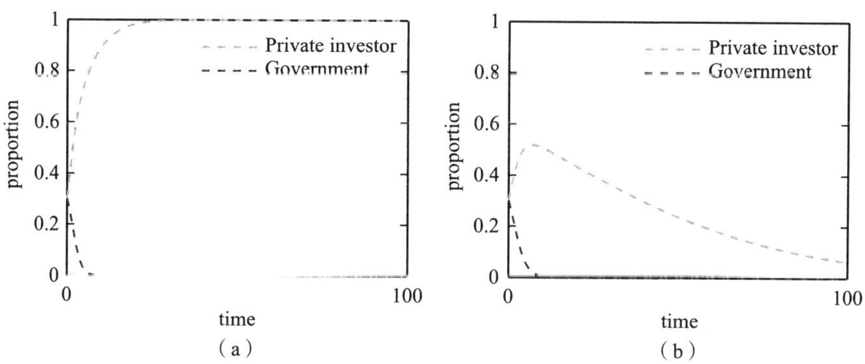

图5－10　PPP项目第一阶段社会资本方和政府方策略演化路径

（$k=0.8$，$\theta=-0.8$）

（a）刚性合同；（b）柔性合同

（1）能力禀赋对系统演化的影响

在图5－9（$\theta=0.8$）和图5－10（$\theta=-0.8$）的基础上，降低能力禀赋，使$q=0.1$，可得图5－11和图5－12。由图5－11和图5－12可以看出，降低能力禀赋之后，社会资本方在刚性和柔性合同条件下积极合作的倾向都有所下降，并且在刚性合同条件下积极性下降得更快。在图5－11中，虽然此时仍满足条件$(1-\delta_P)\beta^R<(1-$

$\delta_P)\beta_1^F + k\theta$，但刚性合同条件下的演化系统已经由最优均衡（1，0）演进到了次劣均衡（0，0），并且柔性合同条件下社会资本方的达到积极合作的速率也显著下降了。在图 5-12 中，满足条件 $(1-\delta_P)\beta^R > (1-\delta_P)\beta_1^F + k\theta$，刚性合同中社会资本方向机会主义行为演化的速度要低于柔性合同条件下的速度。

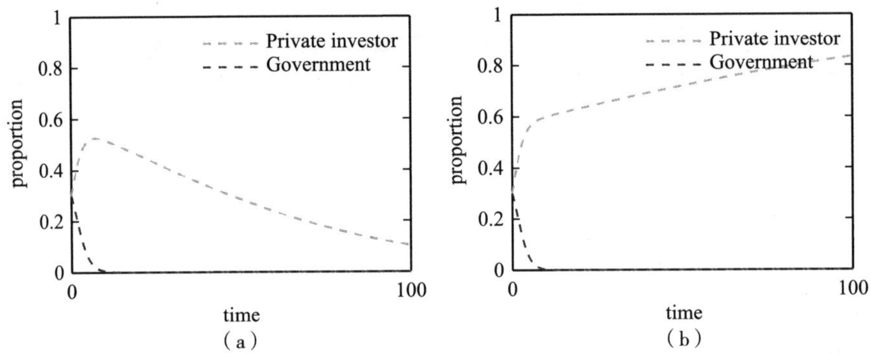

图 5-11 PPP 项目第一阶段社会资本方和政府方策略演化路径

($q=0.1$，$\theta=0.8$)

（a）刚性合同；（b）柔性合同

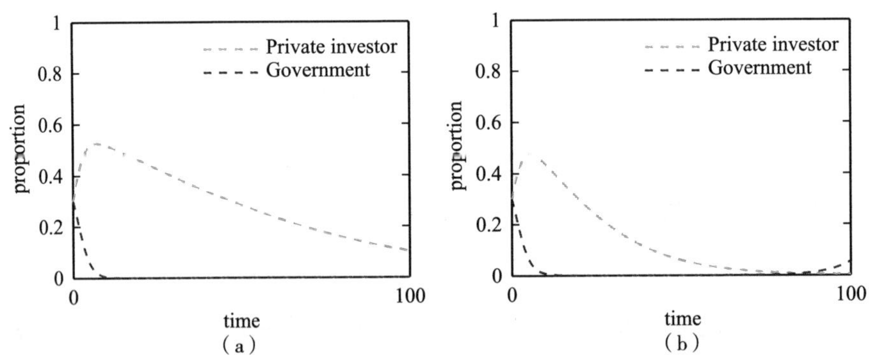

图 5-12 PPP 项目第一阶段社会资本方和政府方策略演化路径

($q=0.1$，$\theta=-0.8$)

（a）刚性合同；（b）柔性合同

在图5－9（$\theta=0.8$）和图5－10（$\theta=-0.8$）的基础上，增加能力禀赋，使$q=2$，可得图5－13和图5－14。由图5－13和图5－14可以看出，当社会资本方能力禀赋较高时，（社会资本方积极合作，政府弱监管）是系统的稳定状态，并且当$\theta=0.8$时，刚性合同和柔性合

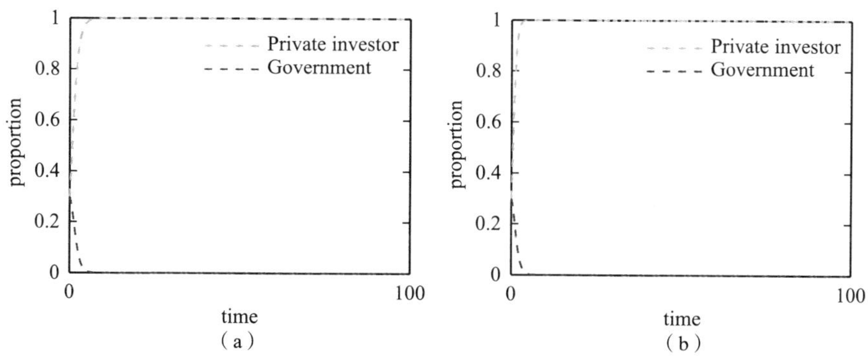

图5－13　PPP项目第一阶段社会资本方和政府方策略演化路径

（$q=2$，$\theta=0.8$）

（a）刚性合同；（b）柔性合同

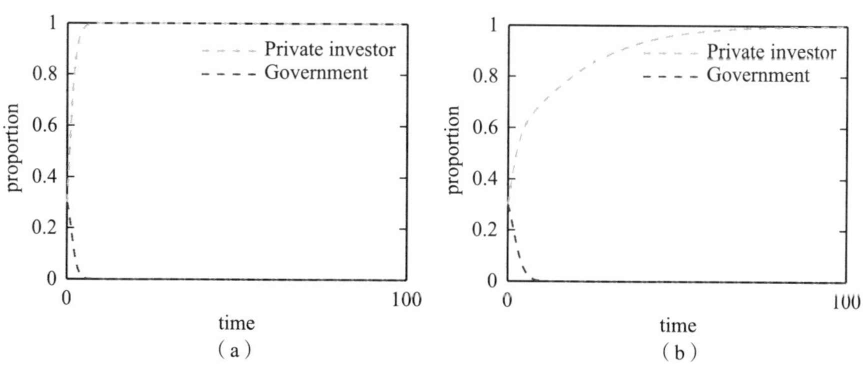

图5－14　PPP项目第一阶段社会资本方和政府方策略演化路径

（$q=2$，$\theta=-0.8$）

（a）刚性合同；（b）柔性合同

同条件下的演化速度几乎相同。当 $\theta=-0.8$ 时，柔性合同条件下的演化速率慢于刚性合同条件的演化速度。对比图 5－11 至图 5－14 可以看出，随着社会资本方能力禀赋的提高和降低，合同类型对其演化稳定策略的影响逐渐降低。对于高能力禀赋的社会资本方，无论在何种情形下都会偏向于积极合作。相反，对于低能力禀赋的社会资本方，其合作策略受到项目前景、合同类型的影响较大。

(2) 社会资本方互惠偏好对系统演化的影响

在图5－9（$\theta=0.8$）和图5－10（$\theta=-0.8$）的基础上，增加社会资本方的互惠偏好（$\delta_p=0.9$），可得图 5－15 和图 5－16。从图 5－15 和图 5－16 可以看出，对于互惠偏好较高的社会资本方，积极合作是其演化稳定策略，合同类型只会影响其达到演化稳定策略的时间。因此，社会资本方互惠偏好的增加（或降低）提高了（或降低了）其达到积极合作的速率，并降低了（或提高了）其达到机会主义的速率。

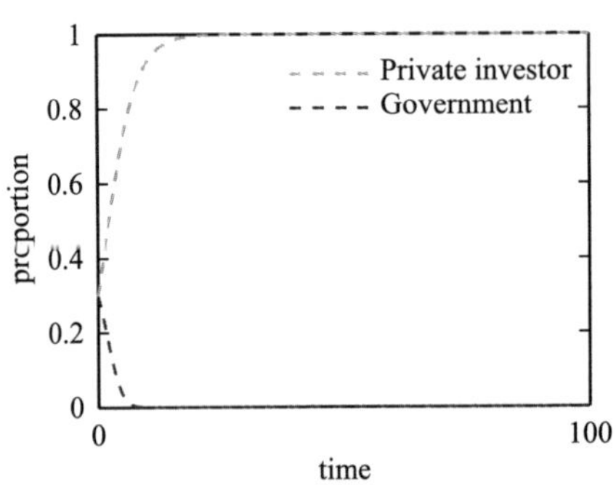

(a)

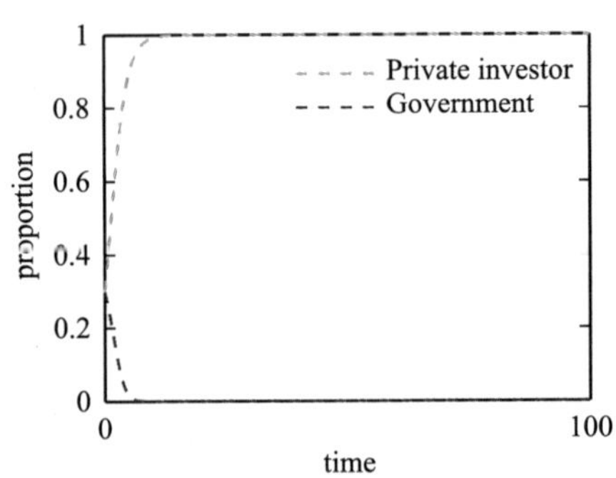

(b)

图 5－15　PPP 项目第一阶段社会资本方和政府方策略演化路径

（$\delta_p=0.9$，$\theta=0.8$）

(a) 刚性合同；(b) 柔性合同

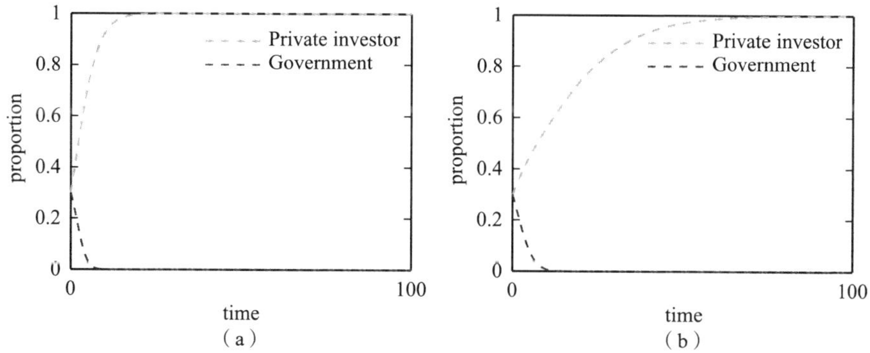

图5-16 PPP项目第一阶段社会资本方和政府方策略演化路径

($\delta_p=0.9$，$\theta=-0.8$)

(a) 刚性合同；(b) 柔性合同

(3) 政府方互惠偏好对系统演化的影响

在图5-9 ($\theta=0.8$) 和图5-10 ($\theta=-0.8$) 的基础上，增加社会资本方的互惠偏好 ($\delta_G=0.9$)，可得图5-17和图5-18。从图5-17和图5-18中可以看出，政府方互惠偏好的变化不会影响社会资本方的演化稳定策略，增加其互惠偏好会增加其向弱监管演化的速度，降低其互惠偏好会降低其向弱监管演化的速度。

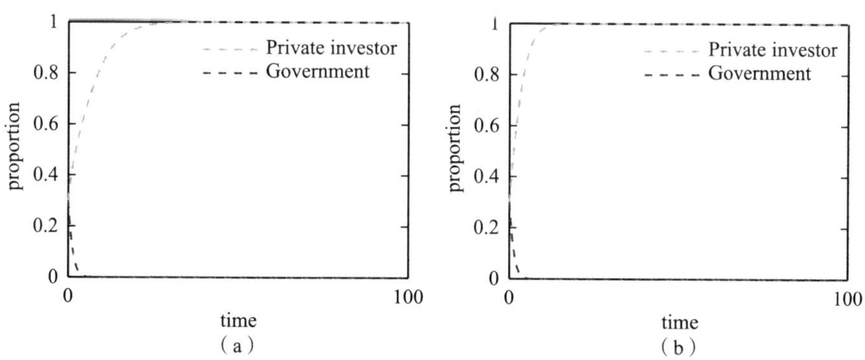

图5-17 PPP项目第一阶段社会资本方和政府方策略演化路径

($\delta_G=0.9$，$\theta=0.8$)

(a) 刚性合同；(b) 柔性合同

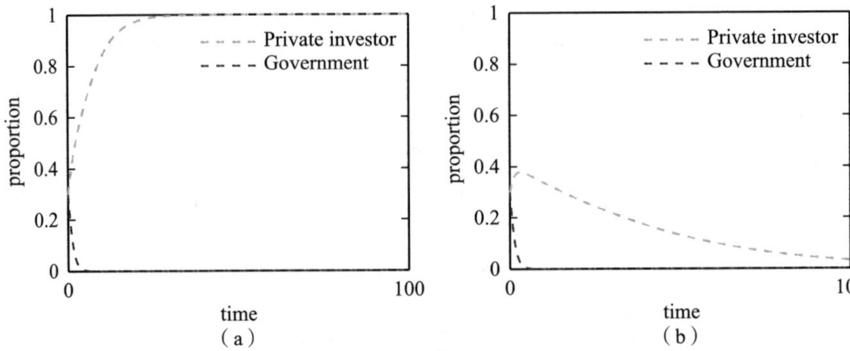

图5-18　PPP项目第一阶段社会资本方和政府方策略演化路径

(δ_G=0.9，θ=-0.8)

(a) 刚性合同；(b) 柔性合同

(4) 机会主义行为惩罚的期望值对系统演化的影响

在图5-9 (θ=0.8) 和图5-10 (θ=-0.8) 的基础上，增加社会资本方机会主义行为被惩罚的期望值 *PB* (提高 *B*=10)，可得图5-19和图5-20。由图5-19和图5-20中可以看出，增加社会资本方机

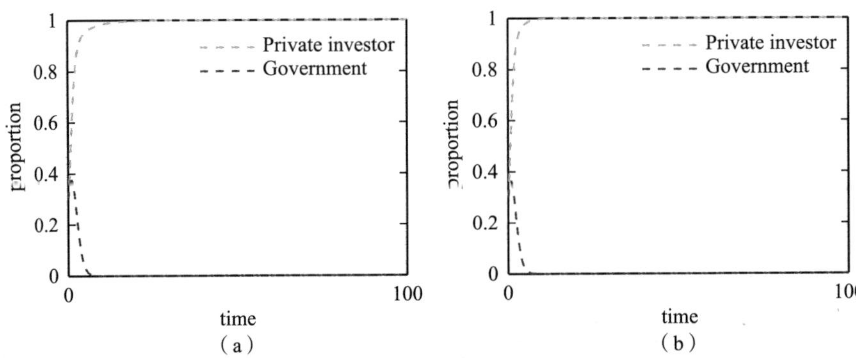

图5-19　PPP项目第一阶段社会资本方和政府方策略演化路径

(*B*=10，θ=0.8)

(a) 刚性合同；(b) 柔性合同

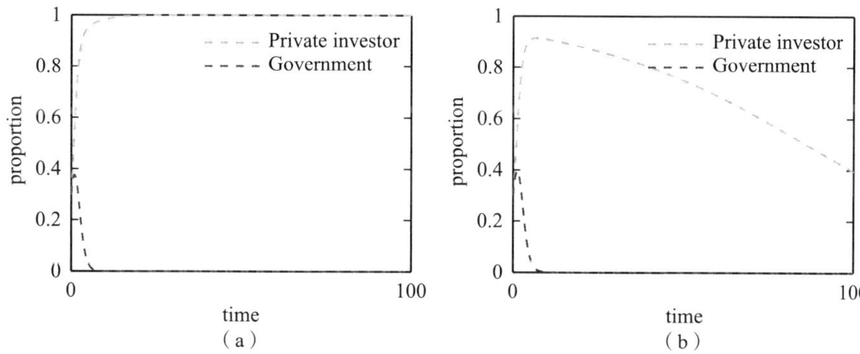

图5-20 PPP项目第一阶段社会资本方和政府方策略演化路径

($B=10$，$\theta=-0.8$)

(a) 刚性合同；(b) 柔性合同

会主义行为被惩罚的期望值 PB 会降低政府方向弱监管演化的速度。另外，提高惩罚力度 PB 不一定会提高社会资本方的合作积极性。特别地，如图5-20所示，在柔性合同条件下，提高 PB 改变了社会资本方的演化方向，使其由合作转向了机会主义。

(5) L 对系统演化的影响

在图5-9（$\theta=0.8$）和图5-10（$\theta=-0.8$）的基础上，增加社会资本方机会主义行为给政府带来的损失 L（提高 $L=5$），可得图5-21至图5-22。从图5-21和图5-22中可以看出，增加 L 不会改变政府方的演化策略，但是会提高社会资本方向积极合作演化的速度。这说明：在互惠偏好的影响下，可以有效避免一部分给社会福利带来损失较大的机会主义行为。

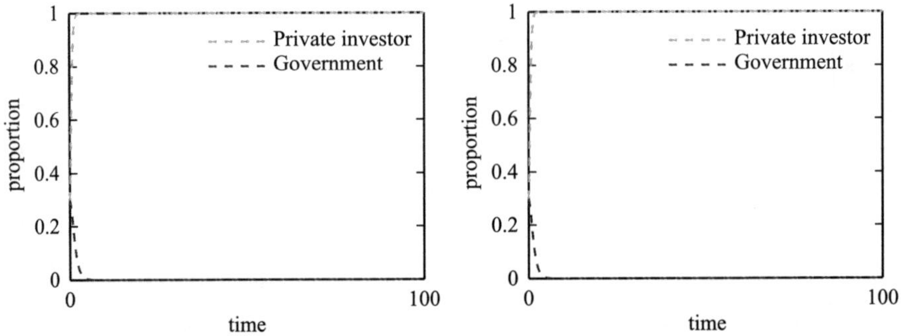

（a）（b）

图 5-21 PPP 项目第一阶段社会资本方和政府方策略演化路径

（$L=5$，$\theta=0.8$）

（a）刚性合同；（b）柔性合同

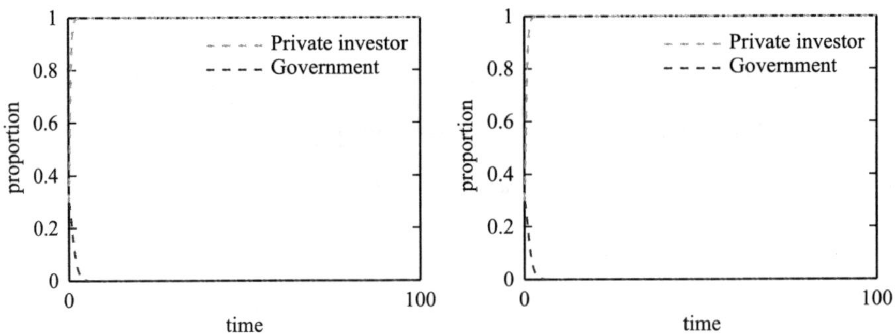

（a）（b）

图 5-22 PPP 项目第一阶段社会资本方和政府方策略演化路径

（$L=5$，$\theta=-0.8$）

（a）刚性合同；（b）柔性合同

（6）努力成本系数 c 对系统演化的影响

在图 5-9（$\theta=0.8$）和图 5-10（$\theta=-0.8$）的基础上，分别降低和提高努力成本系数 c（$c=0.1$ 和 $c=10$），可得图 5-23 至图 5-26。与图 5-10 相比，降低努力成本系数后（见图 5-23 至

图5－24），在柔性合同条件下，社会资本方的演化稳定策略由机会主义行为变为积极合作。这说明：在努力成本较低的项目中，拥有互惠偏好的社会资本方会偏向于积极合作。相反，提高努力成本系数 c 后改变了政府方和社会资本方的演化稳定策略（见图5－25至图5－26）：政府方偏向于强监管，社会资本方则偏向于机会主义。

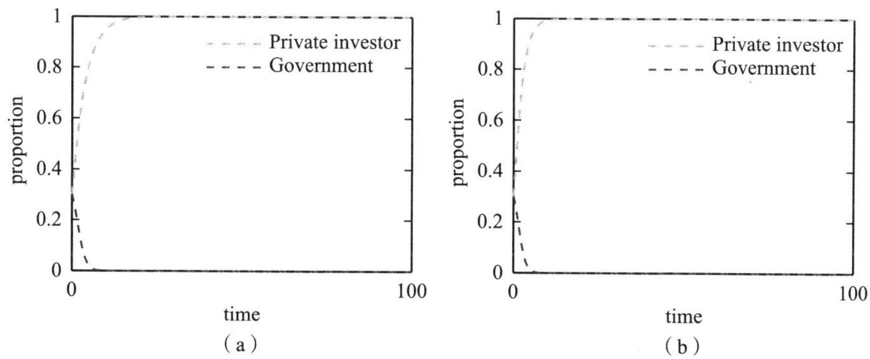

图5－23　PPP项目第一阶段社会资本方和政府方策略演化路径

（$c=0.1$，$\theta=0.8$）

（a）刚性合同；（b）柔性合同

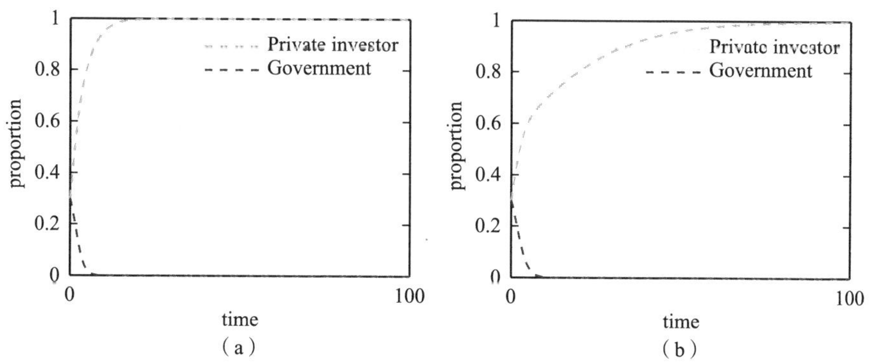

图5－24　PPP项目第一阶段社会资本方和政府方策略演化路径

（$c=0.1$，$\theta=-0.8$）

（a）刚性合同；（b）柔性合同

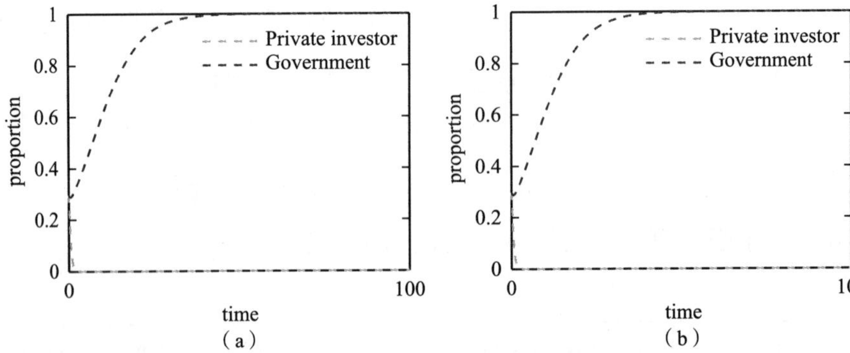

图5-25　PPP项目第一阶段社会资本方和政府方策略演化路径

($c=10$，$\theta=0.8$)

(a) 刚性合同；(b) 柔性合同

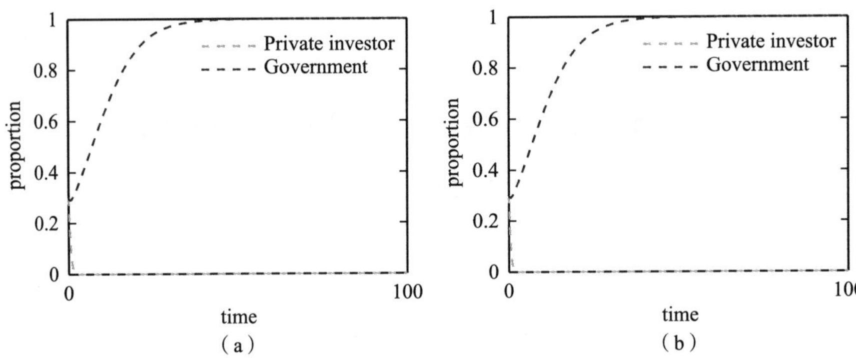

图5-26　PPP项目第一阶段社会资本方和政府方策略演化路径

($c=10$，$\theta=-0.8$)

(a) 刚性合同；(b) 柔性合同

2. 项目第二阶段合同适应度分析

项目第二阶段敏感性分析部分与第一阶段刚性合同类似，因此本部分主要分析合同的适应度。项目第二阶段的合同的适应度主要取决于激励力度。如图5-27、图5-28和图5-29所示，分别表示的是

$\beta^R > \beta_2^F$、$\beta^R < \beta_2^F$ 和 $\beta^R = \beta_2^F$ 时，刚性合同与柔性合同第二阶段系统达到最优均衡的对比分析。由图5－27可知，在 $\beta^R = 0.95$、$\beta_2^F = 0.3$，即满足 $\beta^R > \beta_2^F$ 时，社会资本方在刚性合同第二阶段比柔性合同要先达到1，而政府方在两类合同第二阶段达到的0的时间一致，说明在刚性合同第二阶段系统更易达到（1，0）的最优均衡。在图5－28中，在 $\beta^R = 0.05$、$\beta_2^F = 0.3$，即满足 $\beta^R < \beta_2^F$ 时，社会资本方在柔性合同第二阶段比刚性合同要先达到1，而政府方在两类合同第二阶段达到的0的时间一致，说明在柔性合同第二阶段系统更易达到（1，0）的最优均衡。图5－29说明：在 $\beta^R = 0.3$、$\beta_2^F = 0.3$，即满足 $\beta^R = \beta_2^F$ 时，社会资本方在柔性合同与刚性合同第二阶段达到1的时间一致，而政府方在两类合同第二阶段达到的0的时间也一致，说明在刚性合同与柔性合同第二阶段系统达到（1，0）的最优均衡的时间一致。

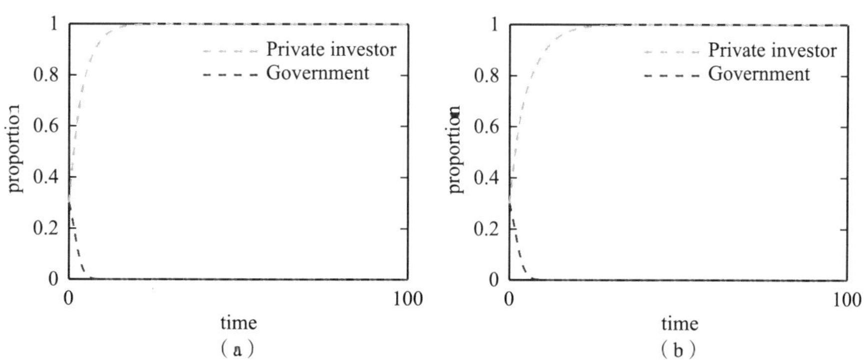

图5－27　PPP项目第二阶段 *ESS*(1，0) 演化路径（$\beta^R = 0.95$，$\beta_2^F = 0.3$）

（a）刚性合同；（b）柔性合同

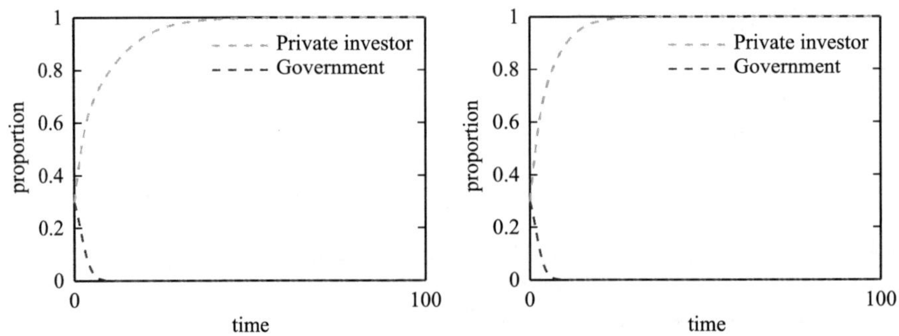

（a） （b）

图 5－28 PPP 项目第二阶段 $ESS(1, 0)$ 演化路径（$\beta^R=0.05$，$\beta_2^F=0.3$）

（a）刚性合同；（b）柔性合同

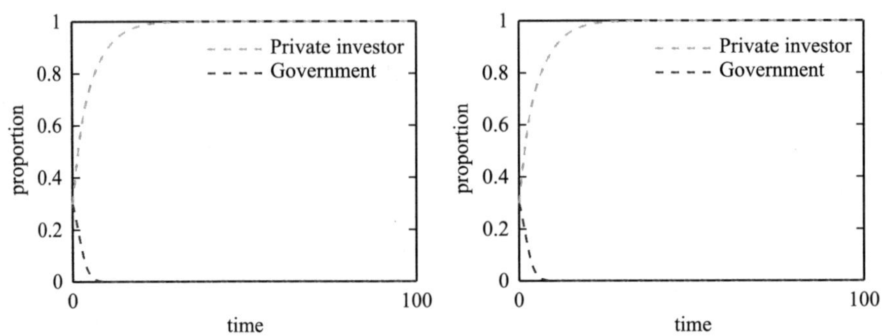

（a） （b）

图 5－29 PPP 项目第二阶段 $ESS(1, 0)$ 演化路径（$\beta^R=\beta_2^F$）

（a）刚性合同；（b）柔性合同

5.4 本章小结

本章基于互惠偏好理论，首先，分别建立刚性合同和柔性合同条件下委托代理模型，求得社会资本方在刚性合同与柔性合同各阶段的最优利润分享系数与最优努力程度，分析了政府方与社会资本方的互惠偏好程度对其影响关系，并基于项目绩效讨论了两类合同在不同情况的适用性，同时利用 Matlab 2021b 进行数值仿真。其次，构建了刚性和柔性合同条件下的 PPP 项目政企双方的演化博弈模型，分析了政府方的监管策略与社会资本方合作策略选择的演化规律，总结了两类合同不同的适用情形。本章得出的主要的结论如下：

第一，社会资本方在刚性合同与柔性合同各阶段的最优利润分享系数与最优努力程度均受到其自身与政府方互惠偏好的影响，社会资本方的最优努力程度与最优利润分享系数与其自身的互惠偏好程度均为负相关，而与政府方互惠偏好程度正相关。此外，不管是在刚性还是柔性合同条件下，提高政府方的互惠偏好程度均能够提升项目绩效。

第二，与先前的研究结论一致，政府方的监管策略主要受监管成本、惩罚金额的影响。与以往研究不同的是：本书发现政府方的监管策略不受合同类型（刚性或柔性）的影响，在互惠偏好条件下，（积极合作，强监管）并不是演化稳定策略，这说明政府方的强监管策略不一定会促进社会资本方选择积极合作。

第三，本书发现刚性合同和柔性合同的激励成本主要取决于政府方对项目前景的预估和对社会资本方的信任。当政府方对项目前景比较看好且对社会资本方充分信任时，柔性合同的激励成本会小于刚性合同的激励成本，且项目绩效更大，政府方更倾向于选择柔性合同。相反，则政府方更倾向于选择刚性合同。此外，当社会资本方能力禀赋较低、贴现率较低，或者合作与机会主义努力水平相差较小时，合同类型对社会资本方合作策略选择的影响也较小。这一结论间接证明了先前的结论（如 Gottardi et al.，2016）。

第四，不同于以往认为柔性合同更优的研究，本书发现在互惠偏好条件下，政企双方的策略演化博弈中，刚性合同和柔性合同的优劣主要取决于激励系数，特别是在单阶段的项目中。因而并不存在哪种合同绝对最优的情形。这可能是刚性合同在实务工作中仍然占主导地位的原因。

第五，与之前研究社会困境博弈中合作的文献一致（Herrmann et al.，2008；Rand & Nowak，2011；Irwin，2014），本书发现惩罚的负面影响也存在于 PPP 项目中。虽然在某些情况下，特别是当社会资本方在积极合作和机会主义策略之间切换时，增加惩罚对促进合作是有效的，但它可能会破坏社会资本方在内部选择合作时的合作主动性。

第六，在政企双方的策略演化博弈中，政府方和社会资本方的互惠偏好不存在交叉影响，即政府方和社会资本方的互惠偏好程度仅会影响自身的策略选择，不会影响对方的策略选择。对于政府方，其互惠偏好程度越高，则采取强监管的概率越低，采取弱监管的概率越高。对于社会资本方，其互惠偏好不一定会提高其合作的积极性，与机会主义行为产生的收益和损失密切相关。当机会主义行为产生的收益大于损失时，社会资本方的互惠偏好会增加其机会主义的概率。相反，当机会主义行为产生的收益小于损失时，社会资本方的互惠偏好会增加其积极合作的概率。

第6章

基于公平偏好的PPP项目合作激励与演化

6.1 引　　言

许多行为经济学家认为，公平是影响人们行为和决策的关键因素之一（Fehr & Gachter，2000；Charness & Haruvy，2002；Falk et al.，2008），感知公平对人们行为的影响在实践中十分普遍（Samuelson，1993）。在“互惠共赢”合作原则的影响下，社会资本方不仅会关心对方的收益，还会将自己的收益与对方的收益进行比较，即拥有公平偏好。例如，当政府的收入高于社会资本方的利润时，社会资本方可能认为利润分配不公平，这将导致他们采取机会主义行为（如偷工减料）来增加利润，从而确保他们认为的利润分配的公平性。此外，传统的公平偏好模型是基于对物质收益的优势和劣势不平等的厌恶（Fehr & Schmitt，1999）。然而，在PPP项目中，由于政府方的目标是降低政府支出并避免社会资本方过高的盈利收入，而社会资本方的目的是盈利，因而认为其反对收益优势不平等的假设并不符合现实。于是，本章假设双方不喜欢劣势不平等，而更喜欢优势不平等。这比一般的回报差异厌恶偏好更符合现实情况。因此，结合费尔和施密特（1999）的公平偏好模型，本章假设社会资本方与政府方是具有纵向公平偏好的，社会资本方（政府）在自身分享的收益高于政府（社会资本方）时会表现出自豪偏好，而低于政府（社会资本方）时会表现出嫉妒偏好，前者给社会资本方（政府方）带来正收益，后者给社会资本方（政府方）带来负收益。于是，具有纵向公平偏好的社会资本方与政府方的净收益函数可以表示为：

$$
\begin{aligned}
W_{Pi} = {} & \alpha + \beta_i(qe_i + \varepsilon_i) - \frac{1}{2}ce_i^2 - \frac{1}{2}\rho\beta_i^2\sigma^2 + \varphi_1 \max[\beta_i(qe_i + \varepsilon_i) \\
& - (1-\beta_i)(qe_i + \varepsilon_i),\ 0] - \varphi_2 \max[(1-\beta_i)(qe_i + \varepsilon_i) \\
& - \beta_i(qe_i + \varepsilon_i),\ 0]
\end{aligned} \tag{6-1}
$$

$$
\begin{aligned}
W_{Gi} = {} & -\alpha + (1-\beta_i)(qe_i + \varepsilon_i) + \varphi_{G1} \max[(1-\beta_i)(qe_i + \varepsilon_i) \\
& - \beta_i(qe_i + \varepsilon_i),\ 0] - \varphi_{G2} \max[\beta_i(qe_i + \varepsilon_i) \\
& - (1-\beta_i)(qe_i + \varepsilon_i),\ 0]
\end{aligned} \tag{6-2}
$$

其中，$\varphi_{P1} \geqslant 0(\varphi_{G1} \geqslant 0)$ 表示社会资本方（政府方）的自豪偏好，而 $\varphi_{P2} \geqslant 0(\varphi_{G2} \geqslant 0)$ 表示社会资本方（政府方）的嫉妒偏好。在此，为了简化运算，假设 $\varphi_{P1} = \varphi_{P2} = \varphi_P \geqslant 0$、$\varphi_{G1} = \varphi_{G2} = \varphi_G \geqslant 0$，也就是说这两种不公平产生的边际效用是相等的。这里用 $\varphi_P(\varphi_P \geqslant 0)$ 与 $\varphi_G(\varphi_G \geqslant 0)$ 分别表示社会资本方与政府方的纵向公平偏好程度，称为公平偏好因子。当 $\beta_i(qe_i + \varepsilon_i) > (1-\beta_i)(qe_i + \varepsilon_i)$（$(1-\beta_i)(qe_i + \varepsilon_i) > \beta_i(qe_i + \varepsilon_i)$）时，$\varphi_P(\varphi_G)$ 代表社会资本方（政府方）的自豪偏好程度，而当 $\beta_i(qe_i + \varepsilon_i) < (1-\beta_i)(qe_i + \varepsilon_i)$（$(1-\beta_i)(qe_i + \varepsilon_i) < \beta_i(qe_i + \varepsilon_i)$）时，$\varphi_P(\varphi_G)$ 代表社会资本方（政府方）的嫉妒偏好程

度。$\varphi_P(\varphi_G)$ 越大，说明社会资本方（政府方）的纵向公平偏好程度越大；反之，则越小。特别地，当 $\varphi_P(\varphi_G)=0$ 时，表示社会资本方（政府方）的纵向公平偏好程度为零，社会资本方（政府方）不关注纵向公平偏好问题。因此，社会资本方与政府方的净收益函数可以简化为：

$$W_{Pi}=\alpha+\beta_i(qe_i+\varepsilon_i)-\frac{1}{2}ce_i^2-\frac{1}{2}\rho\beta_i^2\sigma^2+\varphi_P[\beta_i(qe_i+\varepsilon_i)-(1-\beta_i)(qe_i+\varepsilon_i)] \tag{6-3}$$

$$W_{Gi}=-\alpha+(1-\beta_i)(qe_i+\varepsilon_i)+\varphi_G[(1-\beta_i)(qe_i+\varepsilon_i)-\beta_i(qe_i+\varepsilon_i)] \tag{6-4}$$

进一步得到社会资本方与政府方的期望效用函数为：

$$EU_{Pi}=\alpha+\beta_iqe_i-\frac{1}{2}ce_i^2-\frac{1}{2}\rho\beta_i^2\sigma^2+\varphi_P[\beta_iqe_i-(1-\beta_i)qe_i] \tag{6-5}$$

$$EU_{Gi}=-\alpha+(1-\beta_i)qe_i+\varphi_G[(1-\beta_i)qe_i-\beta_iqe_i] \tag{6-6}$$

在以上假设的基础上，本章分析了政府与社会资本方在合同实施阶段的策略互动。同时，本章补充了有关PPP项目的文献，使政府能够更好地把握社会资本方的机会主义行为，并制定了更合理的管理策略。本章研究的贡献主要有两方面：首先，补充了第5章基于互惠偏好的研究，考虑了政府方和社会资本方拥有纵向公平偏好的情形，并通过激励机制和行为演化分析得出刚性合同和柔性合同的适用情形；其次，与传统的差异厌恶的公平分布偏好（Fehr & Schmitt，1999）不同，本章考虑的公平偏好通常假设政企双方不喜欢他们的收益低于他人，而更喜欢他们的收益高于其他人（Charness & Rabin，2002）。通过研究政府和社会资本方在PPP项目中的激励机制和策略选择，以及社会资本方的公平偏好如何影响激励机制和双方长期的策略选择，本章的研究可以为政府在 PPP 项目中设计合适的管理方案提供理论依据。

本章将按照以下结构安排：第二部分将分别构建刚性和柔性合同条件下基于公平偏好的 PPP 项目合作激励机制，并将两种合同条件下的激励机制进行比较，分析两类合同的适用边界条件；第三部分将运用演化博弈理论分别建立基于互惠偏好的刚性合同条件下和柔性合同条件下双方合作演化模型，求解和比较两类合同机制下双方的策略选择的不同，并进一步总结两类合同的适用情形；第二部分和第三部分都运用 Matlab 2021b 对刚性合同和柔性合同条件下的激励机制和政企双方策略选择进行数值仿真；第四部分对本章做出了总结，并提出相关管理建议。

6.2 公平偏好条件下 PPP 项目合作激励机制分析

6.2.1 模型建立与求解

1. 刚性合同条件下模型建立与求解

与第 5 章类似，在刚性合同条件下，政府与社会资本方在项目初期签订合同，并在两个阶段中保持不变，可以看作两个阶段的固定合同，即满足条件 $\beta_1=\beta_2$，$EU_{P1}=EU_{P2}$，$EU_{G1}=EU_{G2}$。类似地，设社会资本方的保留收益为 $U_0(U_0\geqslant 0)$，即社会资本方参与其他项目的最低收益。同理，刚性合同条件下的委托代理模型可以表示为式（6－7）：

$$\max_{\beta} EU_G = \max_{\beta}\{-\alpha + (1-\beta)q(e_1+ke_2) + \varphi_G[(1-\beta)q(e_1+ke_2) - \beta q(e_1+ke_2)]\}$$

$$s.t.\ EU_{P1} = \alpha - \frac{1}{2}ce_1^2 - \frac{1}{2}\rho\beta_1^2\sigma^2 + (2\varphi_P\beta - \varphi_P + \beta)qe_1 + kEU_{P2} \geqslant 0 \quad (IR1)$$

$$EU_{P2} = \alpha - \frac{1}{2}ce_2^2 - \frac{1}{2}\rho\beta_2^2\sigma^2 + (2\varphi_P\beta - \varphi_P + \beta)qe_2 \geqslant 0 \quad (IR2)$$

$$\max_{e_1}\left\{\alpha - \frac{1}{2}ce_1^2 - \frac{1}{2}\rho\beta_1^2\sigma^2 + (2\varphi_P\beta - \varphi_P + \beta)qe_1 + kEU_{P2}\right\} \quad (IC1)$$

$$\max_{e_2}\left\{\alpha - \frac{1}{2}ce_2^2 - \frac{1}{2}\rho\beta_2^2\sigma^2 + (2\varphi_P\beta - \varphi_P + \beta)qe_2\right\} \quad (IC2) \qquad (6-7)$$

最大化社会资本方的效用，即令：$\frac{\partial EU_{P2}(e_2)}{\partial e_2} = \frac{\partial EU_{P1}(e_1)}{\partial e_1} = 0$，可得社会资本方在刚性合同条件下的最优努力程度为：$e_2^* = e_1^* = e^* = \frac{(2\varphi_P\beta - \varphi_P + \beta)q}{c}$. 将 e^* 代入 U_G，对 β 求导数可得：

$$\frac{\partial EU_G}{\partial \beta} = \frac{(1+k)q^2}{c}[1 + 3\varphi_P - 2\beta(1+2\varphi_P)(1+2\varphi_G) + \varphi_G(1+4\varphi_P)]$$

$$\frac{\partial^2 EU_G}{\partial \beta^2} = -\frac{2(1+k)q^2}{c}(1+2\varphi_P)(1+2\varphi_G) < 0$$

令 $\frac{\partial EU_G}{\partial \beta} = 0$，可得 $\beta^* = \frac{1 + 3\varphi_P + \varphi_G(1+4\varphi_P)}{2(1+2\varphi_P)(1+2\varphi_G)}$，代入 e^*，得 $e^* = \frac{(1+\varphi_P+\varphi_G)q}{2c(1+2\varphi_G)}$.

社会资本方在柔性合同第二阶段的最优努力程度与利润分享系数为：

$$\beta^* = \frac{1 + 3\varphi_P + \varphi_G(1+4\varphi_P)}{2(1+2\varphi_P)(1+2\varphi_G)} \qquad (6-8)$$

$$e^* = \frac{(1+\varphi_P+\varphi_G)q}{2c(1+2\varphi_G)} \tag{6-9}$$

2. 柔性合同条件下模型建立与求解

与第 5 章类似，可得柔性合同条件下第一阶段和第二阶段的委托代理模型分别如式（6-10）和式（6-11）所示，其中 $k(0\leqslant k\leqslant 1)$ 是未来收益的贴现率。

$$\begin{aligned}
&\max_{\beta_1} EU_{G1} = \max_{\beta_1} -\alpha + (1-\beta_1)qe_1 + \varphi_G[(1-\beta_1)qe_1 - \beta_1 qe_1] \\
&EU_{P1} = \alpha - \frac{1}{2}ce_1^2 - \frac{1}{2}\rho\beta_1^2\sigma^2 + (2\varphi_P\beta_1 - \varphi_P + \beta_1)qe_1 \\
&\qquad + kU_{P2} \geqslant 0 \quad (\text{IR}) \\
&\max_{e_1}\left\{\alpha - \frac{1}{2}ce_1^2 - \frac{1}{2}\rho\beta_1^2\sigma^2 + (2\varphi_P\beta_1 - \varphi_P + \beta_1)qe_1 + kEU_{P2}\right\} \quad (\text{IC})
\end{aligned} \tag{6-10}$$

$$\begin{aligned}
&\max_{\beta_2} EU_{G2} = -\alpha + (1-\beta_2)qe_2 + \varphi_G[(1-\beta_2)qe_2 - \beta_2 qe_2] \\
&s.t.\ EU_{P2} = \alpha - \frac{1}{2}ce_2^2 - \frac{1}{2}\rho\beta_2^2\sigma^2 + (2\varphi_P\beta_2 - \varphi_P + \beta_2)qe_2 \\
&\qquad + \theta qe_1 \geqslant 0 \quad (\text{IR}) \\
&\max_{e_2}\left\{\alpha - \frac{1}{2}ce_2^2 - \frac{1}{2}\rho\beta_2^2\sigma^2 + (2\varphi_P\beta_2 - \varphi_P + \beta_2)qe_2 + \theta qe_1\right\} \quad (\text{IC})
\end{aligned} \tag{6-11}$$

与第 5 章类似，在柔性合同条件下采用逆推法，即先求解第二阶段，再求解第一阶段。

①第二阶段委托代理模型求解

在柔性合同第二阶段模型中，最大化社会资本方的效用，即令 $\frac{\partial EU_{P2}(e_2)}{\partial e_2}=0$，可得社会资本方在第二阶段的最优努力程度为：$e_2^* =$

$\frac{(2\varphi_P\beta_2-\varphi_P+\beta_2)q}{c}$. 将 e_2^* 代入 U_{G2}，对 β_2 求导数可得：

$$\frac{\partial EU_{G2}}{\partial\beta_2}=\frac{q^2}{c}[1+3\varphi_P-2\beta_2(1+2\varphi_P)(1+2\varphi_G)+\varphi_G(1+4\varphi_P)],$$

$$\frac{\partial^2 EU_{G2}}{\partial\beta_2^2}=-\frac{2q^2}{c}(1+2\varphi_P)(1+2\varphi_G)<0.$$

令 $\frac{\partial EU_{G2}}{\partial\beta_2}=0$，可得 $\beta_2^*=\frac{1+3\varphi_P+\varphi_G(1+4\varphi_P)}{2(1+2\varphi_P)(1+2\varphi_G)}$，代入 e_2^*，得 $e_2^*=\frac{(1+\varphi_P+\varphi_G)q}{2c(1+2\varphi_G)}$.

社会资本方在柔性合同第二阶段的最优努力程度与利润分享系数为：

$$\beta_2^*=\frac{1+3\varphi_P+\varphi_G(1+4\varphi_P)}{2(1+2\varphi_P)(1+2\varphi_G)} \tag{6-12}$$

$$e_2^*=\frac{(1+\varphi_P+\varphi_G)q}{2c(1+2\varphi_G)} \tag{6-13}$$

②第一阶段委托代理模型求解

本阶段将 e_2^* 与 β_2^* 代入政府和社会资本方的效用函数中，计算 e_1^* 与 β_1^*。将 e_2^* 与 β_2^* 代入 U_{P1} 并对 e_1 求导，令 $\frac{\partial EU_{G1}}{\partial e_1}=0$，可得：$e_1^*=\frac{(2\varphi_P\beta_1-\varphi_P+\beta_1+k\theta)q}{c}$. 代入 U_{G1}，将其对 β_1 分别求一阶和二阶导数可得：

$$\frac{\partial EU_{G1}}{\partial\beta_1}=\frac{q^2}{c}[1+3\varphi_P+\varphi_G-2\beta_1(1+2\varphi_P)(1+2\varphi_G)+4\varphi_P\varphi_G-k\theta(1+2\varphi_G)],$$

$$\frac{\partial^2 EU_{G1}}{\partial\beta_1^2}=-\frac{2q^2(1+2\varphi_P)(1+2\varphi_G)}{c}<0.$$

令$\frac{\partial EU_{G1}}{\partial \beta_1}=0$，得$\beta_1^*=\frac{1+3\varphi_P+\varphi_G(1+4\varphi_P)-k\theta(1+2\varphi_G)}{2(1+2\varphi_P)(1+2\varphi_G)}$，代入$e_1^*$，得$e_1^*=\frac{q[1+\varphi_P+\varphi_G+k\theta(1+2\varphi_G)]}{2c(1+2\varphi_G)}$. 于是，在柔性合同第一阶段社会资本方最优努力程度与利润分享系数为：

$$\beta_1^*=\frac{1+3\varphi_P+\varphi_G(1+4\varphi_P)-k\theta(1+2\varphi_G)}{2(1+2\varphi_P)(1+2\varphi_G)} \tag{6-14}$$

$$e_1^*=\frac{q[1+\varphi_P+\varphi_G+k\theta(1+2\varphi_G)]}{2c(1+2\varphi_G)} \tag{6-15}$$

综合以上可以看出，与第5章类似，在柔性合同第二阶段的最优努力水平和激励水平与刚性合同条件下的最优努力水平和激励水平一致。

6.2.2 模型分析

1. 社会资本方公平偏好的影响

命题6-1：在刚性合同条件下，社会资本方的最优利润分享系数β^*与其自身公平偏好程度φ_P具有正相关的关系。而在柔性合同条件下，社会资本方在第二阶段的最优利润分享系数β_2^*与其自身公平偏好程度φ_P正相关，而在第一阶段，只有在$\theta>-\frac{1}{2k}$时，社会资本方的最优利润分享系数β_1^*与其自身公平偏好程度φ_P具有正相关的关系；若$\theta<-\frac{1}{2k}$，β_1^*与公平偏好程度φ_P则为负相关的关系；若$\theta=-\frac{1}{2k}$，则β_1^*与公平偏好程度φ_P不相关。

证明：将 β^* 和 β_1^*、β_2^* 分别对社会资本方的公平偏好 φ_P 求偏导可得：

$$\frac{\partial\beta^*}{\partial\varphi_P}=\frac{1}{2\left(1+2\varphi_P\right)^2}>0,\quad \frac{\partial\beta_2^*}{\partial\varphi_P}=\frac{1}{2\left(1+2\varphi_P\right)^2}>0,$$

$$\frac{\partial\beta_1^*}{\partial\varphi_P}=\frac{1+2k\theta}{2\left(1+2\varphi_P\right)^2}.$$

其中，当 $\theta>-\frac{1}{2k}$ 时，$\frac{\partial\beta_1^*}{\partial\varphi_P}>0$；当 $\theta<-\frac{1}{2k}$ 时，$\frac{\partial\beta_1^*}{\partial\varphi_P}<0$；当 $\theta=-\frac{1}{2k}$ 时，$\frac{\partial\beta_1^*}{\partial\varphi_P}=0$.

命题 6－1 说明：在 PPP 项目中，政府方选择的社会资本往往是某个行业领域最具实力或者经验的企业，其在同样的项目中所需的成本要低于同行业其他企业。在刚性合同与柔性合同第二阶段，若该社会资本方在项目收益上比较在乎分配的公平时，为了体现出与一般企业的差距，满足自己的自豪心理，其便会要求较高的利润分享系数。

此外，在柔性合同第一阶段，社会资本方的公平偏好程度对其最优利润分享系数的影响还与外部性收益系数有关。若外部性收益系数低于一定水平时，社会资本方的公平偏好程度对其最优利润分享系数的影响则由正相关转化为负相关。此时社会资本方合作的积极性较低，其公平偏好程度越高，要求的最优利润分享系数会越低。由此可以看出，在柔性合同第一阶段，项目预期 θ 较低时，社会资本方的公平偏好越高，其要求的最优激励水平会越低；相反，当项目预期 θ 较高时，社会资本方的公平偏好越高，其要求的最优激励水平也会越高。

命题 6－2：在刚性与柔性合同条件下，社会资本方的最优努力程度与其自身公平偏好程度 φ_P 均具有正相关的关系。

证明：将 e^* 和 e_1^*、e_2^* 分别对社会资本方的公平偏好 φ_P 求偏导可得：

$$\frac{\partial e^*}{\partial \varphi_P}=\frac{q}{2c(1+2\varphi_G)}>0,\quad \frac{\partial e_2^*}{\partial \varphi_P}=\frac{q}{2c(1+2\varphi_G)}>0,$$

$$\frac{\partial e_1^*}{\partial \varphi_P}=\frac{q}{2c(1+2\varphi_G)}>0.$$

命题 6－2 说明：不管是在刚性还是柔性合同条件下，社会资本方的公平偏好对其最优努力水平有着直接的促进作用，公平偏好程度越高，社会资本方的最优努力程度越高，从而采取机会主义行为的倾向越低。因此，在 PPP 项目中，政府方在进行激励机制设计时应尽量选择具有一定公平偏好的社会资本方作为合作伙伴，减少机会主义行为的发生。

2. 政府方公平偏好的影响

命题 6－3：在刚性与柔性合同条件下，社会资本方的最优利润分享系数与政府方公平偏好程度均为负相关。

证明：将 β^* 和 β_1^*、β_2^* 分别对政府方的公平偏好 φ_G 求偏导可得：

$$\frac{\partial \beta^*}{\partial \varphi_G}=-\frac{1}{2(1+2\varphi_G)^2}<0,\quad \frac{\partial \beta_2^*}{\partial \varphi_G}=-\frac{1}{2(1+2\varphi_G)^2}<0,$$

$$\frac{\partial \beta_1^*}{\partial \varphi_G}=-\frac{1}{2(1+2\varphi_G)^2}<0.$$

命题 6－3 说明：不管是在刚性还是柔性合同条件下，若政府越在乎项目收益在分配上的公平，即政府方的公平偏好程度提高时，给予社会资本方的利润分享系数则会随之降低，来保证双方在项目收益的分配上的公平。于是，政府方的公平偏好与利润分享呈负相关关系。

命题6－4：在刚性与柔性合同条件下，社会资本方的最优努力程度与政府方公平偏好程度均为负相关。

证明：将e^*和e_1^*、e_2^*分别对政府方的公平偏好φ_G求偏导可得：

$$\frac{\partial e^*}{\partial \varphi_G} = -\frac{q(1+2\varphi_P)}{2c(1+2\varphi_G)^2} < 0,\ \frac{\partial e_2^*}{\partial \varphi_G} = -\frac{q(1+2\varphi_P)}{2c(1+2\varphi_G)^2} < 0,$$

$$\frac{\partial e_1^*}{\partial \varphi_G} = -\frac{q(1+2\varphi_P)}{2c(1+2\varphi_G)^2} < 0.$$

命题6－4说明：在刚性与柔性合同条件下，政府方的公平偏好程度对于社会资本方的努力程度并不是促进作用，而是均为负相关的关系。这可能是因为政府方的公平偏好程度越高，最优利润分享就会越低（命题6－3），从而降低了社会资本方付出高努力的意愿。

3. 其他

命题6－5：在刚性与柔性合同条件下，政府方提供的最优利润分享与努力成本系数、社会资本方的能力禀赋不相关。

证明：将β^*和β_1^*、β_2^*分别对c和q求偏导可得：

$$\frac{\partial \beta^*}{\partial c} = 0,\ \frac{\partial \beta_2^*}{\partial c} = 0,\ \frac{\partial \beta_1^*}{\partial c} = 0;$$

$$\frac{\partial \beta^*}{\partial q} = 0,\ \frac{\partial \beta_2^*}{\partial q} = 0,\ \frac{\partial \beta_1^*}{\partial q} = 0.$$

命题6－5说明：在政企双方公平偏好的影响下，刚性与柔性合同最优激励水平只与政府方和社会资本方的公平偏好程度相关，与社会资本方的努力成本和能力禀赋不相关。这与传统委托代理的结论有所不同，说明政府与社会资本双方的公平偏好改变了最优利润分享。

命题6－6：在刚性与柔性合同条件下，社会资本方的最优努力程度与努力成本系数负相关，与其能力禀赋正相关。

证明：将 e^* 和 e_1^*、e_2^* 分别对 c 和 q 求偏导可得：

$$\frac{\partial e^*}{\partial c}=-\frac{(1+\varphi_P+\varphi_G)q}{2c^2(1+2\varphi_G)}<0,\quad \frac{\partial e^*}{\partial q}=\frac{1+\varphi_P+\varphi_G}{2c(1+2\varphi_G)}>0,$$

$$\frac{\partial e_2^*}{\partial c}=-\frac{(1+\varphi_P+\varphi_G)q}{2c^2(1+2\varphi_G)}<0,\quad \frac{\partial e_2^*}{\partial q}=\frac{1+\varphi_P+\varphi_G}{2c(1+2\varphi_G)}>0,$$

$$\frac{\partial e_1^*}{\partial c}=-\frac{q[1+\varphi_P+\varphi_G+k\theta(1+2\varphi_G)]}{2c^2(1+2\varphi_G)}<0,$$

$$\frac{\partial e_1^*}{\partial q}=\frac{1+\varphi_P+\varphi_G+k\theta(1+2\varphi_G)}{2c(1+2\varphi_G)}>0.$$

命题 6－6 说明：社会资本方在刚性与柔性合同条件下的最优努力程度与努力成本系数负相关，这与现实相符。这一努力程度与其能力禀赋正相关，说明提高社会资本方的能力禀赋能够促进其付出更多的努力。这是因为提高社会资本方的能力禀赋能够提高社会资本方对于项目完成的信心，从而付出更多的努力。

6.2.3 刚性合同和柔性合同激励机制对比分析

根据刚性合同与柔性合同下的最优利润分享和社会资本方的最优努力水平，可得表 6－1。其中，↘表示负相关；↗表示正相关；－表示不相关。

表 6－1　刚性合同和柔性合同条件下的参数敏感性分析对比

主要参数		c	q	φ_P	φ_G
刚性合同	β^*	－	－	↗	↘
	e^*	↘	↗	↗	↘

续表

<table>
<tr><th colspan="3">主要参数</th><th>c</th><th>q</th><th>φ_P</th><th>φ_G</th></tr>
<tr><td rowspan="4">柔性合同</td><td rowspan="2">第一阶段</td><td>β_1^*</td><td>–</td><td>–</td><td>$\theta > -\frac{1}{2k}$，↗
$\theta = -\frac{1}{2k}$，–
$\theta < -\frac{1}{2k}$，↘</td><td>↘</td></tr>
<tr><td>e_1^*</td><td>↘</td><td>↗</td><td>↗</td><td>↘</td></tr>
<tr><td rowspan="2">第二阶段</td><td>β_2^*</td><td>–</td><td>–</td><td>↗</td><td>↘</td></tr>
<tr><td>e_2^*</td><td>↘</td><td>↗</td><td>↗</td><td>↘</td></tr>
</table>

从表6－1中可以看出，在刚性和柔性合同条件下努力成本 c、能力禀赋 q 对最优激励水平和最优努力水平的影响与互惠偏好条件下结果类似。另外，政府方公平偏好对最优激励水平和最优努力水平的影响在刚性合同和柔性合同都一致。与政府方公平偏好不同，社会资本方的公平偏好 φ_P 在柔性合同第一阶段对最优激励水平产生的影响与柔性合同第二阶段和刚合同条件下不同。但社会资本方的公平偏好 φ_P 对最优努力水平的影响一致。进一步比较两类合同条件下的项目绩效，可得命题6－7。

命题6－7：刚性合同与柔性合同的适用性与外部性收益系数 θ 的符号相关。若外部性收益系数 $\theta>0$，则柔性合同条件下产生的项目绩效更大，即柔性合同更适用；若外部性收益系数 $\theta<0$，则刚性合同条件下产生的项目绩效更大，即刚性合同更适用。

证明：刚性合同与柔性合同条件下的项目绩效分别记为 π_r 和 π_f，

$$\pi_r = q(e_1^* + e_2^*) = q\left[\frac{(1+\varphi_P+\varphi_G)q}{2c(1+2\varphi_G)} + \frac{(1+\varphi_P+\varphi_G)q}{2c(1+2\varphi_G)}\right]$$

$$= \frac{q^2(1+\varphi_P+\varphi_G)}{c(1+2\varphi_G)},$$

$$\pi_f = q(e_1^* + e_2^*) = q\left[\frac{(1+\varphi_P+\varphi_G)q}{2c(1+2\varphi_G)} + \frac{q[1+\varphi_P+\varphi_G+k\theta(1+2\varphi_G)]}{2c(1+2\varphi_G)}\right]$$

$$= \frac{q^2[2+2\varphi_P+2\varphi_G+k\theta(1+2\varphi_G)]}{2c(1+2\varphi_G)}.$$

$\pi_r - \pi_f = \frac{-k\theta q^2}{2c}$，当 $\theta > 0$ 时，$\pi_r - \pi_f < 0$，柔性合同条件下的项目绩效更大；当 $\theta < 0$ 时，$\pi_r - \pi_f > 0$，刚性合同条件下的项目绩效更大。

命题 6－7 的结论与命题 5－7 的结论类似，说明从激励的角度出发，刚性与柔性合同的适用性主要取决于外部性收益系数，与政企双方的偏好类型（互惠或公平）不相关。从 π_r 和 π_f 的表达式可以看出：π_r 和 π_f 均与社会资本方的公平偏好程度 φ_P 正相关，说明社会资本方的公平偏好会有效提高项目绩效。

6.2.4 数值仿真分析

为了进一步验证在刚性合同和柔性合同条件下政府方和社会资本方的互惠偏好程度对双方合作的影响，利用 Matlab 2021b 进行数值仿真。由于政府方和社会资本方互惠偏好程度无法直接度量，所以结合实际情况将模型赋以数值。关键要素的具体取值如表 6－2 所示。

表 6－2　　各关键要素取值

参数	ρ	σ	c	q	k	θ
赋值	0.6	0.1	0.4	0.3	0.4（0.8）	0.65（－0.8）

1. 刚性合同

(1) φ_P 与 φ_G 和 β^* 的关系

在刚性合同条件下，研究社会资本方的公平偏好程度 φ_P 和政府方公平偏好程度 φ_G 对社会资本方最优利润分享系数 β^* 的影响，得到仿真结果并如图6－1所示。由图6－1可知，在刚性合同条件下，社会资本方在刚性合同各阶段最优利润分享系数与自身公平偏好程度正相关，与政府方公平偏好程度负相关，这与命题6－1和命题6－3的结论相符。

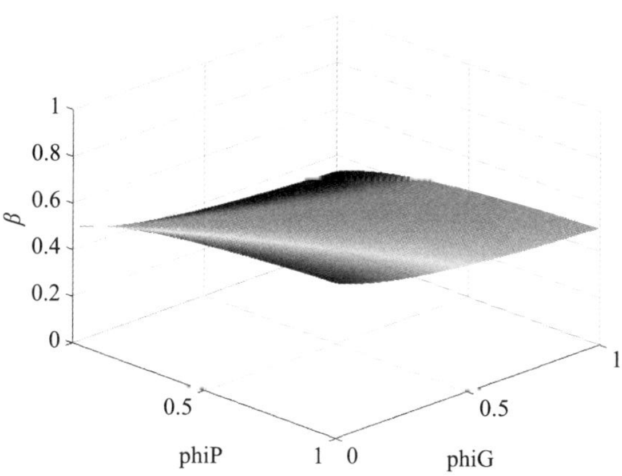

图6－1 刚性合同条件下 φ_P 与 φ_G 和 β^* 的关系

(2) φ_P 与 φ_G 和 e^* 的关系

在刚性合同条件下，研究社会资本方的公平偏好程度 φ_P 和政府方公平偏好程度 φ_G 对社会资本方最优努力程度 e^* 的影响，得到仿真结果并如图6－2所示。由图6－2可知，在刚性合同条件下，社会资本方在刚性合同各阶段最优努力程度与自身公平偏好程度正相关，与政府方公平偏好程度负相关，这与命题6-2和命题6-4的结论相符。

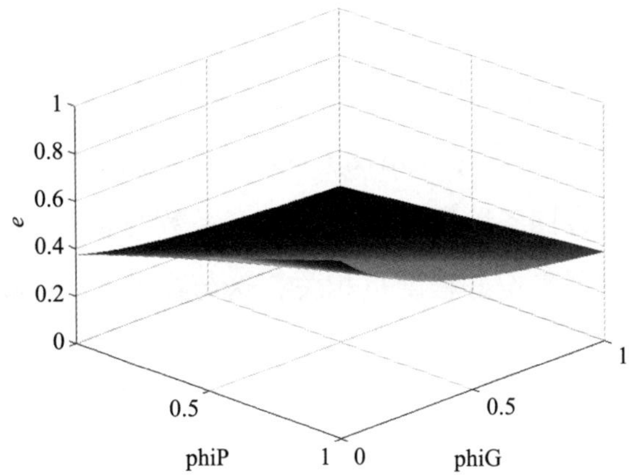

图6-2　刚性合同各阶段 φ_P 与 φ_G 和 e^* 的关系

2. 柔性合同

(1) 第二阶段

①φ_P 与 φ_G 和 β_2^* 的关系。

在柔性合同第二阶段，研究社会资本方公平偏好程度 φ_P 和政府方公平偏好程度 φ_G 对社会资本方最优利润分享系数 β_2^* 的影响，得到仿真结果并如图6-3所示。由图6-3可知，与刚性合同条件下类似，在柔性合同条件下，社会资本方在第二阶段最优利润分享系数与自身公平偏好程度正相关，与政府方公平偏好程度负相关。这与命题6-1和命题6-3的结论相符。

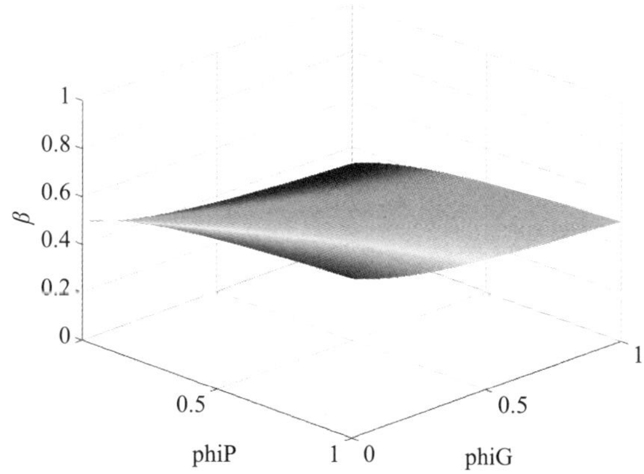

图 6－3　柔性合同第二阶段 φ_P 与 φ_G 和 β_2^* 的关系

②φ_P 与 φ_G 和 e_2^* 的关系。

在柔性合同第二阶段，研究社会资本方公平偏好程度 φ_P 和政府方公平偏好程度 φ_G 对社会资本方最优努力程度 e_2^* 的影响，得到仿真结果并如图 6－4 所示。由图 6－4 可知，与刚性合同条件下类似，在柔性合同条件下，社会资本方在第二阶段最优努力程度与自身公平偏好程度正相关，与政府方公平偏好程度负相关。这与命题 6－2 和命题 6－4 的结论相符。

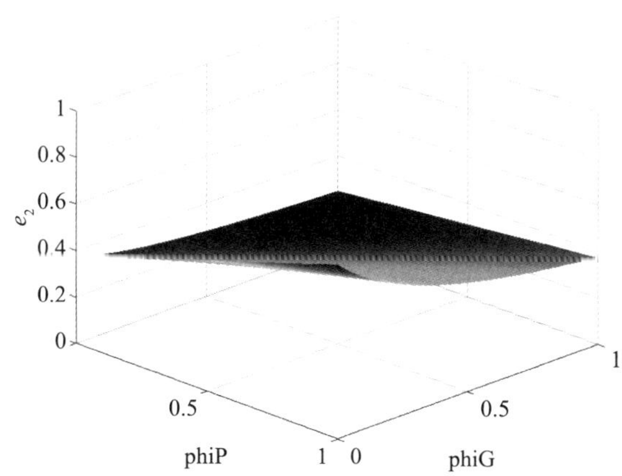

图 6－4　柔性合同第二阶段 φ_P 与 φ_G 和 e_2^* 的关系

（2）第一阶段

①φ_P 与 φ_G 和 β_1^* 的关系。

在柔性合同第一阶段，研究社会资本方公平偏好程度 φ_P 和政府方公平偏好程度 φ_G 对社会资本方最优利润分享系数 β_1^* 影响，得到仿真结果并如图 6－5 所示。图 6－5 中，（a）与（b）分别表示的是当 $\theta > -\frac{1}{2k}$与 $\theta < -\frac{1}{2k}$时，社会资本方公平偏好程度 φ_P 和政府方公平偏好程度 φ_G 对社会资本方最优利润分享系数 β_1^* 的影响关系，由图 6－5 可知：当 $\theta > -\frac{1}{2k}$时，社会资本方的最优利润分享系数与自身公平偏好程度正相关，与政府方公平偏好程度负相关；当 $\theta > -\frac{1}{2k}$时，社会资本方的最优利润分享系数与自身公平偏好程度负相关，与政府方公平偏好程度负相关。这与命题 6－1 和命题 6－3 的结论相符。

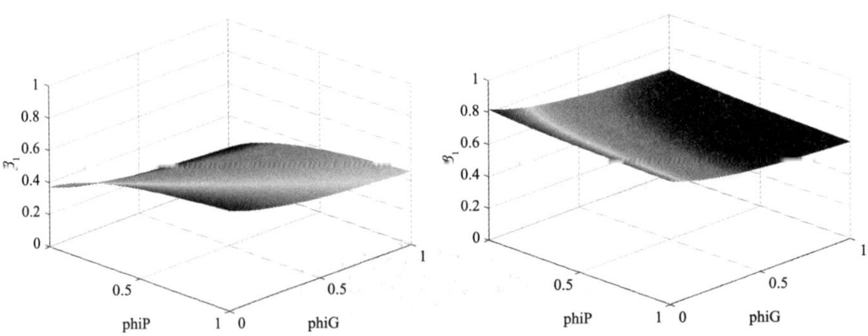

（a）　　（b）

图 6－5　柔性合同第一阶段 φ_P 与 φ_G 和 β_1^* 的关系

（a）$\theta > -\frac{1}{2k}$；（b）$\theta < -\frac{1}{2k}$

②φ_P 与 φ_G 和 e_1^* 的关系。

在柔性合同第一阶段，研究社会资本方公平偏好程度 φ_P 和政府方公平偏好程度 φ_G 对社会资本方最优努力程度 e_1^* 的影响，得到仿真结果并如图6－6所示。由图6－6可知，社会资本方在第一阶段最优努力程度与自身公平偏好程度正相关，与政府方公平偏好程度负相关。这与命题6－2和命题6－4的结论相符。

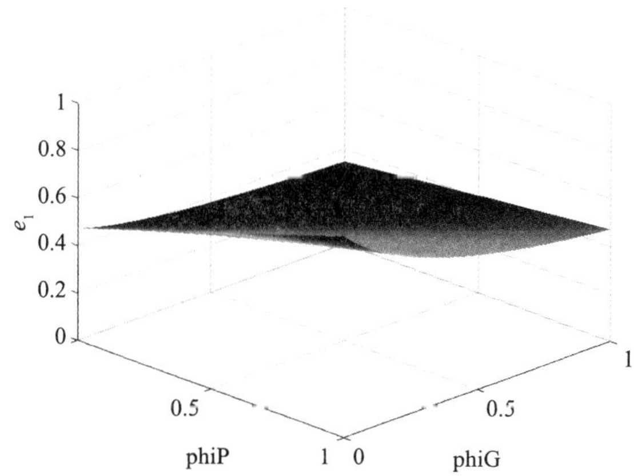

图6－6　柔性合同第一阶段 φ_P 与 φ_G 和 e_1^* 的关系

6.3　公平偏好条件下PPP项目合作演化博弈分析

6.3.1　模型建立与求解

1. 刚性合同条件下模型建立与求解

类似于5.3节，本部分根据项目阶段将演化博弈拆分成两个子博弈，且第一阶段子博弈的演化稳定结果会影响第二阶段子博弈的演化稳定结果。根据贝尔曼最优化原理，可得第一阶段和第二阶段的博弈支付矩阵分别如表 6－3 和表 6－4 所示①。上标 R 表示刚性合同，x^{R1} 和 x^{R2} 分别表示第一阶段和第二阶段社会资本方选择合作的概率，y^{R1} 和 y^{R2} 分别表示第一阶段和第二阶段政府方选择强监管的概率。

表 6－3　　刚性合同第一阶段政府方与社会资本方博弈支付矩阵

社会资本方		政府			
		强监管（y^{R1}）		弱监管（$1-y^{R1}$）	
		强监管 （y^{R2}）	弱监管 （$1-y^{R2}$）	强监管 （y^{R2}）	弱监管 （$1-y^{R2}$）
合作 （x^{R1}）	合作 （x^{R2}）	$EU_{P1}^{R}(e_H, C_s)+$ $kEU_{P2}^{R}(e_H, C_s)$, $EU_{G1}^{R}(e_H, C_s)+$ $kEU_{G2}^{R}(e_H, C_s)$	$EU_{P1}^{R}(e_H, C_s)+$ $kEU_{P2}^{R}(e_H, C_w)$, $EU_{G1}^{R}(e_H, C_s)+$ $kEU_{G2}^{R}(e_H, C_w)$	$EU_{P1}^{R}(e_H, C_w)+$ $kEU_{P2}^{R}(e_H, C_s)$, $EU_{G1}^{R}(e_H, C_w)+$ $kEU_{G2}^{R}(e_H, C_s)$	$EU_{P1}^{R}(e_H, C_w)+$ $kEU_{P2}^{R}(e_H, C_w)$, $EU_{G1}^{R}(e_H, C_w)+$ $kEU_{G2}^{R}(e_H, C_w)$
	机会主义 （$1-x^{R2}$）	$EU_{P1}^{R}(e_H, C_s)+$ $kEU_{P2}^{R}(e_L, C_s)$, $EU_{G1}^{R}(e_H, C_s)+$ $kEU_{G2}^{R}(e_L, C_s)$	$EU_{P1}^{R}(e_H, C_s)+$ $kEU_{P2}^{R}(e_L, C_w)$, $EU_{G1}^{R}(e_H, C_s)+$ $kEU_{G2}^{R}(e_L, C_w)$	$EU_{P1}^{R}(e_H, C_w)+$ $kEU_{P2}^{R}(e_L, C_s)$, $EU_{G1}^{R}(e_H, C_w)+$ $kEU_{G2}^{R}(e_L, C_s)$	$EU_{P1}^{R}(e_H, C_w)+$ $kEU_{P2}^{R}(e_L, C_w)$, $EU_{G1}^{R}(e_H, C_w)+$ $kEU_{G2}^{R}(e_L, C_w)$

---

① $EU_{P1}^{R}(e_H, C_s)=EU_{P2}^{R}(e_H, C_s)=EU_{P1}^{R}(e_H, C_w)=EU_{P2}^{R}(e_H, C_w)=\alpha+\beta^{R}qe_H-\frac{1}{2}ce_H^2-\frac{1}{2}\rho\beta^{R^2}\sigma^2+\varphi_P[\beta^{R}qe_H-(1-\beta^{R})qe_H]$；

$EU_{P1}^{R}(e_L, C_s)=EU_{P2}^{R}(e_L, C_s)=\alpha+\beta^{R}qe_L-\frac{1}{2}ce_L^2-\frac{1}{2}\rho\beta^{R^2}\sigma^2+\varphi_P[\beta^{R}qe_L-(1-\beta^{R})qe_L+L]-PB$；

$EU_{P1}^{R}(e_L, C_w)=EU_{P2}^{R}(e_L, C_w)=\alpha+\beta^{R}qe_L-\frac{1}{2}ce_L^2-\frac{1}{2}\rho\beta^{R^2}\sigma^2+\varphi_P[\beta^{R}qe_L-(1-\beta^{R})qe_L+L]$；

$EU_{G1}^{R}(e_H, C_s)=EU_{G2}^{R}(e_H, C_s)=-\alpha+(1-\beta^{R})qe_H-C_s+\varphi_G[(1-\beta^{R})qe_H-\beta^{R}qe_H]$；

$EU_{G1}^{R}(e_H, C_w)=EU_{G2}^{R}(e_H, C_w)=-\alpha+(1-\beta^{R})qe_H-C_w+\varphi_G[(1-\beta^{R})qe_H-\beta^{R}qe_H]$；

$EU_{G1}^{R}(e_L, C_s)=EU_{G2}^{R}(e_L, C_s)=-\alpha+(1-\beta^{R})qe_L-L+\varphi_G[(1-\beta^{R})qe_L-L-\beta^{R}qe_L]-C_s+PB$；

$EU_{G1}^{R}(e_L, C_w)=EU_{G2}^{R}(e_L, C_w)=-\alpha+(1-\beta^{R})qe_L-C_w-L+\varphi_G[(1-\beta^{R})qe_L-L-\beta^{R}qe_L]$.

续表

社会资本方		政府			
		强监管(y^{R1})		弱监管($1-y^{R1}$)	
		强监管(y^{R2})	弱监管($1-y^{R2}$)	强监管(y^{R2})	弱监管($1-y^{R2}$)
机会主义($1-x^{R1}$)	合作(x^{R2})	$EU_{P1}^{R}(e_L, C_s)+kEU_{P2}^{R}(e_H, C_s)$, $EU_{G1}^{R}(e_L, C_s)+kEU_{G2}^{R}(e_H, C_s)$	$EU_{P1}^{R}(e_L, C_s)+kEU_{P2}^{R}(e_H, C_w)$, $EU_{G1}^{R}(e_L, C_s)+kEU_{G2}^{R}(e_H, C_w)$	$EU_{P1}^{R}(e_L, C_w)+kEU_{P2}^{R}(e_H, C_s)$, $EU_{G1}^{R}(e_L, C_w)+kEU_{G2}^{R}(e_H, C_s)$	$EU_{P1}^{R}(e_L, C_w)+kEU_{P2}^{R}(e_H, C_w)$, $EU_{G1}^{R}(e_L, C_w)+kEU_{G2}^{R}(e_H, C_w)$
	机会主义($1-x^{R2}$)	$EU_{P1}^{R}(e_L, C_s)+kEU_{P2}^{R}(e_L, C_s)$, $EU_{G1}^{R}(e_L, C_s)+kEU_{G2}^{R}(e_L, C_s)$	$EU_{P1}^{R}(e_L, C_s)+kEU_{P2}^{R}(e_L, C_w)$, $EU_{G1}^{R}(e_L, C_s)+kEU_{G2}^{R}(e_L, C_w)$	$EU_{P1}^{R}(e_L, C_w)+kEU_{P2}^{R}(e_L, C_s)$, $EU_{G1}^{R}(e_L, C_w)+kEU_{G2}^{R}(e_L, C_s)$	$EU_{P1}^{R}(e_L, C_w)+kEU_{P2}^{R}(e_L, C_w)$, $EU_{G1}^{R}(e_L, C_w)+kEU_{G2}^{R}(e_L, C_w)$

表6-4　刚性合同第二阶段政府方与社会资本方博弈支付矩阵

社会资本方	政府	
	强监管（y^{R2}）	弱监管（$1-y^{R2}$）
合作（x^{R2}）	$EU_{P2}^{R}(e_H, C_s)$，$EU_{G2}^{R}(e_H, C_s)$	$EU_{G2}^{R}(e_H, C_w)$，$EU_{G2}^{R}(e_H, C_w)$
机会主义（$1-x^{R2}$）	$EU_{P2}^{R}(e_L, C_s)$，$EU_{G2}^{R}(e_L, C_s)$	$EU_{P2}^{R}(e_L, C_w)$，$EU_{G2}^{R}(e_L, C_w)$

与5.3节计算过程类似，根据表6-3和表6-4的博弈支付矩阵可以发现：刚性合同条件下第一阶段和第二阶段的复制动态方程基本相同，这与刚性合同条件下合同在项目两阶段中保持不变相关。于是，设$x^{R1}=x^{R2}=x^{R}$，$y^{R1}=y^{R2}=y^{R}$，可得刚性合同条件下社会资本方选择积极合作策略时的复制动态方程为：

$$F(x^R)=\frac{\mathrm{d}x}{\mathrm{d}t}=x^R(1-x^R)\Big[PBy^R+\beta^R q(e_H-e_L)-\frac{1}{2}c(e_H^2-e_L^2)+\varphi_P[(2\beta^R-1)q(e_H-e_L)-L]\Big] \tag{6-16}$$

同理可得，刚性合同条件下政府方选择强监管时的复制动态方程为：

$$F(y^R)=\frac{\mathrm{d}y}{\mathrm{d}t}=y^R(1-y^R)[PB+C_w-C_s-x^R PB] \tag{6-17}$$

根据复制动态方程组可得复制动态体的雅可比矩阵为：

$$J=\begin{bmatrix}\dfrac{\partial F(x)}{\partial x} & \dfrac{\partial F(x)}{\partial y}\\ \dfrac{\partial F(y)}{\partial x} & \dfrac{\partial F(y)}{\partial y}\end{bmatrix}$$

由 $F(x^R)=0$、$F(y^R)=0$ 可得系统战略均衡点有（0，0）、（0，1）、（1，0）、（1，1）、（x^{R*}，y^{R*}）。其中：

$$x^{R*}=1-\frac{C_s-C_w}{PB} \tag{6-18}$$

$$y^{R*}=\frac{\frac{1}{2}c(e_H^2-e_L^2)-\beta^R q(e_H-e_L)-\varphi_P[(2\beta^R-1)q(e_H-e_L)-L]}{PB} \tag{6-19}$$

对复制动态系统的五个均衡点进行局部稳定性分析，得到的结果如表 6－5 所示。

表6-5　各均衡点处雅可比矩阵的Det(J)和Tr(J)

均衡点	Det(J)	Tr(J)
(0, 0)	$\left[\beta^R q(e_H-e_L)-\frac{1}{2}c(e_H^2-e_L^2)+\varphi_P[(2\beta^R-1)q(e_H-e_L)-L]\right][PB+C_w-C_s]$	$\left[\beta^R q(e_H-e_L)-\frac{1}{2}c(e_H^2-e_L^2)+\varphi_P[(2\beta^R-1)q(e_H-e_L)-L]\right]+[PB+C_w-C_s]$
(0, 1)	$-\left[\beta^R q(e_H-e_L)-\frac{1}{2}c(e_H^2-e_L^2)+\varphi_P[(2\beta^R-1)q(e_H-e_L)-L]+PB\right][PB+C_w-C_s]$	$\left[\beta^R q(e_H-e_L)-\frac{1}{2}c(e_H^2-e_L^2)+\varphi_P[(2\beta^R-1)q(e_H-e_L)-L]+PB\right]-[PB+C_w-C_s]$
(1, 0)	$-\left[\beta^R q(e_H-e_L)-\frac{1}{2}c(e_H^2-e_L^2)+\varphi_P[(2\beta^R-1)q(e_H-e_L)-L]\right](C_w-C_s)$	$-\left[\beta^R q(e_H-e_L)-\frac{1}{2}c(e_H^2-e_L^2)+\varphi_P[(2\beta^R-1)q(e_H-e_L)-L]\right]+(C_w-C_s)$
(1, 1)	$\left[\beta^R q(e_H-e_L)-\frac{1}{2}c(e_H^2-e_L^2)+\varphi_P[(2\beta^R-1)q(e_H-e_L)-L]+PB\right](C_w-C_s)$	$-\left[\beta^R q(e_H-e_L)-\frac{1}{2}c(e_H^2-e_L^2)+\varphi_P[(2\beta^R-1)q(e_H-e_L)-L]+PB\right]-(C_w-C_s)$
(x^{R*}, y^{R*})	$x^{R*}y^{R*}(1-x^{R*})(1-y^{R*})P^2B^2$	0

根据判别方法得到不同参数初始状态下，各均衡点的局部稳定性如表6-6所示①。

① $g^R=\beta^R q(e_H-e_L)-\frac{1}{2}c(e_H^2-e_L^2)+\varphi_P[(2\beta^R-1)q(e_H-e_L)-L]$;
$h^R=\beta^R q(e_H-e_L)-\frac{1}{2}c(e_H^2-e_L^2)+\varphi_P[(2\beta^R-1)q(e_H-e_L)-L]+PB.$

表 6-6　　刚性合同初始状态 R1～R6 均衡点的局部稳定性

均衡点	初始状态 R1			初始状态 R2			初始状态 R3		
	$g^{R'}>0$			$g^{R'}>0$			$g^{R'}<0$		
	$(1-\delta_G)PB+C_w-C_s>0$			$(1-\delta_G)PB+C_w-C_s<0$			$(1-\delta_G)PB+C_w-C_s>0$		
	$h^{R'}>0$			$h^{R'}>0$			$h^{R'}<0$		
	$C_w-C_s<0$			$C_w-C_s<0$			$C_w-C_s<0$		
	Det(J)	Tr(J)	稳定性	Det(J)	Tr(J)	稳定性	Det(J)	Tr(J)	稳定性
(0, 0)	+	+	不稳定	-	±	鞍点	-	±	鞍点
(0, 1)	-	±	鞍点	+	+	不稳定	+	-	*ESS*
(1, 0)	+	-	*ESS*	+	-	*ESS*	-	±	鞍点
(1, 1)	-	±	鞍点	-	±	鞍点	+	+	不稳定
(x^{F1*}, y^{F1*})	不存在			不存在			不存在		
演化相位图	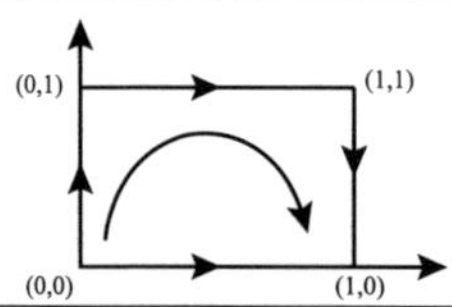			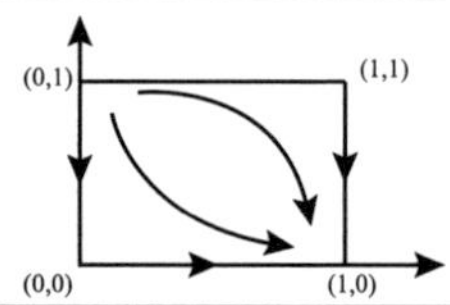			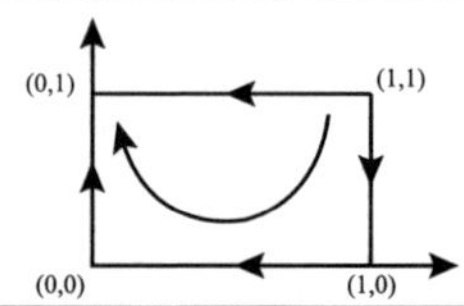		

均衡点	初始状态 R4			初始状态 R5			初始状态 R6		
	$g^{R'}<0$			$g^{R'}<0$			$g^{R'}<0$		
	$(1-\delta_G)PB+C_w-C_s<0$			$(1-\delta_G)PB+C_w-C_s<0$			$(1-\delta_G)PB+C_w-C_s>0$		
	$h^{R'}<0$			$h^{R'}>0$			$h^{R'}>0$		
	$C_w-C_s<0$			$C_w-C_s<0$			$C_w-C_s<0$		
	Det(J)	Tr(J)	稳定性	Det(J)	Tr(J)	稳定性	Det(J)	Tr(J)	稳定性
(0, 0)	+	-	*ESS*	+	-	*ESS*	-	±	鞍点
(0, 1)	-	±	鞍点	+	+	不稳定	-	±	鞍点
(1, 0)	-	±	鞍点	-	±	鞍点	-	±	鞍点
(1, 1)	+	+	不稳定	-	±	鞍点	-	±	鞍点
(x^{F1*}, y^{F1*})	不存在			不存在			中心		
演化相位图	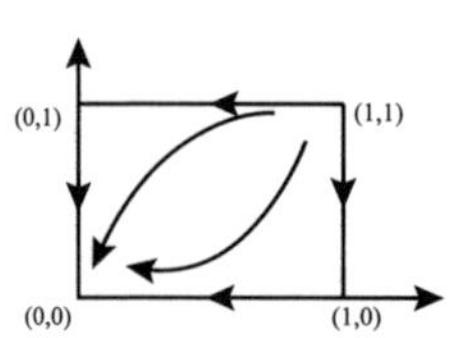			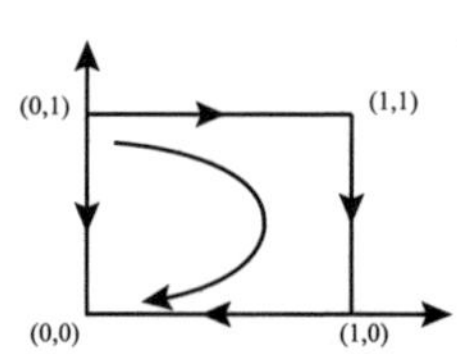			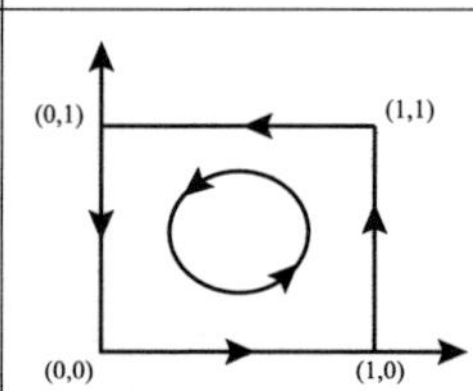		

2. 柔性合同条件下模型建立与求解

在柔性合同条件下，政府与社会资本方签订的是一个多阶段合同。计算时采用逆向归纳法来计算，即先计算第二阶段，再计算第一阶段。于是可得第二阶段和第一阶段的博弈支付矩阵分别如表 6 – 7 和表 6 – 8 所示①。

---

① $EU_{P1}^{F}(e_H, C_s) = EU_{P1}^{F}(e_H, C_w) = \alpha + \beta_1^F qe_H - \frac{1}{2}ce_H^2 - \frac{1}{2}\rho\beta_1^{F2}\sigma^2 + \varphi_P[\beta_1^F qe_H - (1-\beta_1^F)qe_H]$;

$EU_{P1}^{F}(e_L, C_s) = \alpha + \beta_1^F qe_L - \frac{1}{2}ce_L^2 - \frac{1}{2}\rho\beta_1^{F2}\sigma^2 + \varphi_P[\beta_1^F qe_L - (1-\beta_1^F)qe_L + L] - PB$;

$EU_{P1}^{F}(e_L, C_w) = \alpha + \beta_1^F qe_L - \frac{1}{2}ce_L^2 - \frac{1}{2}\rho\beta_1^{F2}\sigma^2 + \varphi_P[\beta_1^F qe_L - (1-\beta_1^F)qe_L + L]$;

$EU_{G1}^{F}(e_H, C_s) = -\alpha + (1-\beta_1^F)qe_H + \varphi_G[(1-\beta_1^F)qe_H - \beta_1^F qe_H] - C_s$;

$EU_{G1}^{F}(e_H, C_w) = -\alpha + (1-\beta_1^F)qe_H + \varphi_G[(1-\beta_1^F)qe_H - \beta_1^F qe_H] - C_w$;

$EU_{G1}^{F}(e_L, C_s) = -\alpha + (1-\beta_1^F)qe_L - L + \varphi_G[(1-\beta_1^F)qe_L - L - \beta_1^F qe_L] - C_s + PB$;

$EU_{G1}^{F}(e_L, C_w) = -\alpha + (1-\beta_1^F)qe_L - L + \varphi_G[(1-\beta_1^F)qe_L - L - \beta_1^F qe_L] - C_w$;

$EU_{P2}^{F}(e_H, e_H, C_s) = EU_{P2}^{F}(e_H, e_H, C_w) = \alpha + \beta_2^F qe_H + \theta qe_H - \frac{1}{2}ce_H^2 - \frac{1}{2}\rho\beta_2^{F2}\sigma^2 + \varphi_P[\beta_2^F qe_H - (1-\beta_2^F)qe_H]$;

$EU_{P2}^{F}(e_H, e_L, C_s) = \alpha + \beta_2^F qe_L + \theta qe_H - \frac{1}{2}ce_L^2 - \frac{1}{2}\rho\beta_2^{F2}\sigma^2 + \varphi_P[\beta_2^F qe_L - (1-\beta_2^F)qe_L + L] - PB$;

$EU_{P2}^{F}(e_H, e_L, C_w) = \alpha + \beta_2^F qe_L + \theta qe_H - \frac{1}{2}ce_L^2 - \frac{1}{2}\rho\beta_2^{F2}\sigma^2 + \varphi_P[\beta_2^F qe_L - (1-\beta_2^F)qe_L + L]$;

$EU_{G2}^{F}(e_H, e_H, C_s) = -\alpha + (1-\beta_2^F)qe_H + \varphi_G[(1-\beta_2^F)qe_H - \beta_2^F qe_H] - C_s$;

$EU_{G2}^{F}(e_H, e_H, C_w) = -\alpha + (1-\beta_2^F)qe_H + \varphi_G[(1-\beta_2^F)qe_H - \beta_2^F qe_H] - C_w$;

$EU_{G2}^{F}(e_H, e_L, C_s) = -\alpha + (1-\beta_2^F)qe_L - L + \varphi_G[(1-\beta_2^F)qe_L - L - \beta_2^F qe_L] - C_s + PB$;

$EU_{G2}^{F}(e_H, e_L, C_w) = -\alpha + (1-\beta_2^F)qe_L - L + \varphi_G[(1-\beta_2^F)qe_L - L - \beta_2^F qe_L] - C_w$;

$EU_{P2}^{F}(e_L, e_H, C_s) = EU_{P2}^{F}(e_L, e_H, C_w) = \alpha + \beta_2^F qe_H + \theta qe_L - \frac{1}{2}ce_H^2 - \frac{1}{2}\rho\beta_2^{F2}\sigma^2 + \varphi_P[\beta_2^F qe_H - (1-\beta_2^F)qe_H]$;

$EU_{P2}^{F}(e_L, e_L, C_s) = \alpha + \beta_2^F qe_L + \theta qe_L - \frac{1}{2}ce_L^2 - \frac{1}{2}\rho\beta_2^{F2}\sigma^2 + \varphi_P[\beta_2^F qe_L - (1-\beta_2^F)qe_L + L] - PB$;

$EU_{P2}^{F}(e_L, e_L, C_w) = \alpha + \beta_2^F qe_L + \theta qe_L - \frac{1}{2}ce_L^2 - \frac{1}{2}\rho\beta_2^{F2}\sigma^2 + \varphi_P[\beta_2^F qe_L - (1-\beta_2^F)qe_L + L]$;

$EU_{G2}^{F}(e_L, e_H, C_s) = -\alpha + (1-\beta_2^F)qe_H + \varphi_G[(1-\beta_2^F)qe_H - \beta_2^F qe_H] - C_s$;

$EU_{G2}^{F}(e_L, e_H, C_w) = -\alpha + (1-\beta_2^F)qe_H + \varphi_G[(1-\beta_2^F)qe_H - \beta_2^F qe_H] - C_w$;

$EU_{G2}^{F}(e_L, e_L, C_s) = -\alpha + (1-\beta_2^F)qe_L - L + \varphi_G[(1-\beta_2^F)qe_L - L - \beta_2^F qe_L] - C_s + PB$;

$EU_{G2}^{F}(e_L, e_L, C_w) = -\alpha + (1-\beta_2^F)qe_L - L + \varphi_G[(1-\beta_2^F)qe_L - L - \beta_2^F qe_L] - C_w$.

（1）第二阶段

根据假设条件，在柔性合同条件下，政府方与社会资本方的第二阶段博弈支付矩阵如表 6－7 所示，其中，上标 F 表示刚性合同。x^{F2} 分别表示第二阶段社会资本方选择合作的概率，y^{F2} 分别表示第二阶段政府方选择强监管的概率。

表 6－7　柔性合同第二阶段政府方与社会资本方博弈支付矩阵

<table>
<tr><td colspan="3">社会资本方在第一阶段策略为积极合作（e_H）</td></tr>
<tr><td rowspan="2">社会资本方</td><td colspan="2">政府</td></tr>
<tr><td>强监管（y^{F2}）</td><td>弱监管（$1-y^{F2}$）</td></tr>
<tr><td>合作（x^{F2}）</td><td>$EU_{P2}^{F}(e_H, e_H, C_s)$，
$EU_{G2}^{F}(e_H, e_H, C_s)$</td><td>$EU_{P2}^{F}(e_H, e_H, C_w)$，
$EU_{G2}^{F}(e_H, e_H, C_w)$</td></tr>
<tr><td>机会主义（$1-x^{F2}$）</td><td>$EU_{P2}^{F}(e_H, e_L, C_s)$，
$EU_{G2}^{F}(e_H, e_L, C_s)$</td><td>$EU_{P2}^{F}(e_H, e_L, C_w)$，
$EU_{G2}^{F}(e_H, e_L, C_w)$</td></tr>
<tr><td colspan="3">社会资本方在第一阶段策略为机会主义（e_L）</td></tr>
<tr><td rowspan="2">社会资本方</td><td colspan="2">政府</td></tr>
<tr><td>强监管（y^{F2}）</td><td>弱监管（$1-y^{F2}$）</td></tr>
<tr><td>合作（x^{F2}）</td><td>$EU_{P2}^{F}(e_L, e_H, C_s)$，
$EU_{G2}^{F}(e_L, e_H, C_s)$</td><td>$EU_{P2}^{F}(e_L, e_H, C_w)$，
$EU_{G2}^{F}(e_L, e_H, C_w)$</td></tr>
<tr><td>机会主义（$1-x^{F2}$）</td><td>$EU_{P2}^{F}(e_L, e_L, C_s)$，
$EU_{G2}^{F}(e_L, e_L, C_s)$</td><td>$EU_{P2}^{F}(e_L, e_L, C_w)$，
$EU_{G2}^{F}(e_L, e_L, C_w)$</td></tr>
</table>

（2）第一阶段

进一步可得，在柔性合同条件下政府方与社会资本方的第一阶段博弈支付矩阵如表 6－8 所示，x^{F1} 表示第一阶段社会资本方选择合作的概率，y^{F1} 表示第一阶段政府方选择强监管的概率。

表6-8　柔性合同第一阶段政府方与社会资本方博弈支付矩阵

社会资本方		政府			
		强监管（y^{F1}）		弱监管（$1-y^{F1}$）	
		强监管（y^{F2}）	弱监管（$1-y^{F2}$）	强监管（y^{F2}）	弱监管（$1-y^{F2}$）
合作（x^{F1}）	合作（x^{F2}）	$EU_{P1}^F(e_H, C_s)+kEU_{P2}^F(e_H, e_H, C_s)$, $EU_{G1}^F(e_H, C_s)+kEU_{G2}^F(e_H, e_H, C_s)$	$EU_{P1}^F(e_H, C_s)+kEU_{P2}^F(e_H, e_H, C_w)$, $EU_{G1}^F(e_H, C_s)+kEU_{G2}^F(e_H, e_H, C_w)$	$EU_{P1}^F(e_H, C_w)+kEU_{P2}^F(e_H, e_H, C_s)$, $EU_{G1}^F(e_H, C_w)+kEU_{G2}^F(e_H, e_H, C_s)$	$EU_{P1}^F(e_H, C_w)+kEU_{P2}^F(e_H, e_H, C_w)$, $EU_{G1}^F(e_H, C_w)+kEU_{G2}^F(e_H, e_H, C_w)$
	机会主义（$1-x^{F2}$）	$EU_{P1}^F(e_H, C_s)+kEU_{P2}^F(e_H, e_L, C_s)$, $EU_{G1}^F(e_H, C_s)+kEU_{G2}^F(e_H, e_L, C_s)$	$EU_{P1}^F(e_H, C_s)+kEU_{P2}^F(e_H, e_L, C_w)$, $EU_{G1}^F(e_H, C_s)+kEU_{G2}^F(e_H, e_L, C_w)$	$EU_{P1}^F(e_H, C_w)+kEU_{P2}^F(e_H, e_L, C_s)$, $EU_{G1}^F(e_H, C_w)+kEU_{G2}^F(e_H, e_L, C_s)$	$EU_{P1}^F(e_H, C_w)+kEU_{P2}^F(e_H, e_L, C_w)$, $EU_{G1}^F(e_H, C_w)+kEU_{G2}^F(e_H, e_L, C_w)$
机会主义（$1-x^{F1}$）	合作（x^{F2}）	$EU_{P1}^F(e_L, C_s)+kEU_{P2}^F(e_L, e_H, C_s)$, $EU_{G1}^F(e_L, C_s)+kEU_{G2}^F(e_L, e_H, C_s)$	$EU_{P1}^F(e_L, C_s)+kEU_{P2}^F(e_L, e_H, C_w)$, $EU_{G1}^F(e_L, C_s)+kEU_{G2}^F(e_L, e_H, C_w)$	$EU_{P1}^F(e_L, C_w)+kEU_{P2}^F(e_L, e_H, C_s)$, $EU_{G1}^F(e_L, C_w)+kEU_{G2}^F(e_L, e_H, C_s)$	$EU_{P1}^F(e_L, C_w)+kEU_{P2}^F(e_L, e_H, C_w)$, $EU_{G1}^F(e_L, C_w)+kEU_{G2}^F(e_L, e_H, C_w)$
	机会主义（$1-x^{F2}$）	$EU_{P1}^F(e_L, C_s)+kEU_{P2}^F(e_L, e_L, C_s)$, $EU_{G1}^F(e_L, C_s)+kEU_{G2}^F(e_L, e_L, C_s)$	$EU_{P1}^F(e_L, C_s)+kEU_{P2}^F(e_L, e_L, C_w)$, $EU_{G1}^F(e_L, C_s)+kEU_{G2}^F(e_L, e_L, C_w)$	$EU_{P1}^F(e_L, C_w)+kEU_{P2}^F(e_L, e_L, C_s)$, $EU_{G1}^F(e_L, C_w)+kEU_{G2}^F(e_L, e_L, C_s)$	$EU_{P1}^F(e_L, C_w)+kEU_{P2}^F(e_L, e_L, C_w)$, $EU_{G1}^F(e_L, C_w)+kEU_{G2}^F(e_L, e_L, C_w)$

由表6-7博弈支付矩阵，分别求社会资本方在第一阶段的策略为积极合作和机会主义时的复制动态方程 $F(x^{F2})$，可以发现所求的 $F(x^{F2})$ 相同，即社会资本方在第一阶段的策略不会影响其第二阶段的复制动态方程。于是，在柔性合同条件下，社会资本方第二阶段选择积极合作策略时的复制动态方程为：

$$F(x^{F2})=\frac{\mathrm{d}x}{\mathrm{d}t}=x^{F2}(1-x^{F2})\Big[PBy^{F2}+\beta_2^F q(e_H-e_L)-\frac{1}{2}c(e_H^2-e_L^2)+\varphi_P[(2\beta_2^F-1)q(e_H-e_L)-L]\Big] \tag{6-20}$$

同理可得，柔性合同条件下，在项目第二阶段，政府方选择强监管时的复制动态方程为：

$$F(y^{F2})=\frac{\mathrm{d}y}{\mathrm{d}t}=y^{F2}(1-y^{F2})[PB+C_w-C_s-x^{F2}PB] \tag{6-21}$$

由 $F(x)$ 和 $F(y)$ 可以看出，柔性合同第二阶段的复制动态方程与刚性合同条件下的复制动态方程结构相似，因此其演化趋势和稳定策略也会相似，本部分就不再重复。于是，柔性合同条件下将重点分析第一阶段的演化策略。由表6－8 可得柔性合同第一阶段社会资本方选择积极合作策略时与政府方选择强监管时的复制动态方程分别为：

$$F(x^{F1})=\frac{\mathrm{d}x}{\mathrm{d}t}=x^{F1}(1-x^{F1})\Big[PBy^{F1}+\beta_1^F q(e_H-e_L)-\frac{1}{2}c(e_H^2-e_L^2)+\varphi_P[(2\beta_1^F-1)q(e_H-e_L)-L]+k\theta q(e_H-e_L)\Big] \tag{6-22}$$

$$F(y^{F1})=\frac{\mathrm{d}y}{\mathrm{d}t}=y^{F1}(1-y^{F1})[PB+C_w-C_s-x^{F1}PB] \tag{6-23}$$

类似地，由 $F(x^R)=0$、$F(y^R)=0$ 可得系统战略均衡点有 (0，0)、(0，1)、(1，0)、(1，1)、(x^{R*}，y^{R*})。其中：

$$x^{F1*}=1-\frac{C_s-C_w}{PB} \tag{6-24}$$

$$y^{F1*}=\frac{\frac{1}{2}c(e_H^2-e_L^2)-\beta_1^F q(e_H-e_L)-\varphi_P[(2\beta_1^F-1)q(e_H-e_L)-L]-k\theta q(e_H-e_L)}{(1-\delta_P)PB} \tag{6-25}$$

对复制动态系统的五个均衡点进行局部稳定性分析，得到的结果如表6－9 所示。

表6-9　　各均衡点处雅可比矩阵的Det(J)和Tr(J)

均衡点	Det(J)	Tr(J)
(0, 0)	$\left[\beta_1^F q(e_H-e_L)-\frac{1}{2}c(e_H^2-e_L^2)+\varphi_P[(2\beta_1^F-1)q(e_H-e_L)-L]+k\theta q(e_H-e_L)\right][PB+C_w-C_s]$	$\left[\beta_1^F q(e_H-e_L)-\frac{1}{2}c(e_H^2-e_L^2)+\varphi_P[(2\beta_1^F-1)q(e_H-e_L)-L]+k\theta q(e_H-e_L)\right]+[PB+C_w-C_s]$
(0, 1)	$-\left[\beta_1^F q(e_H-e_L)-\frac{1}{2}c(e_H^2-e_L^2)+\varphi_P[(2\beta_1^F-1)q(e_H-e_L)-L]+k\theta q(e_H-e_L)+PB\right][PB+C_w-C_s]$	$\left[\beta_1^F q(e_H-e_L)-\frac{1}{2}c(e_H^2-e_L^2)+\varphi_P[(2\beta_1^F-1)q(e_H-e_L)-L]+k\theta q(e_H-e_L)+PB\right]-[PB+C_w-C_s]$
(1, 0)	$-\left[\beta_1^F q(e_H-e_L)-\frac{1}{2}c(e_H^2-e_L^2)+\varphi_P[(2\beta_1^F-1)q(e_H-e_L)-L]+k\theta q(e_H-e_L)\right](C_w-C_s)$	$-\left[\beta_1^F q(e_H-e_L)-\frac{1}{2}c(e_H^2-e_L^2)+\varphi_P[(2\beta_1^F-1)q(e_H-e_L)-L]+k\theta q(e_H-e_L)\right]+(C_w-C_s)$
(1, 1)	$\left[\beta_1^F q(e_H-e_L)-\frac{1}{2}c(e_H^2-e_L^2)+\varphi_P[(2\beta_1^F-1)q(e_H-e_L)-L]+k\theta q(e_H-e_L)+PB\right](C_w-C_s)$	$-\left[\beta_1^F q(e_H-e_L)-\frac{1}{2}c(e_H^2-e_L^2)+\varphi_P[(2\beta_1^F-1)q(e_H-e_L)-L]+k\theta q(e_H-e_L)+PB\right]-(C_w-C_s)$
(x^{F1*}, y^{F1*})	$x^{F1*}(1-x^{F1*})y^{F1*}(1-y^{F1*})P^2B^2$	0

根据判别方法得到不同参数初始状态下，各均衡点的局部稳定性如表6-10所示①。

① $g^{F1'}=\beta_1^F q(e_H-e_L)-\frac{1}{2}c(e_H^2-e_L^2)+\varphi_P[(2\beta_1^F-1)q(e_H-e_L)-L]+k\theta q(e_H-e_L)$；

$h^{F1'}=\beta_1^F q(e_H-e_L)-\frac{1}{2}c(e_H^2-e_L^2)+\varphi_P[(2\beta_1^F-1)q(e_H-e_L)-L]+k\theta q(e_H-e_L)+PB.$

表 6 - 10　　柔性合同第一阶段初始状态 F1 ~ F6 均衡点的局部稳定性

均衡点	初始状态 F1			初始状态 F2			初始状态 F3		
	$g^{F1'} > 0$			$g^{F1'} > 0$			$g^{F1'} < 0$		
	$(1-\delta_G)PB + C_w - C_s > 0$			$(1-\delta_G)PB + C_w - C_s < 0$			$(1-\delta_G)PB + C_w - C_s > 0$		
	$h^{F1'} > 0$			$h^{F1'} > 0$			$h^{F1'} < 0$		
	$C_w - C_s < 0$			$C_w - C_s < 0$			$C_w - C_s < 0$		
	Det(J)	Tr(J)	稳定性	Det(J)	Tr(J)	稳定性	Det(J)	Tr(J)	稳定性
(0, 0)	+	+	不稳定	-	±	鞍点	-	±	鞍点
(0, 1)	-	±	鞍点	+	+	不稳定	+	-	*ESS*
(1, 0)	+	-	*ESS*	+	-	*ESS*	-	±	鞍点
(1, 1)	-	±	鞍点	-	±	鞍点	+	+	不稳定
(x^{F1*}, y^{F1*})	不存在			不存在			不存在		
演化相位图	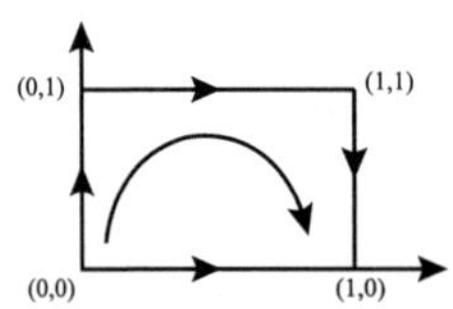			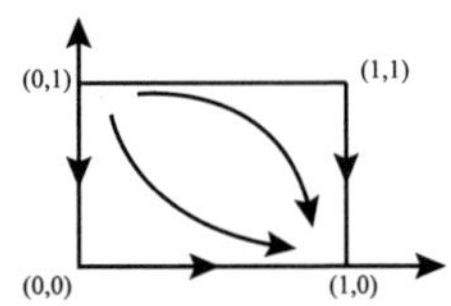			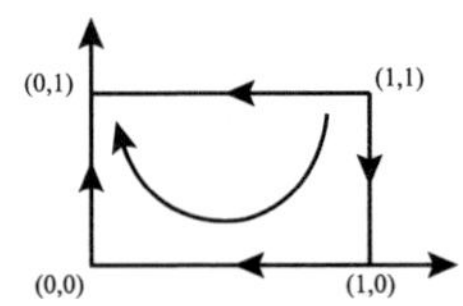		

均衡点	初始状态 F4			初始状态 F5			初始状态 F6		
	$g^{F1'} < 0$			$g^{F1'} < 0$			$g^{F1'} < 0$		
	$(1-\delta_G)PB + C_w - C_s < 0$			$(1-\delta_G)PB + C_w - C_s < 0$			$(1-\delta_G)PB + C_w - C_s > 0$		
	$h^{F1'} < 0$			$h^{F1'} > 0$			$h^{F1'} > 0$		
	$C_w - C_s < 0$			$C_w - C_s < 0$			$C_w - C_s < 0$		
	Det(J)	Tr(J)	稳定性	Det(J)	Tr(J)	稳定性	Det(J)	Tr(J)	稳定性
(0, 0)	+	-	*ESS*	+	-	*ESS*	-	±	鞍点
(0, 1)	-	±	鞍点	+	+	不稳定	-	±	鞍点
(1, 0)	-	±	鞍点	-	±	鞍点	-	±	鞍点
(1, 1)	+	+	不稳定	-	±	鞍点	-	±	鞍点
(x^{F1*}, y^{F1*})	不存在			不存在			中心		
演化相位图	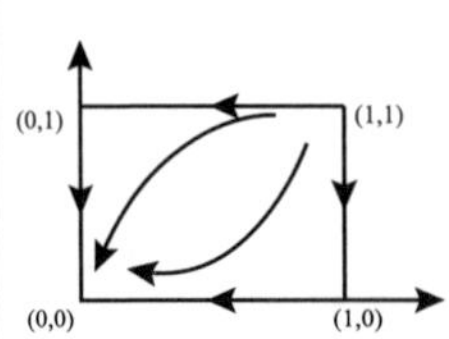			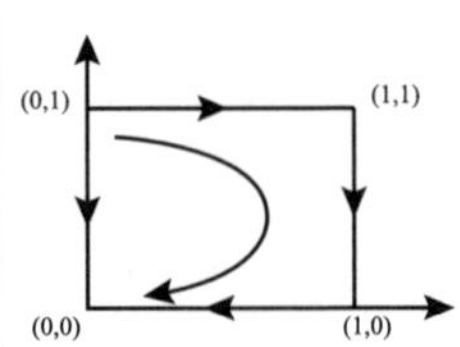			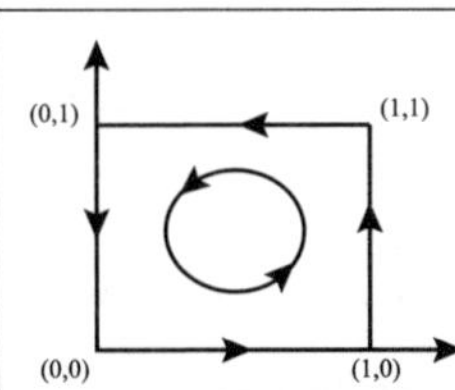		

6.3.2 刚性和柔性合同条件下演化策略对比分析与讨论

与 5.3 节类似，本部分主要讨论刚性合同和柔性合同条件下第一阶段的演化机制。

1. 社会资本方演化策略趋势分析

根据表 6-6 和表 6-10 可得如下结论。

①当 $y^* < 0$ 时，无论初始状态和政府方的策略如何演化，最终社会资本方都会选择积极合作策略。刚性合同条件和柔性合同条件下分别满足条件：

➢ 刚性合同：$\frac{1}{2}c(e_H^2 - e_L^2) < \beta^R q(e_H - e_L) + \varphi_P[(2\beta^R - 1)q(e_H - e_L) - L]$，即满足初始状态 R1 和 R2；

➢ 柔性合同：$\frac{1}{2}c(e_H^2 - e_L^2) < [\beta_1^F + k\theta]q(e_H - e_L) + \varphi_P[(2\beta_1^F - 1)q(e_H - e_L) - L]$，即满足初始状态 F1 和 F2。

其中：不等式左边表示的是机会主义行为为其节约的努力成本 $\frac{1}{2}c(e_H^2 - e_L^2)$，即机会主义行为带来的社会收益；不等式右边表示的是机会主义行为的社会效用损失，包括因产出下降带来的收益的损失（$\beta^R q(e_H - e_L)$、$q(\beta_1^F + k\theta)(e_H - e_L)$）和公平偏好效用损失（$\varphi_P[(2\beta^R - 1)q(e_H - e_L) - L]$、$\varphi_P[(2\beta_1^F - 1)q(e_H - e_L) - L]$）。

需要注意的是：这与 5.3.3 节中机会主义行为的互惠偏好效用始终为负的情况不同，公平偏好产生的效用不一定都为负。由不等式右边可以看出，当利润分享较低时，$\beta^R < \frac{1}{2}\left\{\frac{L}{q(e_H - e_L)} + 1\right\}\left(\text{或 } \beta_1^F < \frac{1}{2}\left\{\frac{L}{q(e_H - e_L)} + 1\right\}\right)$，机会主义行为的公平偏好效用为正，即带来了正效用。这说明：在公平偏好的驱使下，较低的利润分享会降低 $y^* < 0$ 的概率，即增加了社会资本方无条件选择积极合作的难度。

②当 $y^* > 1$ 时，无论初始状态和政府方的策略如何演化，最终社会资本方都会选择机会主义策略。刚性合同和柔性合同条件下分别满足条件：

➢ 刚性合同：$\frac{1}{2}c(e_H^2 - e_L^2) > \beta^R q(e_H - e_L) + \varphi_P[(2\beta^R - 1)q(e_H - e_L) - L] + PB$，即满足初始状态 R3 和 R4；

➢ 柔性合同：$\frac{1}{2}c(e_H^2 - e_L^2) > [\beta_1^F + k\theta]q(e_H - e_L) + \varphi_P[(2\beta^R - 1)q(e_H - e_L) - L] + PB$，即满足初始状态 F3 和 F4。

与之前的分析类似，由以上不等式可以看出：当机会主义行为带来的社会收益大于其付出的社会成本时，社会资本方始终会选择机会主义策略。其中，机会主义行为的公平偏好效用的正负与利润分享系数相关。当利润分享较低时，$\beta^R < \frac{1}{2}\left\{\frac{L}{q(e_H - e_L)} + 1\right\}\left(\text{或 } \beta_1^F < \frac{1}{2}\left\{\frac{L}{q(e_H - e_L)} + 1\right\}\right)$，机会主义行为的公平偏好效用为正，否则为负。由此可见，在公平偏好的驱使下，提高利润分享可以有效降低 $y^* > 1$ 的概率，即降低了社会资本方无条件选择机会主义行为的概率。

③当 $0 < y^* < 1$ 时，社会资本方是否选择积极合作与政府方的策略选择有关，当政府方选择强监管的概率小于 y^* 时（即 $y < y^*$），社会资本方的演化趋势总是偏向于机会主义；当政府方选择强监管的概

率大于 y^* 时（即 $y>y^*$），社会资本方的演化趋势总是偏向于积极合作策略。当政府方选择强监管的概率等于 y^* 时（即 $y=y^*$），社会资本方选择积极合作或机会主义行为策略无差别。刚性合同和柔性合同条件下需要满足的条件分别为：

➢ 刚性合同：$\beta^R q(e_H-e_L)+\varphi_P[(2\beta^R-1)q(e_H-e_L)-L]<\frac{1}{2}c(e_H^2-e_L^2)<\beta^R q(e_H-e_L)+\varphi_P[(2\beta^R-1)q(e_H-e_L)-L]+PB$，即满足初始状态 R5 和 R6；

➢ 柔性合同：$[\beta_1^F+k\theta]q(e_H-e_L)+\varphi_P[(2\beta_1^F-1)q(e_H-e_L)-L]<\frac{1}{2}c(e_H^2-e_L^2)<[\beta_1^F+k\theta]q(e_H-e_L)+\varphi_P[(2\beta^R-1)q(e_H-e_L)-L]+PB$，即满足初始状态 F5 和 F6。

当政府方选择强监管的概率 y 保持不变时，y^{R*} 和 y^{F1*} 的增加会提高社会资本方选择机会主义行为的概率，而 y^{R*} 和 y^{F1*} 的降低则会增加社会资本方选择积极合作的概率。通过 y^{R*} 和 y^{F1*} 的表达式可以看出：y^{R*} 和 y^{F1*} 的大小与社会资本方的公平偏好程度 φ 相关。将 y^{R*} 和 y^{F1*} 分别对 φ_P 求导可得：

$$\frac{\partial y^{R*}}{\partial \varphi_P}=\frac{\partial y^{F1*}}{\partial \varphi_P}=\frac{(1-2\beta^R)q(e_H-e_L)+L}{PB},\quad \frac{\partial y^{F1*}}{\partial \varphi_P}=\frac{(1-2\beta_1^F)q(e_H-e_L)+L}{PB}.$$

若 $\beta^R(\beta_1^F)<\frac{1}{2}\left\{\frac{L}{q(e_H-e_L)}+1\right\}$，$\frac{\partial y^{R*}}{\partial \varphi_P}\left(\frac{\partial y^{F1*}}{\partial \varphi_P}\right)>0$；若 $\beta^R(\beta_1^F)>\frac{1}{2}\left\{\frac{L}{q(e_H-e_L)}+1\right\}$，$\frac{\partial y^{R*}}{\partial \varphi_P}\left(\frac{\partial y^{F1*}}{\partial \varphi_P}\right)<0$；若 $\beta^R(\beta_1^F)=\frac{1}{2}\left\{\frac{L}{q(e_H-e_L)}+1\right\}$，$\frac{\partial y^{R*}}{\partial \varphi_P}\left(\frac{\partial y^{F1*}}{\partial \varphi_P}\right)=0$. 由此可见，在刚性与柔性合同条件下，社会资本方的公平偏好对其合作策略的选择主要受到其利润分享系数的影响。若社会资本方的利润分享系数较低，提高社会资本方的公平偏好程度会

降低其积极合作的可能性；反之，若社会资本方的利润分享系数较高，提高社会资本方的公平偏好程度会增加其积极合作的可能性。这可能是因为在较低的利润分享系数下，机会主义行为的公平偏好效用为正，从而提高了社会资本方选择机会主义行为的概率。于是，进一步可以得到命题 6-8：

命题 6-8：社会资本方的公平偏好对其合作策略的选择主要受到其利润分享系数的影响。若社会资本方的利润分享系数低于一定水平时$\left(小于\frac{1}{2}\left\{\frac{L}{q(e_H-e_L)}+1\right\}\right)$，提高社会资本方的公平偏好程度会降低其积极合作的可能性；反之，若社会资本方的利润分享系数高于一定水平时$\left(大于\frac{1}{2}\left\{\frac{L}{q(e_H-e_L)}+1\right\}\right)$，提高社会资本方的公平偏好程度会增加其积极合作的可能性。

机会主义行为产生的社会效用损失可以整理为：$q(e_H-e_L)[(1+2\varphi_P)\beta^R-\varphi_P]-\varphi_P L$（或 $q(e_H-e_L)[(1+2\varphi_P)\beta_1^F-\varphi_P]-\varphi_P L$）。于是，分析社会资本方策略选择的边界条件可以发现：当 $\beta^R(\beta_1^F)>\frac{\varphi_P}{1+2\varphi_P}$ 时，降低努力成本系数（c）可以降低机会主义行为的社会收益，增加社会资本方的能力禀赋有利于提高机会主义行为产生的社会损失，从而降低机会主义行为发生的概率。但当 $\beta^R(\beta_1^F)\leq\frac{\varphi_P}{1+2\varphi_P}$时，机会主义行为产生的社会效用损失效用为负，即机会主义行为的社会收益将始终大于其社会效用损失，从而使机会主义成为社会资本方的占优策略，而项目属性、社会资本方的能力禀赋因素将不会影响社会资本方的策略选择。综上可得推论 6-1：

推论6－1：当$\beta^{R}(\beta_1^{F})>\frac{\varphi_P}{1+2\varphi_P}$时，降低努力成本系数（$c$）、提高社会资本方的能力禀赋（$q$）有利于降低机会主义行为发生的概率；当$\beta^{R}(\beta_1^{F})\leqslant\frac{\varphi_P}{1+2\varphi_P}$时，机会主义是社会资本方的占优策略，项目属性、社会资本方的能力禀赋等因素将不会影响社会资本方的策略选择。

不同于推论5－2，在公平偏好条件下，利润分享成为决定项目属性、社会资本方的能力禀赋等因素对社会资本方行为策略选择的关键因素。当利润分享较低时，无论项目努力成本如何，对于所有能力禀赋水平的社会资本方都会选择机会主义行为。只有当利润分享水平高于一定程度时$\left(\frac{\varphi_P}{1+2\varphi_P}\right)$，与互惠偏好情况类似，在努力成本较低的项目中，或对于能力禀赋较高的社会资本方，社会资本方机会主义行为的倾向较弱。令$\beta_0=\frac{\varphi_P}{1+2\varphi_P}$，可以看出利润分享的阈值$\beta_0$与社会资本方的公平偏好程度密切相关，且$\frac{\partial\beta_0}{\partial\varphi_P}>0$。这表明社会资本方的公平偏好程度越高，利润分享的阈值越大，从而提高了社会资本方选择机会主义的概率。这一结论与推论5－2中互惠偏好对降低机会主义行为的结论有所不同，说明与互惠偏好相比较，公平偏好对社会资本方行为策略选择的影响更加复杂。

此外，政府方的公平偏好不会影响社会资本方机会主义行为的社会收益和社会损失的大小。于是，与推论5－3相似，可得推论6－2：

推论6－2：政府方的公平偏好不会影响社会资本方的行为策略选择。

此外，将 y^{R*} 和 y^{F1*} 分别对 PB 求导可得：

$$\frac{\partial y^{R*}}{\partial PB}=-\frac{\frac{1}{2}c(e_H^2-e_L^2)-\beta^R q(e_H-e_L)-\varphi_P[(2\beta^R-1)q(e_H-e_L)-L]}{(1-\delta_P)(PB)^2},$$

$$\frac{\partial y_1^{F*}}{\partial PB}=-\frac{\frac{1}{2}c(e_H^2-e_L^2)-\beta_1^F q(e_H-e_L)-\varphi_P[(2\beta_1^F-1)q(e_H-e_L)-L]-k\theta q(e_H-e_L)}{(1-\delta_P)(PB)^2}.$$

可以看出：1）若$\frac{1}{2}c(e_H^2-e_L^2)>\beta^R q(e_H-e_L)+\varphi_P[(2\beta^R-1)q(e_H-e_L)-L]\left(或\frac{1}{2}c(e_H^2-e_L^2)>\beta_1^F q(e_H-e_L)+\varphi_P[(2\beta_1^F-1)q(e_H-e_L)-L]+k\theta q(e_H-e_L)\right)$，即 $y^{R*}>0$（或 $y_1^{F*}>0$），$\frac{\partial y^{R*}}{\partial PB}<0\left(或\frac{\partial y_1^{F*}}{\partial PB}<0\right)$；2）若$\frac{1}{2}c(e_H^2-e_L^2)<\beta^R q(e_H-e_L)+\varphi_P[(2\beta^R-1)q(e_H-e_L)-L]\left(或\frac{1}{2}c(e_H^2-e_L^2)<\beta_1^F q(e_H-e_L)+\varphi_P[(2\beta_1^F-1)q(e_H-e_L)-L]+k\theta q(e_H-e_L)\right)$即 $y^{R*}<0$（或 $y_1^{F*}<0$），$\frac{\partial y^{R*}}{\partial PB}>0\left(或\frac{\partial y_1^{F*}}{\partial PB}>0\right)$. 基于之前分析，$\frac{1}{2}c(e_H^2-e_L^2)$ 代表社会资本方机会主义行为带来的社会收益，不等式右边表示的是机会主义行为的社会效用损失，包括项目产出和社会资本方公平偏好的损失。类似地，可得推论 6－3：

推论 6－3：当社会资本方机会主义行为的社会收益高于社会效用损失（包括项目产出和社会资本方公平偏好的损失），那么增加预期惩罚 PB 会增加其积极合作的可能性；相反，如果社会资本方机会主义行为的社会收益低于其社会效用损失，那么增加预期惩罚 PB 会降低其积极合作的可能性。

与第5章推论5-4类似，由推论6-3可以看出，与互惠偏好情景下类似，当政府与社会资本方具有公平偏好时，惩罚对合作同样可能产生负面影响。

2. 政府方演化策略趋势分析

根据表6-6和表6-10可得如下结论。

①当 $x^* < 0$ 时，无论初始状态和社会资本方的策略如何演化，最终政府方都会选择弱监管策略。刚性合同条件和柔性合同条件下分别满足条件：

➢ 刚性合同：$C_s - C_w > PB$，即满足初始状态R2、R4、R5；

➢ 柔性合同：$C_s - C_w > PB$，即满足初始状态F2、F4、F5。

②在刚性和柔性合同中，x^* 均小于1，即 $x^* > 1$ 的条件不成立。于是，在刚性合同和柔性合同中，不存在使政府方始终选择强监管策略的情形。

③当 $0 < x^* < 1$ 时，政府方的监管策略与社会资本方的策略选择有关。当社会资本方选择积极合作的概率小于 x^* 时（即 $x < x^*$），政府方的演化趋势总是偏向于强监管策略（初始状态R3和F3）。当社会资本方选择积极合作的概率大于 x^* 时（即 $x > x^*$），政府方的演化趋势总是偏向于弱监管策略（初始状态R1和F1）。当社会资本方选择积极合作的概率等于 x^* 时（即 $x = x^*$），政府方选择弱监管和强监管策略无差别。刚性合同和柔性合同条件下需要满足的条件分别为：

➢ 刚性合同：$C_s - C_w < PB$，即满足初始状态R1、R3、R6；

➢ 柔性合同：$C_s - C_w < PB$，即满足初始状态F1、F3、F6。

综合以上分析可以看出，与5.3节的结论相同，刚性合同和柔性合同条件下政府方的策略选择相同。以上不等式中，不等式左边为强监管策略增加的成本（即弱监管策略节约的成本），右边为社会资本方采取机会主义行为时政府选择强监管策略的收益（即弱监管策略带来的收益损失）。因而，降低弱监管策略的成本（C_w）、增加强监管策略的成本（C_s）、降低惩罚金额（B）会提高政府选择弱监管的概率。政府选择强监管策略的可能性则取决于 x^{R*} 和 x^{F1*} 的大小。当社会资本方选择积极合作的概率 x 不变时，政府方策略选择与 x^{R*} 和 x^{F1*} 的大小相关：x^{R*} 和 x^{F1*} 的值越大，政府方选择弱监管的概率越大；相反，当 x^{R*} 和 x^{F1*} 的值越小，则政府方选择强监管的概率越大。

综合以上分析，可得命题 6－9：

命题 6－9：公平偏好条件下，政府方监管策略的选择主要受监管成本、社会资本方机会主义行为被发现的概率和罚款金额的影响，不会受合同类型、公平偏好和项目前景的影响，并且不存在使政府始终选择强监管策略的情形。降低弱监管策略的成本（C_w）、增加强监管策略的成本（C_s）、降低惩罚金额（B）会提高政府选择弱监管的概率。

命题 6－9 的结论与命题 5－9 相似，政府方的策略选择主要受监管成本、社会资本方机会主义行为被发现的概率和罚款金额的影响，与合同类型（刚性或柔性）、社会资本方的偏好类型（互惠或公平）不相关。但与命题 5－9 不同的是：在公平偏好条件下，政府方的策略选择与其自身的公平偏好程度也不相关，但提高政府方的互惠偏好会增加其选择弱监管的可能性。于是可得推论 6－4：

推论 6－4：政府方的监管策略选择与其自身的公平偏好程度不相关，与社会资本方的公平偏好程度不相关。

3. 博弈双方策略组合的演化趋势分析

根据表 6－7 和表 6－11 可知，在演化稳定状态中，公平偏好条件下次优均衡状态（1，1）即（社会资本方积极合作，政府方强监管）的策略组合无法达成，这与互惠偏好情形下类似。类似地，本部分将（社会资本方机会主义，政府方强监管）的策略组合视为最劣均衡，（社会资本方机会主义，政府方弱监管）为次劣均衡，（社会资本方积极合作，政府方弱监管）为最优均衡。刚性合同和柔性合同条件下形成各类策略组合的条件如下：

（1）最优均衡状态（社会资本方积极合作，政府方弱监管）

在刚性合同和柔性合同条件下，达到最优均衡状态（社会资本方积极合作，政府方弱监管）（即（1，0））需要满足的条件如下：

①刚性合同：$\frac{1}{2}c(e_H^2-e_L^2)<\beta^R q(e_H-e_L)+\varphi_P[(2\beta^R-1)q(e_H-e_L)-L]$；

②柔性合同：$\frac{1}{2}c(e_H^2-e_L^2)<(\beta_1^F+k\theta)q(e_H-e_L)+\varphi_P[(2\beta_1^F-1)q(e_H-e_L)-L]$。

由以上条件可以看出，与互惠偏好条件下类似，只有当社会资本方在具有公平偏好下的机会主义行为的社会收益小于其社会效用损失（包含公平偏好损失）时，整个系统博弈演化过程中才能达成对最优均衡状态的“锁定”。因而，无论合同类型如何，最优均衡状态的达成主要取决于社会资本方。比较刚性合同和柔性合同条件下的阈值，可以看出：当$(1+2\varphi_P)\beta^R<(1+2\varphi_P)\beta_1^F+k\theta$时，刚性合同条件下的阈值小于柔性合同条件下的阈值，从而使刚性合同达成最优均衡的概率会小于柔性合同；相反，当$(1+2\varphi_P)\beta^R>(1+2\varphi_P)\beta_1^F+k\theta$时，刚性合同达成最优均衡的概率更大；当$(1+2\varphi_P)\beta^R=(1+2\varphi_P)\beta_1^F+k\theta$时，刚性合同和柔性合同达成最优均衡的概率相同。

（2）次劣均衡状态（社会资本方机会主义，政府方弱监管）

社会资本方机会主义和政府方弱监管时政企双方都没有为项目付出较多的努力，属于整个系统的次劣均衡状态。在刚性合同和柔性合同条件下，需要满足的条件分别如下：

①刚性合同：$\frac{1}{2}c(e_H^2-e_L^2)>\beta^R q(e_H-e_L)+\varphi_P[(2\beta^R-1)q(e_H-e_L)-L]$；$PB+C_w-C_s<0$；

②柔性合同：$\frac{1}{2}c(e_H^2-e_L^2)>(\beta_1^F+k\theta)q(e_H-e_L)+\varphi_P[(2\beta_1^F-1)q(e_H-e_L)-L]$；$PB+C_w-C_s<0$.

对比刚性合同和柔性合同的阈值条件可以看出：当 $(1+2\varphi_P)\beta^R<(1+2\varphi_P)\beta_1^F+k\theta$ 时，刚性合同条件下的阈值小于柔性合同条件下的阈值，即刚性合同到达次劣均衡的概率高于柔性合同；当 $(1+2\varphi_P)\beta^R>(1+2\varphi_P)\beta_1^F+k\theta$ 时则相反；当 $(1+2\varphi_P)\beta^R=(1+2\varphi_P)\beta_1^F+k\theta$ 时，两类合同达到次劣均衡的概率相同。

（3）最劣均衡状态（社会资本方机会主义，政府方强监管）

当政府方采取强监管，而社会资本方仍采用机会主义行为时，说明政府的监管无效，属于整个系统的最劣均衡状态。此时，刚性合同和柔性合同需要满足的条件分别为：

①刚性合同：$\frac{1}{2}c(e_H^2-e_L^2)>\beta^R q(e_H-e_L)+\varphi_P[(2\beta^R-1)q(e_H-e_L)-L]+PB$；$PB+C_w-C_s>0$；

②柔性合同：$\frac{1}{2}c(e_H^2-e_L^2)>(\beta_1^F+k\theta)q(e_H-e_L)+\varphi_P[(2\beta^R-1)q(e_H-e_L)-L]+PB$；$PB+C_w-C_s>0$。

通过以上条件可以看出：当 $PB+C_w-C_s>0$ 时，若 $(1+2\varphi_P)\beta^R<$

$(1+2\varphi_P)\beta_1^F+k\theta$，刚性合同条件下的阈值小于柔性合同条件，即刚性合同达到最劣均衡的概率高于柔性合同；若 $(1+2\varphi_P)\beta^R>(1+2\varphi_P)\beta_1^F+k\theta$ 时则相反；若 $(1+2\varphi_P)\beta^R=(1+2\varphi_P)\beta_1^F+k\theta$，两类合同达到最劣均衡的概率相同。

综合以上分析可得命题6－10：

命题6－10：当其他条件保持不变时，若 $(1+2\varphi_P)\beta_1^F+k\theta>(1+2\varphi_P)\beta^R$，柔性合同条件下达成积极合作的概率较高，达成机会主义的概率较小；若 $(1+2\varphi_P)\beta_1^F+k\theta<(1+2\varphi_P)\beta^R$，刚性合同达成积极合作的概率较高，达成机会主义的概率较小；若 $(1+2\varphi_P)\beta_1^F+k\theta=(1+2\varphi_P)\beta^R$，刚性合同和柔性合同没有差别，即合同机制不会影响社会资本方的策略选择。

与互惠偏好条件下类似，可以看出：当两类合同的激励水平相同时（$\beta_1^k=\beta^K$），在激励水平相同的条件下（$\beta^R=\beta_1^F$），当 $\theta>0$ 时，与刚性合同相比，柔性合同付出较小的激励就可以促进社会资本方采取积极合作策略。相反，当 $\theta<0$ 时，则柔性合同需要付出比刚性合同更多的激励才能促进社会资本方的积极合作。丁是可得推论6－5：

推论6－5：公平偏好条件下，当刚性合同和柔性合同的激励水平相同时（$\beta^R=\beta_1^F$），若政府对项目预期和对社会资本方信任程度较高（$\theta>0$），刚性合同的激励成本较高，应采用柔性合同；相反，当 $\theta<0$ 时，柔性合同的激励成本较高，则应采用刚性合同。

进一步地，当激励水平不同时（$\beta^R\neq\beta_1^F$），比较刚性与柔性合同条件下的达到最优均衡时的边界条件可以发现，当社会资本方的公平偏好程度降低时，$k\theta$ 在边界条件中产生的作用会增加，进而增加了 θ 对最优契约选择的影响。当社会资本方的公平偏好程度增加时，则降

低了 $k\theta$ 在边界条件中产生的作用，从而降低了 θ 对最优契约选择的影响。于是，进一步可得推论 6 – 6：

推论 6 – 6：公平偏好条件下，当刚性合同和柔性合同的激励水平不同时（$\beta^R \neq \beta_1^F$），提高社会资本方的公平偏好程度，可以降低 θ 对最优契约类型选择的影响。相反，降低社会资本方的公平偏好程度，则会提高 θ 对最优契约类型选择的影响。

推论 6 – 6 的结论与互惠偏好条件下的情形正好相反。由命题 5 – 8 和命题 5 – 10 可以看出，提高社会资本方的互惠偏好程度，会提高 θ 对最优契约选择的影响；相反，降低社会资本方的公平偏好程度，则会降低 θ 对最优契约选择的影响。这说明：虽然公平和互惠偏好不会直接影响最优契约类型的选择，但是会产生间接的影响作用，并且两类偏好的影响方向相反。

4. 第二阶段演化稳定策略分析

与 5. 3 节类似，在互惠偏好条件下，刚性合同和柔性合同中项目第二阶段的复制动态方程和演化稳定策略条件基本相同，主要区别在于激励系数的差异。根据表 6 – 7，进一步可得项目第二阶段两类合同条件下，政府方和社会资本方的演化稳定策略。于是，可得命题 6 – 11：

命题 6 – 11：在其他条件不变的情况下，项目第二阶段柔性合同和刚性合同的演化趋势和稳定点类似，利润分享系数是决定哪类合同更有利于促进合作的关键因素。在其他条件不变的情况下，在刚性合同和柔性合同第二阶段，若 $\beta^R > \beta_2^F$，在刚性合同条件下系统更易达到最优均衡策略；若 $\beta^R < \beta_2^F$，在柔性合同条件下系统更易达到最优均衡策略；若 $\beta^R = \beta_2^F$，在两类合同条件下系统达到最优均衡策略的速度

相当。

证明：在刚性合同第二阶段达到最优稳定策略的条件为：$\beta^R q(e_H - e_L) + \varphi_P[(2\beta^R - 1)q(e_H - e_L) - L] > 0$，在柔性合同第二阶段达到最优稳定策略的条件为：$\beta_2^F q(e_H - e_L) + \varphi_P[(2\beta_2^F - 1)q(e_H - e_L) - L]$。令 $\Delta\tau_2 = \beta^R q(e_H - e_L) + \varphi_P[(2\beta^R - 1)q(e_H - e_L) - L] - [\beta_2^F q(e_H - e_L) + \varphi_P[(2\beta_2^F - 1)q(e_H - e_L) - L]] = (1 + 2\varphi_P)(\beta^R - \beta_2^F)q(e_H - e_L)$，当其他条件不变时，若 $\beta^R > \beta_2^F$，则 $\Delta\tau_2 > 0$，即在刚性合同条件下系统更易达到最优均衡策略；若 $\beta^R < \beta_2^F$，则 $\Delta\tau_2 < 0$，即在柔性合同条件下系统更易达到最优均衡策略；若 $\beta^R = \beta_2^F$，则 $\Delta\tau_2 = 0$，在两类合同条件下系统达到最优均衡策略的速度相当。

命题6－11与命题5－11的结论相同。这说明：在项目第二阶段，刚性合同和柔性合同的优劣主要取决于激励系数，即激励系数越高，则越容易达到最优均衡，而与社会资本方的公平和互惠偏好无关。因而，不存在哪一种激励机制绝对最优的情况。

6.3.3 数值仿真分析

为了进一步验证在刚性合同和柔性合同条件下政府方和社会资本方参与的博弈系统中演化博弈均衡点稳定性结论以及各要素的影响关系，利用Matlab 2021b进行数值仿真。由于政府方和社会资本方公平偏好程度无法直接度量，所以结合实际情况将模型赋以数值。关键要素的具体取值如表6－11所示。

表6-11　　各关键要素取值

参数	φ_P	φ_G		β^R	$\beta_1^F(\beta_2^F)$	q	c	e_H	e_L
赋值	0.6	0.6		0.7	0.7	0.6	0.4	0.8	0.2
参数	k	θ			C_w	C_s	P	B	L
赋值	0.7	0.6,	-0.6		0.4	1.5	0.5	2	0.1

由上述分析可知，刚性合同和柔性合同的演化机制主要区别在于项目第一阶段，在项目第二阶段基本相似。因此，本部分主要对刚性合同和柔性合同条件下第一阶段的稳定点与敏感性进行分析讨论。

1. 项目第一阶段合同适应度与敏感性分析

由于社会资本方与政府方在刚性合同与柔性合同第二阶段的复制动态方程类似，并且合同类型的选择在项目起始阶段，本部分将主要分析第一阶段的合同适用性。设$\theta=0.6$，可得刚性合同和柔性合同条件下PPP项目政府方和社会资本方策略演化的仿真结果，如图6-7所示。此时，第一阶段的利润分享系数满足条件：$(1+2\varphi_P)\beta^R<(1+2\varphi_P)\beta_1^F+k\theta$。在图6-7中，刚性合同和柔性合同条件下都达到了最优均衡状态（1，0），即（社会资本方积极合作，政府方弱监管）。此外，对比图6-7（a）和图6-7（b）可以发现在柔性合同条件下，社会资本方达到积极合作的速度更快，此时政府方应选择柔性合同。

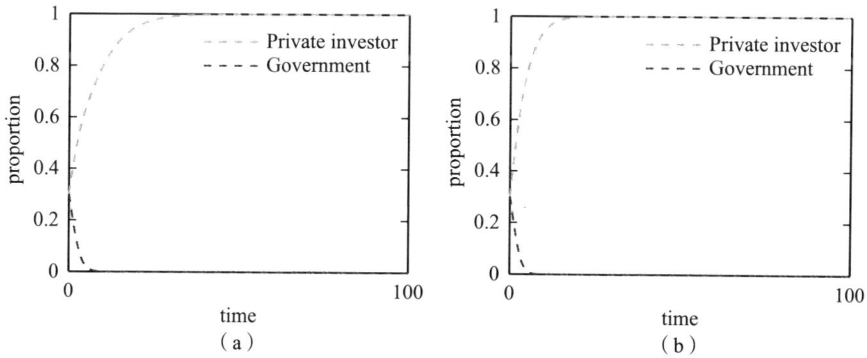

图 6－7　PPP 项目第一阶段社会资本方和政府方策略演化路径

($k=0.7$，$\theta=0.6$)

(a) 刚性合同；(b) 柔性合同

保持其他条件不变，降低 θ 值，使 $\theta=-0.6$，满足条件 $(1+2\varphi_P)\beta^R>(1+2\varphi_P)\beta_1^F+k\theta$，可得演化仿真结果，如图 6－8 所示。在图 6－8 中，刚性合同与柔性合同条件下的均衡状态没有变化，但是柔性合同条件下社会资本方选择积极合作的速度明显低于刚性合同。于是，此时刚性合同更有利于最优均衡的达成，政府方应选择刚性合同。由此可见，其他条件不变时，当激励力度相同时，政府方对项目前景的预估（θ）是合同机制选择的关键。当政府方十分看好项目时，应选择柔性合同，否则应选择刚性合同。

本部分以图 6－7 和图 6－8 作为演化比较分析的基础。

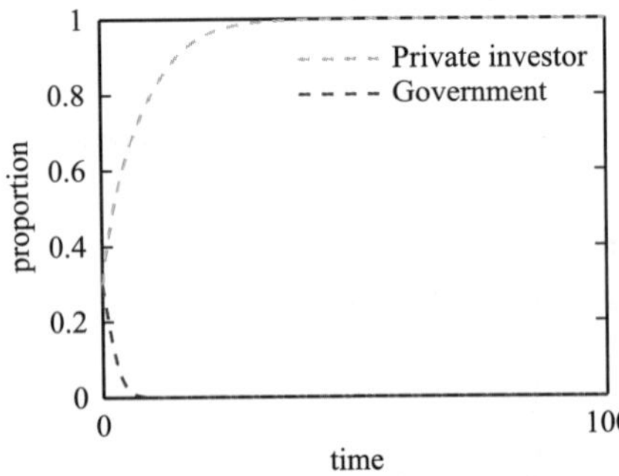

（a）

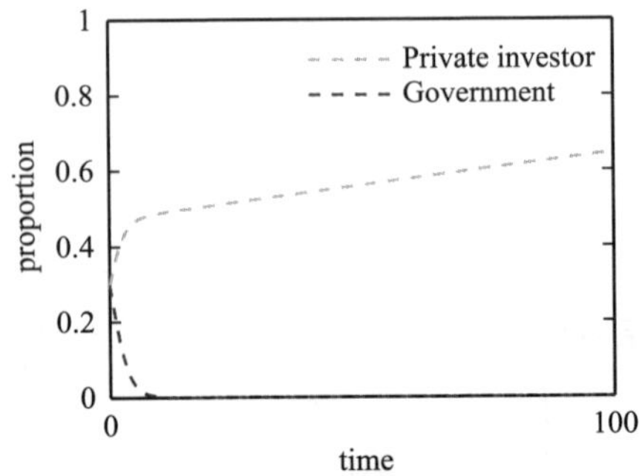

（b）

图 6－8　PPP 项目第一阶段社会资本方和政府方策略演化路径

（$k=0.7$，$\theta=-0.6$）

（a）刚性合同；（b）柔性合同

（1）能力禀赋对系统演化的影响

在图 6－7（$\theta=0.6$）和图 6－8（$\theta=-0.6$）的基础上，降低能力禀赋，使 $q=0.1$，可得图 6－9 和图 6－10。由图 6－9 和图 6－10 可以看出，降低能力禀赋之后，在刚性与柔性合同条件下，社会资本方的策略由积极合作转化为机会主义，演化系统已经由最优均衡（1，0）演进到了次劣均衡（0，0）。在图 6－9 中，虽然此时仍满足条件 $(1+2\varphi_P)\beta^R<(1+2\varphi_P)\beta_1^F+k\theta$，但刚性合同与柔性合同条件下的演化系统已经由最优均衡（1，0）演进到了次劣均衡（0，0）。在图 6－10 中，满足条件 $(1+2\varphi_P)\beta^R>(1+2\varphi_P)\beta_1^F+k\theta$，刚性合同与柔性合同条件下的演化系统同样由最优均衡（1，0）演进到了次劣均衡（0，0）。

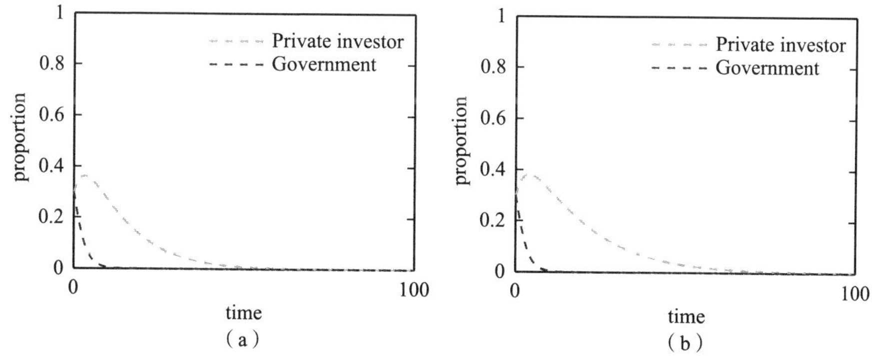

图6-9　PPP项目第一阶段社会资本方和政府方策略演化路径

（$q=0.1$，$\theta=0.6$）

（a）刚性合同；（b）柔性合同

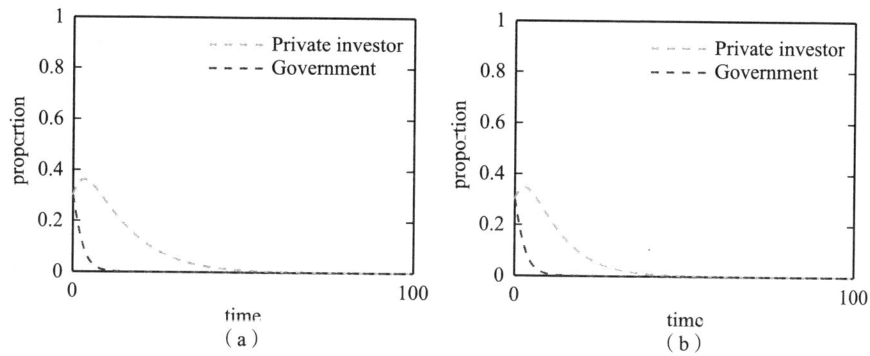

图6-10　PPP项目第一阶段社会资本方和政府方策略演化路径

（$q=0.1$，$\theta=-0.6$）

（a）刚性合同；（b）柔性合同

在图6-7（$\theta=0.6$）和图6-8（$\theta=-0.6$）的基础上，增加能力禀赋，使$q=2$，可得图6-11和图6-12。由图6-11和图6-12可以看出，当社会资本方能力禀赋较高时，（社会资本方积极合作，政府弱监管）是系统的稳定状态，并且当$\theta=0.6$时，刚性合同和柔性合同条件下的演化速度几乎相同。当 $\theta = -0.6$ 时，柔性合同条件下的演化速度慢于刚性合同条件的演化速度。对比图 6－9 至图 6－12 可以看出，对于高能力禀赋的社会资本方，无论在何种情形下都会偏向于积极合作。相反，对于低能力禀赋的社会资本方，其合作策略将会偏向机会主义。

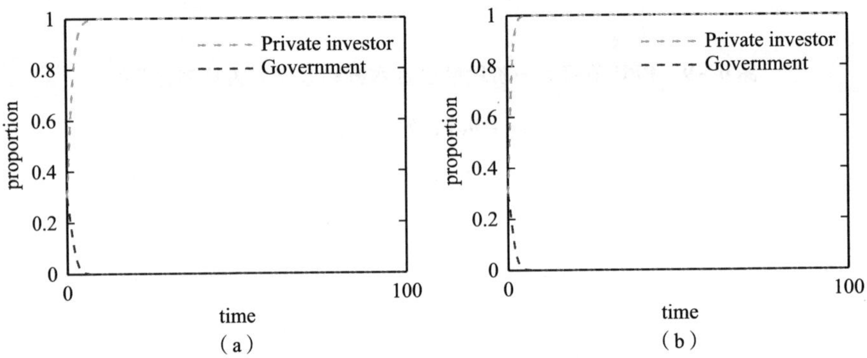

图 6－11　PPP 项目第一阶段社会资本方和政府方策略演化路径

（$q=2$，$\theta=0.6$）

（a）刚性合同；（b）柔性合同

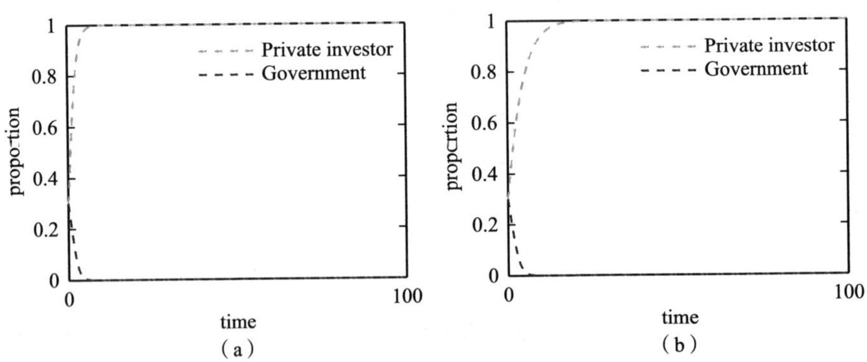

图 6－12　PPP 项目第一阶段社会资本方和政府方策略演化路径

（$q=2$，$\theta=-0.6$）

（a）刚性合同；（b）柔性合同

(2) 社会资本方公平偏好对系统演化的影响

在图6-7($\theta=0.6$)和图6-8($\theta=-0.6$)的基础上,增加社会资本方的公平偏好($\varphi_p=0.9$),可得图6-13和图6-14。从图6-13和图6-14可以看出,对于公平偏好较高的社会资本方,积极合作是

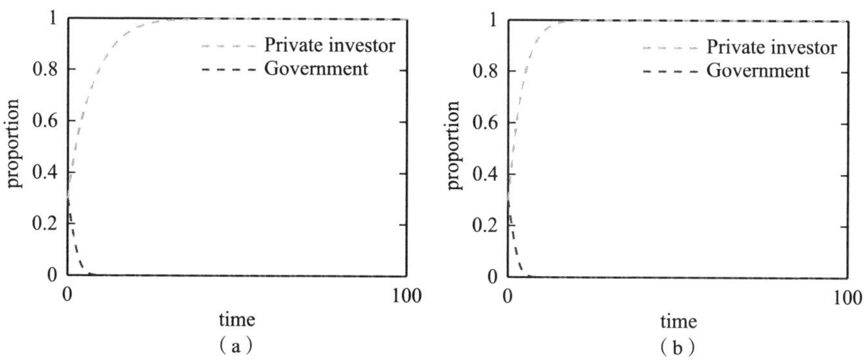

图6-13 PPP项目第一阶段社会资本方和政府方策略演化路径($\varphi_p=0.9$,$\theta=0.6$)

(a) 刚性合同;(b) 柔性合同

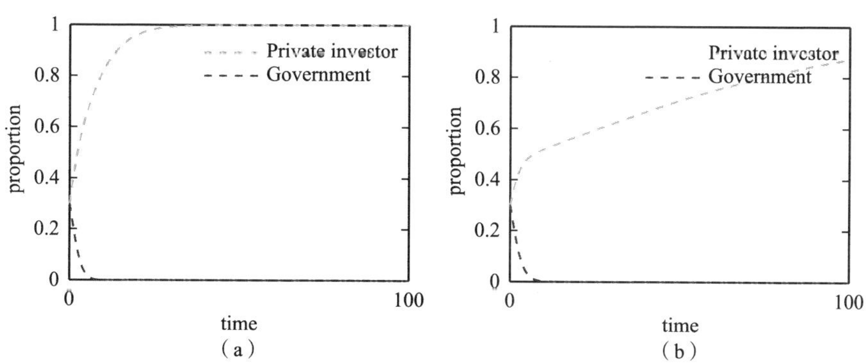

图6-14 PPP项目第一阶段社会资本方和政府方策略演化路径($\varphi_p=0.9$,$\theta=-0.6$)

(a) 刚性合同;(b) 柔性合同

其演化稳定策略，合同类型只会影响其达到演化稳定策略的时间。因此，社会资本方公平偏好的增加（或降低）提高了（或降低了）其达到积极合作的速度，并降低了（提高了）其达到机会主义的速度。

（3）机会主义行为惩罚的期望值对系统演化的影响

在图 6 – 7（$\theta=0.6$）和图 6 – 8（$\theta=-0.6$）的基础上，增加社会资本方机会主义行为被惩罚的期望值 PB（提高 $B=10$），可得图 6 – 15 和 6 – 16。从图 6 – 15 和图 6 – 16 中可以看出，增加社会资本方机会主义行为被惩罚的期望值 PB 会增加政府方向弱监管演化的速度。与互惠偏好条件下类似，提高惩罚并不总会促进合作。如图 6 – 16 所示，在柔性合同条件下，尽管增加 PB 不会改变系统的 ESS，但它显著降低了社会资本方朝着合作方向的演化速度。

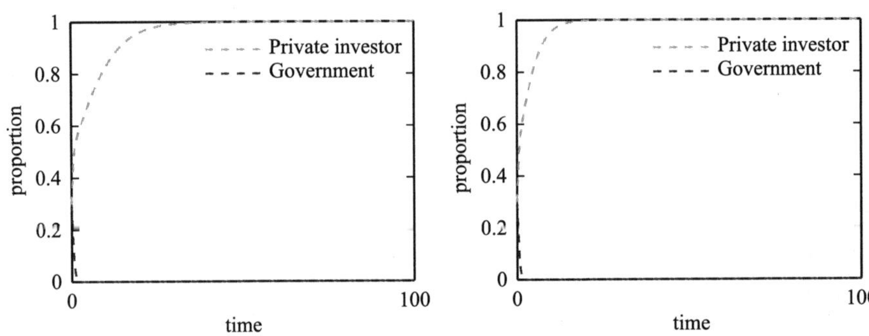

（a）　　　　　　（b）

图 6 – 15　PPP 项目第一阶段社会资本方和政府方策略演化路径

（$B=10$，$\theta=0.6$）

（a）刚性合同；（b）柔性合同

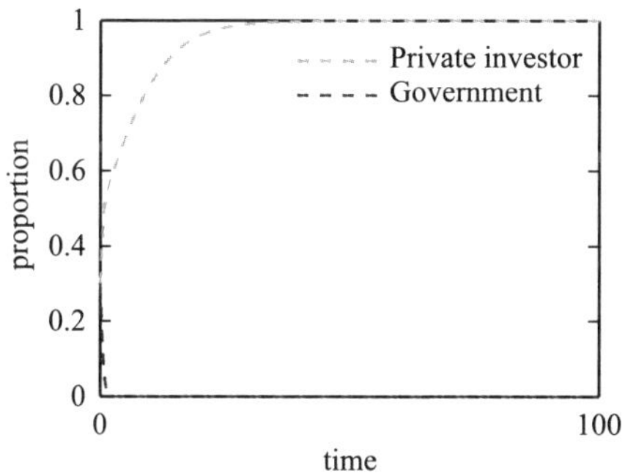

（a）

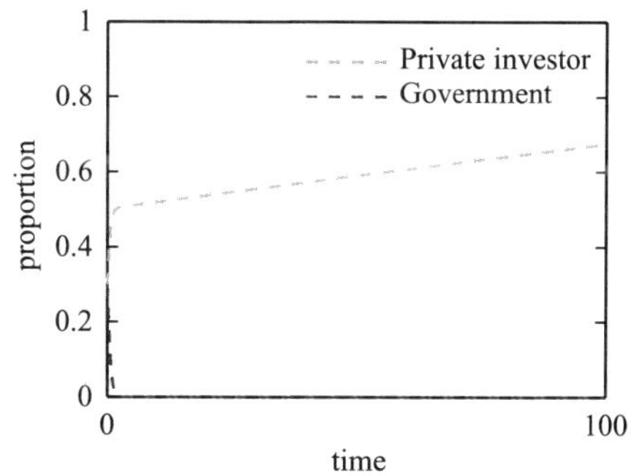

（b）

图6-16　PPP项目第一阶段社会资本方和政府方策略演化路径

（$B=10$，$\theta=-0.6$）

（a）刚性合同；（b）柔性合同

（4）L对系统演化的影响

在图6-7（$\theta=0.6$）和图6-8（$\theta=-0.6$）的基础上，增加社会资本方机会主义行为给政府带来的损失L（提高$L=5$），可得图6-17和图6-18。从图6-17和图6-18中可以看出，增加L不会改变政府方的演化策略，但是社会资本的策略由积极合作变为机会主义，即演化系统已经由最优均衡（1，0）演进到了次劣均衡（0，0）。

（5）努力成本系数c对系统演化的影响

在图6-7（$\theta=0.6$）和图6-18（$\theta=-0.6$）的基础上，分别降低和提高努力成本系数c（$c=0.1$和$c=10$），可得图6-19至图6-22。与图6-7和图6-8相比，降低努力成本后（见图6-19至图6-20），提高了社会资本方向积极合作演化的速度。这说明在努力成本较低的项目中，拥有公平偏好的社会资本方会更加偏向于积极合作。相反，提高努力成本系数c后改变了社会资本方的演化稳定策略（见图6-21和图6-22），社会资本方偏向于机会主义，同时降低了政府方向弱监管演化的速度。

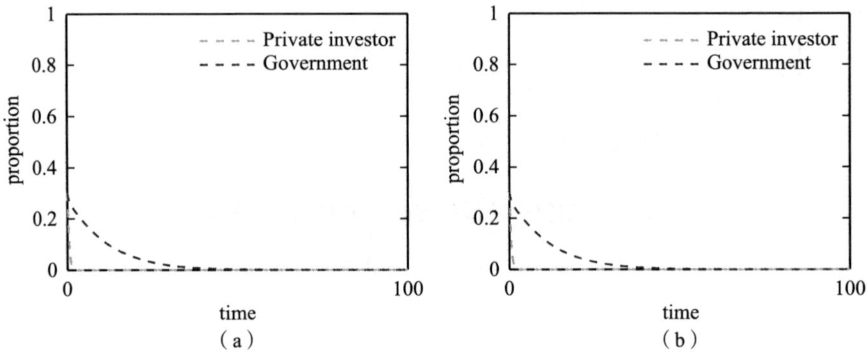

图 6-17　PPP 项目第一阶段社会资本方和政府方策略演化路径

($L=5$，$\theta=0.6$)

(a) 刚性合同；(b) 柔性合同

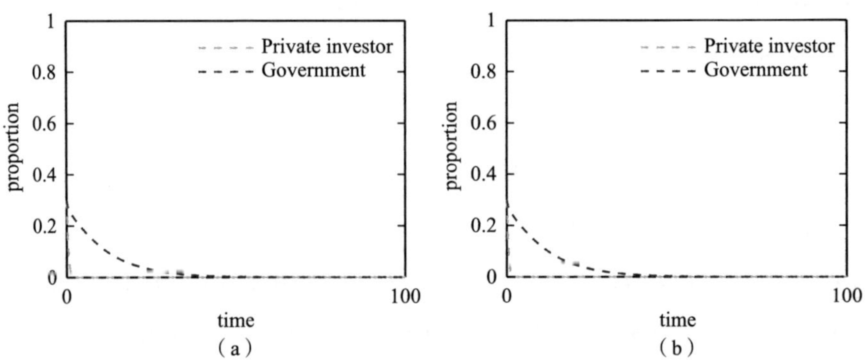

图 6-18　PPP 项目第一阶段社会资本方和政府方策略演化路径

($L=5$，$\theta=-0.6$)

(a) 刚性合同；(b) 柔性合同

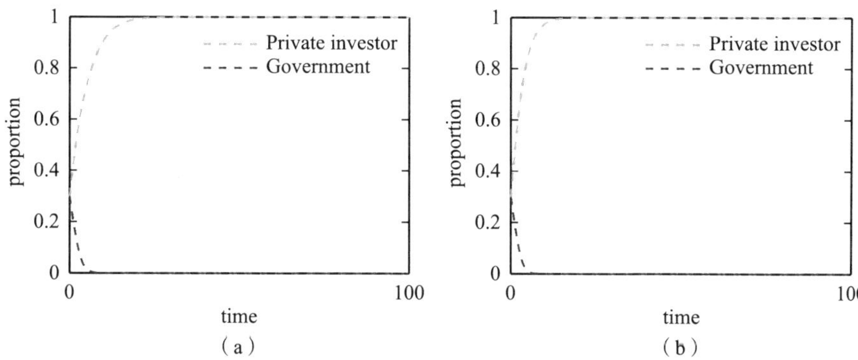

图6-19　PPP项目第一阶段社会资本方和政府方策略演化路径

(c=0.1，θ=0.6)

(a) 刚性合同；(b) 柔性合同

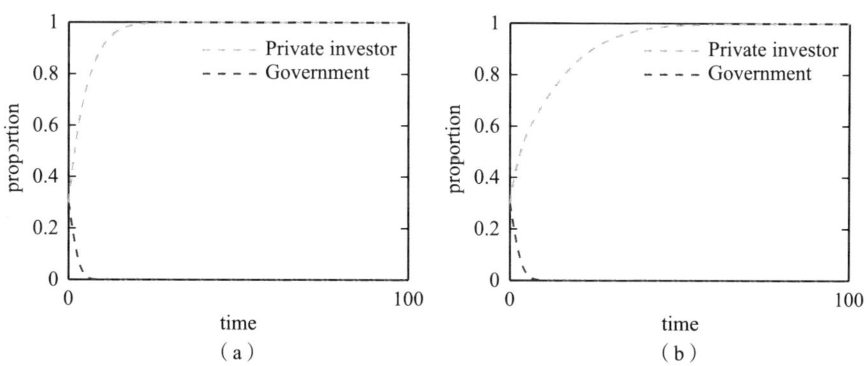

图6-20　PPP项目第一阶段社会资本方和政府方策略演化路径

(c=0.1，θ=-0.6)

(a) 刚性合同；(b) 柔性合同

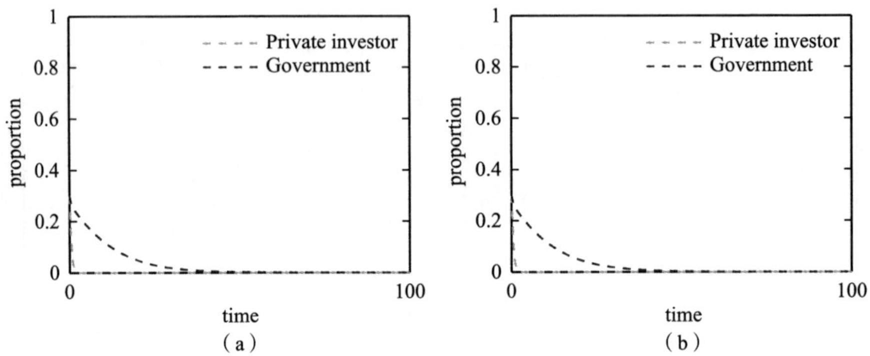

图 6-21 PPP 项目第一阶段社会资本方和政府方策略演化路径

($c=10$，$\theta=0.6$)

(a) 刚性合同；(b) 柔性合同

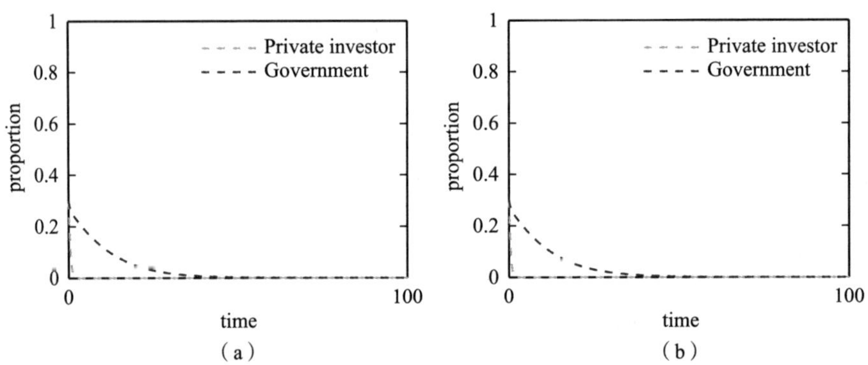

图 6-22 PPP 项目第一阶段社会资本方和政府方策略演化路径

($c=10$，$\theta=-0.6$)

(a) 刚性合同；(b) 柔性合同

2. 项目第二阶段合同适应度分析

项目第二阶段敏感性分析部分与第一阶段刚性合同类似，因此本部分主要分析合同的适应度。项目第二阶段的合同的适应度主要取决于激励力度。如图6－23、图6－24和图6－25所示，分别表示的是$\beta^R>\beta_2^F$、$\beta^R<\beta_2^F$和$\beta^R=\beta_2^F$时，刚性合同与柔性合同第二阶段系统达到最优均衡的对比分析。由图6－23可知，在$\beta^R=0.95$、$\beta_2^F=0.5$，即满足$\beta^R>\beta_2^F$时，社会资本方在刚性合同第二阶段比柔性合同要先达到1，而政府方在两类合同第二阶段达到0的时间一致，说明在刚性合同第二阶段系统更易达到（1，0）的最优均衡。在图6－24中，在$\beta^R=0.4$、$\beta_2^F=0.5$，即满足$\beta^R<\beta_2^F$时，社会资本方在柔性合同第二阶段比刚性合同要先达到1，而政府方在两类合同第二阶段达到0

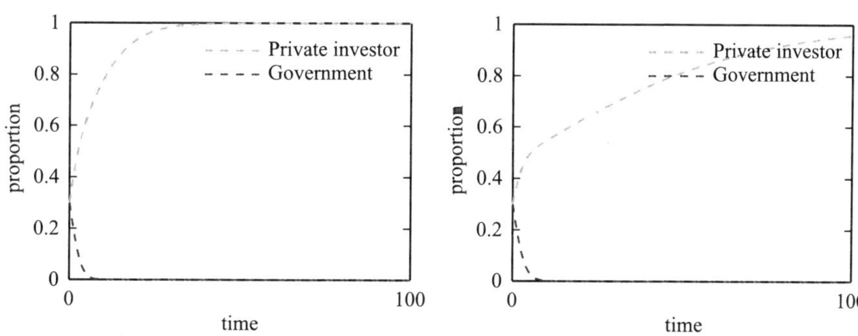

（a）　　　　　　　　　　　　　　（b）

图6－23　PPP项目第二阶段*ESS*(1，0）演化路径（$\beta^R=0.95$，$\beta_2^F=0.5$）

（a）刚性合同；（b）柔性合同

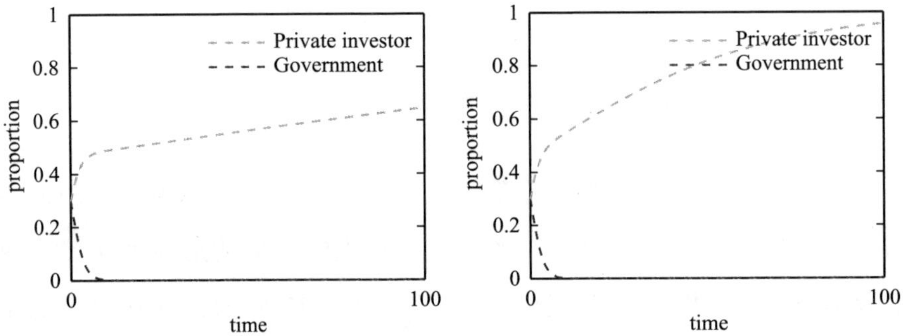

（a）　　（b）

图 6-24　PPP 项目第二阶段 $ESS(1, 0)$ 演化路径图（$\beta^R=0.4$，$\beta_2^F=0.5$）

（a）刚性合同；（b）柔性合同

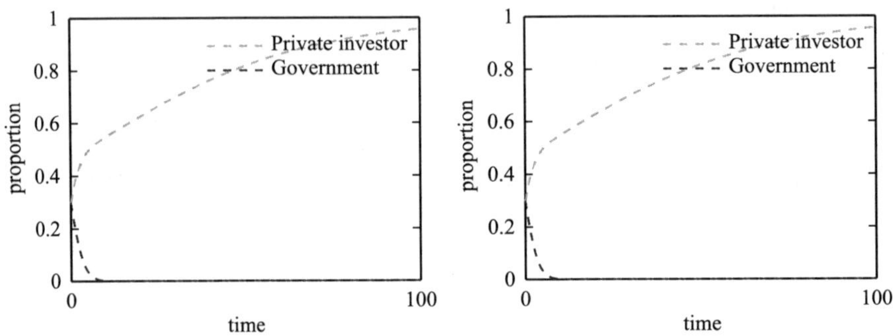

（a）　　（b）

图 6-25　PPP 项目第二阶段 $ESS(1, 0)$ 演化路径图（$\beta^R=\beta_2^F=0.5$）

（a）刚性合同；（b）柔性合同

的时间一致，说明在柔性合同第二阶段系统更易达到（1，0）的最优均衡。图 6-25 说明在 $\beta^R=0.5$、$\beta_2^F=0.5$，即满足 $\beta^R=\beta_2^F$ 时，社会资本方在柔性合同与刚性合同第二阶段达到 1 的时间一致，而政府方在两类合同第二阶段达到 0 的时间也一致，说明在刚性合同与柔性合同第二阶段系统达到（1，0）的最优均衡的时间一致。

6.4 本章小结

本章构建了基于公平偏好的激励机制和演化博弈模型，补充了第 5 章基于互惠偏好的理论研究。

第一，PPP 项目最优利润分享系数和社会资本方的最优努力水平均会受到政企双方公平偏好的影响。政府方的公平偏好程度与最优利润分享和社会资本方的最优努力水平负相关。社会资本方的公平偏好程度与其最优努力水平正相关，但与项目最优利润分享的关系却受项目阶段和合同类型的影响。在刚性合同和柔性合同第二阶段中，最优利润分享与社会资本方的公平偏好程度正相关；在柔性合同第一阶段中，只有当项目前景较好时$\left(\theta > -\frac{1}{2k}\right)$，最优利润分享与社会资本方的公平偏好程度才正相关。此外，社会资本方的公平偏好始终有利于提高项目绩效。

第二，与先前的研究结论一致，政府方的监管策略主要受监管成本、惩罚金额的影响。与以往研究不同的是：本书发现政府方的监管策略不受合同类型（刚性或柔性）的影响。与互惠偏好情形下类似，在公平偏好条件下（积极合作，强监管）也不是演化稳定策略，这说明：政府方的强监管策略不一定会促进社会资本方选择积极合作。

第三，与互惠偏好情形类似，在公平偏好情形下，在项目初期刚性合同与柔性合同的选择与政府方对项目前景的预估和对社会资本方的信任相关。当政府方对项目前景比较看好且对社会资本方充分信任时，柔性合同的激励成本会小于刚性合同的激励成本，且项目绩效更大，政府方更倾向于选择柔性合同，相反则更倾向于选择刚性合同。

第四，与互惠偏好情形下的结论类似，不同以往认为柔性合同更优的研究，本书发现在公平偏好条件下，政企双方的策略演化博弈中刚性合同和柔性合同的优劣主要取决于激励系数，尤其是在单阶段项目中。于是，在互惠和公平偏好情形下，刚性合同和柔性合同不存在哪种合同更优的情况，这可能是刚性合同在实务工作中仍然占主导地位的原因。

第五，在政企双方的策略演化博弈中，政府方和社会资本方的公平偏好只会影响各自的策略选择，并不会影响对方的策略选择。与互惠偏好情形不同的是：政府方的公平偏好也不会影响其监管策略的选择。社会资本方的公平偏好对其演化稳定策略的影响与项目利润分享系数的大小密切相关。社会资本方的公平偏好对其演化稳定策略的影响比互惠偏好更加复杂。

第7章

互惠与公平偏好条件下激励机制与演化策略对比分析

7.1 激励机制对比分析

第5章和第6章分别构建了互惠和公平偏好情形下的PPP项目激励机制，并将刚性合同和柔性合同条件下的最优利润分享和社会资本方的最优努力水平进行了比较和参数敏感性分析。

首先，在参数敏感性分析方面，综合表5－1和表6－1可得表7－1。

表7－1　　　　互惠和公平偏好情形下的参数敏感性分析

主要参数		c	q	δ_P	δ_G	φ_P	φ_G
刚性合同	β^*	–	–	↘	↗	↗	↘
	e^*	↘	↗	↘	↗	↗	↘

续表

主要参数			c	q	δ_P	δ_G	φ_P	φ_G
柔性合同	第一阶段	β_1^*	–	–	↘	↗	$\theta > -\frac{1}{2k}$，↗ $\theta = -\frac{1}{2k}$，– $\theta < -\frac{1}{2k}$，↘	↘
		e_1^*	↘	↗	↘	↗	↗	↘
	第二阶段	β_2^*	–	–	↘	↗	↗	↘
		e_2^*	↘	↗	↘	↗	↗	↘

由表 7－1 可以看出，在互惠和公平偏好条件下，社会资本方的最优努力水平均与单位努力成本系数 c 负相关，与社会资本方的能力禀赋 q 正相关。这说明无论在哪种合同机制下（刚性 VS 柔性），以及政企双方属于哪种偏好类型（互惠 VS 公平），在单位努力成本低的项目中，或对于能力禀赋高的社会资本方，社会资本方都倾向于付出高努力。另外，在互惠和公平偏好条件下，项目最优激励系数均只与政企双方的偏好程度相关，与单位努力成本系数 c 和社会资本方的能力禀赋 q 不相关。这与传统委托代理所得结论不一致，说明 PPP 项目中政企双方的互惠和公平偏好改变了项目的最优利润分享。根据表 7－1，政企双方的互惠和公平偏好对 PPP 项目最优利润分享和社会资本方的最优努力水平产生了不同的影响，可以总结如下：

（1）在刚性合同和柔性合同第二阶段中，社会资本方的最优努力水平均与其自身的互惠偏好负相关，而与其公平偏好正相关。

（2）在柔性合同第一阶段中，社会资本方的最优努力水平与其互惠偏好负相关，但是其公平偏好的影响与 θ 的取值范围相关。这说明在项目前景较好时$\left(\theta > -\frac{1}{2k}\right)$，社会资本方公平偏好对其努力水平具有正向积极的促进作用，而互惠偏好会起到相反的消极作用。但是当项目的前景堪忧时$\left(\theta < -\frac{1}{2k}\right)$，社会资本方的互惠偏好与公平偏好则会起到相反的消极作用。

（3）在刚性合同和柔性合同条件下，政府方的互惠偏好与项目最优利润分享和社会资本方的最优努力水平均呈正相关关系。相反，政府的公平偏好却与项目最优利润分享和社会资本方的最优努力水平均呈负相关关系。

综合以上分析可以看出：在大多数情况下，社会资本方公平偏好对提高其合作积极性是有利的，特别是当项目前景较好时，而社会资本方互惠偏好会降低其合作积极性。但是，政府方的公平偏好会降低社会资本方合作的积极性，其互惠偏好能有利促进社会资本方合作的积极性。于是，由表7-1可以看出，与互惠偏好相比，公平偏好，特别是社会资本方的公平偏好对PPP项目最优利润分享和社会资本方最优努力水平的影响更复杂。

其次，在比较两类合同对项目产出绩效的影响时，命题5-7和命题6-7得出了相同的结论，即刚性合同与柔性合同的适用性与外部性收益系数θ的符号相关。若外部性收益系数$\theta>0$，则柔性合同条件下产生的项目绩效更大，即柔性合同更适用；若外部性收益系数$\theta<0$，则刚性合同条件下产生的项目绩效更大，即刚性合同更适用。这说明项目前景和对社会资本方的信任是决定项目初期合同类型选择的关键因素，而政企双方偏好类型不会影响合同类型的选择。

7.2 演化稳定策略对比分析

5.3 节和 6.3 节分别分析了互惠和公平偏好条件下的演化稳定策略，并将刚性合同和柔性合同下的演化稳定策略进行了对比分析，得出了两类合同的适用的边界条件。通过比较 5.3 节和 6.3 节的相关命题和推论，可以总结出以下结论。

1. 最优契约类型的选择

①在互惠和公平偏好条件下，刚性合同柔性合同的适用边界条件都与利润分享、社会资本方的互惠或公平偏好程度、项目前景相关。

➢ 当刚性合同和柔性合同的激励水平相同时（$\beta^R=\beta_1^F$），项目初期合同类型选择主要取决于政府对项目预期和对社会资本方的信任程度。若政府对项目预期和对社会资本方信任程度较高（$\theta>0$），刚性合同的激励成本较高，应采用柔性合同；若相反（$\theta<0$），柔性合同的激励成本较高，则应采用刚性合同。

➢ 当激励水平不同时（$\beta^R\neq\beta_1^F$），社会资本方的偏好程度、激励水平和项目前景会共同影响最优契约类型的选择：提高社会资本方的互惠偏好程度（或降低社会资本方的公平偏好程度），可以提高 θ 对最优契约选择的影响；相反，降低社会资本方的互惠偏好程度（或提高社会资本方的公平偏好程度），可以降低 θ 对最优契约选择的影响。

②在互惠偏好和公平偏好情形下，在项目第二阶段，柔性合同和刚性合同的演化趋势与稳定点与刚性合同类似，利润分享系数是决定哪类合同更有利于促进合作的关键因素。若 $\beta^R>\beta_2^F$，在刚性合同条件

下系统更易达到最优均衡策略；若 $\beta^R < \beta_2^F$，在柔性合同条件下系统更易达到最优均衡策略；若 $\beta^R = \beta_2^F$，在两类合同条件下系统达到最优均衡策略的速度相当。

2. 政企双方偏好对演化稳定策略的影响

①政企双方的互惠偏好和公平偏好不会影响对方的最优策略选择。特别地，政府方的监管策略只会受到其互惠偏好的影响，而不会受到其公平偏好的影响。

②在互惠和公平偏好条件下，政府方监管策略的选择主要受监管成本、社会资本方机会主义行为被发现的概率和罚款金额的影响，与合同类型和项目前景无关，并且都不存在使得政府方始终选择强监管策略的情形。降低弱监管策略的成本（C_w）、增加强监管策略的成本（C_s）、降低惩罚金额（B）会提高政府选择弱监管的概率。所不同的是：在公平偏好条件下，政府方的策略选择与其自身的公平偏好程度不相关，而在互惠偏好条件下提高政府方的互惠偏好会增加其选择弱监管的可能性。

③社会资本方的互惠偏好和公平偏好对其策略选择的影响都是非线性的，并且两类偏好产生的影响具有差异。

➢ 社会资本方互惠偏好对其策略选择的影响主要取决于机会主义行为的社会收益$\left(\frac{1}{2}c(e_H^2 - e_L^2)\right)$与其社会损失（$L + q(1 + k\theta)(e_H - e_L)$）的关系。当机会主义行为的社会收益大于社会损失时，提高社会资本方的互惠偏好会降低其积极合作的可能性；当机会主义行为的社会收益小于社会损失时，提高社会资本方的互惠偏好则可以提高其积极合作的可能性；当机会主义行为的社会收益等于社会损失时，社会资本方的互惠偏好不会影响其合作策略选择。

➢ 与互惠偏好不同，社会资本方的公平偏好对其合作策略的选择主要受到其利润分享系数的影响。若是社会资本方的利润分享系数低于一定水平时$\left(小于\frac{1}{2}\left\{\frac{L}{q(e_H-e_L)}+1\right\}\right)$，提高社会资本方的公平偏好程度会降低其积极合作的可能性；反之，若是社会资本方的利润分享系数高于一定水平时$\left(大于\frac{1}{2}\left\{\frac{L}{q(e_H-e_L)}+1\right\}\right)$，提高社会资本方的公平偏好程度则会增加其积极合作的可能性。

④互惠偏好条件下，在努力成本较低的项目中，或对于能力禀赋较高的社会资本方，社会资本方机会主义行为的倾向较弱。在公平偏好条件下，只有当利润分享水平高于一定程度时$\left(\frac{\varphi_P}{1+2\varphi_P}\right)$，才能得到与互惠偏好条件下一致的结论，而当利润分享较低时，无论项目努力成本如何，对于所有能力禀赋水平的社会资本方都会选择机会主义行为。

⑤社会资本方的互惠偏好能够有效杜绝一部分对项目产生损失过大的机会主义行为。但是社会资本方的公平偏好却会提高利润分享的阈值（β_0），从而提高社会资本方选择机会主义的概率。

⑥在互惠或公平偏好条件下，惩罚对合作的影响并非一致，并且对于倾向于积极合作的社会资本方，提高惩罚会降低其合作的积极性。同时，增加惩罚金额还会增加政府选择强监管的概率，这可能会加剧对双方信任的破坏。

7.3 本章小结

本章将第5章和第6章的理论结论进行了对比分析，讨论了互惠和公平偏好条件下激励机制和演化稳定策略的异同。通过分析可以发现：在项目初始阶段的最优契约类型选择方面，政府方对项目前景的判断和对社会资本方的信任程度是影响最优契约选择的关键因素，而社会资本方的互惠偏好和公平偏好会对其影响程度产生间接影响。此外，政企双方的互惠偏好和公平偏好都不会影响对方的最优策略选择，但政企双方各自的互惠和公平偏好对其演化稳定策略的影响具有差异。本章的研究进一步完善了本书的理论框架体系，通过将第5章和第6章的理论进行对比分析，可以为项目管理者制定管理策略和治理机制提供更完善的理论支持和策略建议。

第8章

结论与对策建议

8.1 结　　论

本书从PPP合同类型选择的实际问题出发，考虑PPP项目“互惠共赢”的合作基础，在对已有文献总结和分析的基础上，引入互惠和公平偏好，分别从激励机制和行为策略演化两方面讨论和比较了刚性合同和柔性合同条件下最优激励机制和政企双方的演化稳定策略，总结了两种合同的适用条件。

首先，在激励机制方面，PPP模式本质是由政府方与社会资本方为了共同完成公共产品项目而建立的长期合作契约，双方存在委托代理关系。本书基于互惠和公平偏好理论，分别建立了刚性合同与柔性合同条件下委托代理模型。研究表明：政企双方的互惠和公平偏好都会影响项目的最优利润分享和社会资本方的最优努力水平，且两种偏好产生的影响存在差异。但是，社会资本方的公平偏好和政府方的互惠偏好都有利于提高项目绩效。

其次，在政企双方演化策略方面，政府方作为监管者，需要承担整个项目的监管责任，而社会资本方追求自身利益最大化，可能会选择积极合作，也可能采取机会主义行为。传统演化博弈模型考虑的是基于多阶段的重复博弈，并将各阶段的激励机制设定为相同的（即刚性合同），缺乏对柔性合同的考虑。本书按照项目阶段，将政企双方的演化博弈拆分成两个子博弈，构建了基于两阶段的演化博弈模型，分析了在柔性契约条件下的政企双方的策略选择。研究表明：政府方和社会资本方的互惠偏好和公平偏好对双方策略演化不存在交叉影响，即政府方和社会资本方的互惠和公平偏好程度仅会影响自身的策略选择，不会影响对方的策略选择。对于政府方，其互惠偏好程度越高，则采取强监管的概率越低，采取弱监管的概率越高，但其公平偏好不会影响其监管策略选择。

对于社会资本方，其互惠偏好对其演化策略的影响取决于机会主义行为的社会收益和社会损失的大小，而其公平偏好对其演化策略的影响取决于利润分享的大小。当机会主义行为产生的收益大于损失时，社会资本方的互惠偏好会增加其机会主义的概率。相反，则社会资本方的互惠偏好会增加其积极合作的概率。当利润分享系数低于一定水平时，社会资本方的公平偏好会降低其积极合作的可能性。相反，当利润分享系数高于一定水平时，社会资本方的公平偏好会提高其积极合作的概率。由此可见，政府方与社会资本方的互惠和公平偏好程度对于双方演化策略的选择具有显著影响，这也进一步验证了互惠和公平是双方合作的基础，政府方可以根据实际情况选择合适的合同类型来最大限度发挥社会资本方的互惠和公平偏好对其合作的促进效果，激励社会资本方顺利完成PPP项目。

最后，在合同类型的选择方面，本书分别从静态视角与动态视角对刚性合同与柔性合同的适用条件进行了讨论。结果表明：在静态视角下，通过对比 PPP 项目在刚性合同与柔性合同产生的项目绩效发现，合同的适用性与项目初期政府方对项目前景的预估和对社会资本方的信任程度相关，若政府方对项目前景比较看好且对社会资本方充分信任时，则柔性合同条件下产生的项目绩效更大，即柔性合同更适用；相反，刚性合同条件下产生的项目绩效更大，即刚性合同更适用。

在动态视角下，本书发现，在多阶段项目中，当两类合同的激励水平相同时，刚性合同和柔性合同的激励成本主要取决于政府方对项目前景的预估和对社会资本方的信任程度。当政府方对项目前景比较看好且对社会资本方充分信任时，柔性合同的激励成本会小于刚性合同的激励成本，政府方会更倾向于选择柔性合同。相反，则更倾向于选择刚性合同。当激励水平不同时，社会资本方的偏好程度、激励水平和项目前景会共同影响最优契约类型的选择：提高社会资本方的互惠偏好程度（或降低社会资本方的公平偏好程度），可以提高 θ 对最优契约选择的影响；相反，降低社会资本方的互惠偏好程度（或提高社会资本方的公平偏好程度），可以降低 θ 对最优契约选择的影响。此外，不同于以往认为柔性合同更优的研究，本书发现在单阶段的项目中，刚性合同和柔性合同的优劣主要取决于激励系数，因而并不存在哪种合同绝对最优的情形。在实际 PPP 项目中，政府方可以根据实际风险分配情况来选择合适的合同类型，激励社会资本方积极合作，保证项目的顺利完成。

8.2 对策建议

根据对刚性合同与柔性合同激励机制及其对比分析，就PPP项目中政府对社会资本方激励机制的管理方面提出以下对策建议：

首先，由于不存在绝对最优的合同，应根据具体情况选择合适的合同类型。刚性合同与柔性合同在不同的条件下具有不同的适用性。在项目初期，政府方应根据不同的现实情况来选择适合的项目合同，在充分评判各类现实情况后制定符合双方利益的激励机制，激励社会资本方付出更多的努力，从而促进双方的合作，提高PPP项目的绩效。

其次，挑选具有较高公平偏好的社会资本方或者提高政府方的互惠偏好会更有利于提高项目绩效。互惠和公平偏好已经被广泛证明能够影响人们的决策，在本书的分析也表明政府方与社会资本方的互惠和公平偏好程度在一定程度上会影响双方的合作。因此，在PPP项目实践中，政府方在选择社会资本方时，也应该考虑这一因素，尽可能识别社会资本方所具有的互惠和公平偏好程度，并且挑选具有较高公平偏好程度的社会资本方。同时，政府方应当提高自身的互惠偏好程度，并降低自身的基于利己的公平偏好程度，给予社会资本方较高的互惠回报，激励社会资本方付出更多的努力。此外，社会资本方公平偏好对于双方合作的促进效果还与合同类型有关，在挑选具有高互惠偏好的社会资本方的同时，应根据实际情况选择合适的合同类型，最大限度地发挥社会资本方的互惠偏好程度对于双方合作的促进作用。

最后，社会资本方具有互惠偏好或者具有公平偏好且利润分享水平高于一定值时，在成本较低的项目中，或社会资本方能力禀赋较高时，社会资本方选择积极合作的倾向更高，而采取机会主义行为的概率则较低。于是，政府在选择社会资本方时，除了应尽可能识别对方所具有的偏好程度，还应重点考察其个人能力。同时，在成本较低的项目中可以采取弱监管策略，通过加大惩罚力度的方式来防止社会资本方采取机会主义行为。此外，政府应根据合作协议制定合适的惩罚制度，以避免惩罚对合作的负面影响。

8.3 不足与展望

本书基于 PPP 项目中政企双方的互惠和公平偏好，通过对静态的激励模型和动态的演化博弈模型的构建、求解和分析，系统讨论了刚性合同和柔性合同的适用条件，以及互惠和公平偏好对项目最优利润分享、社会资本方最优努力水平、政企双方演化稳定策略、合同类型选择的影响。

本书的研究还存在一些不足之处：首先，对于刚性合同与柔性合同的适用条件的讨论依据主要是两类合同条件下项目绩效的大小以及演化系统达到最优均衡边界条件的比较，未完全考虑政府方和社会资本方在实际项目中的目标差异、内外部不确定性等因素对合同类型选择的影响。其次，由于互惠和公平偏好属于私有信息，很难精确量化，使得案例数据收集有一定难度。因而，本书并没有收集现实中的案例数据进行验证，理论模型只能在宏观层面得到证明，未来还需要收集大量的现实数据进行研究。

基于以上不足，今后可以从政府方和社会资本方存在的目标差异、项目内外部环境的不确定性等方面展开深入研究，并设计实证和案例研究，进一步对相关理论结论进行验证。

参考文献

[1] 凤元杰．文献信息检索［M］．北京：科学出版社，2010.

[2] 毕功兵，何仕华，罗艳，等．公平偏好下销售回扣契约供应链协调［J］．系统工程理论与实践，2013，33（10）：2505-2512.

[3] 毕蕾．公共基础设施 PPP 项目主体间的机会主义及治理［J］．财经问题研究，2016（04）：18-23.

[4] 曹启龙，盛昭瀚，周晶，等．契约视角下 PPP 项目寻租行为与激励监督模型［J］．科学决策，2015（09）：51-67.

[5] 曹启龙，盛昭瀚，周晶，等．公平偏好下 PPP 项目多任务激励问题研究［J］．预测，2016，35（01）：75-80.

[6] 常亮，刘凤朝，杨春薇．基于市场机制的流域管理 PPP 模式项目契约研究［J］．管理评论，2017，29（03）：197-206.

[7] 常雅楠，王松江．激励视角下的 PPP 项目利益分配——以亚投行支撑中国企业投资 GMS 国家基础设施项目为例［J］．管理评论，2018，30（11）：257-265.

[8] 陈叶烽，周业安，宋紫峰．人们关注的是分配动机还是分配结果？——最后通牒实验视角下两种公平观的考察［J］．经济研究，2011（06）：31-44.

[9] 陈婉玲.PPP合同弹性调整机制研究 [J]. 上海财经大学学报，2018，20 (05)：4-16.

[10] 陈艳，吕云翔，谢运慧. 基于PT-MA理论的PPP项目风险管理行为演化博弈分析 [J]. 系统科学学报，2020，28 (11)：65-70.

[11] 丁军飞，陈伟达，付帅帅. 规模不经济下互惠偏好对闭环供应链的影响研究 [J]. 管理工程学报，2022，36 (01)：194-204.

[12] 董志强. 我们为何偏好公平：一个演化视角的解释 [J]. 经济研究，2011 (08)：65-77.

[13] 杜亚灵，闫鹏，尹贻林，等. 初始信任对工程项目管理绩效的影响研究：合同柔性、合同刚性的中介作用 [J]. 预测，2014，33 (05)：23-29.

[14] 杜杨，丰景春.PPP模式下的保障房建设公私合作机制演化博弈分析 [J]. 工程管理学报，2015，29 (01)：59-64.

[15] 方俊，黄静，王晟旻. 投机行为下缺口补助PPP项目激励与约束机制设计 [J]. 建筑经济，2019，40 (07)：28-32.

[16] 冯珂，王守清，薛彦广. 基于多方满意的PPP项目股权配置优化研究 [J]. 清华大学学报 (自然科学版)，2017，57 (04)：376-381.

[17] 郭健. 公路基础设施PPP项目交通量风险分担策略 [J]. 管理评论，2013，25 (07)：11-19.

[18] 韩姣杰，贾满作. 基于互惠的项目复杂团队合作动态演化分析 [J]. 中国管理科学，2016，24 (S1)：231-239.

[19] 高雨萌，刘婷，王守清，等. 他山之石——PPP投资引导基金的国际经验 [J]. 项目管理技术，2016，14 (08)：15-21.

［20］高若兰，鲍琴．基于演化博弈的 PPP 项目运营期政府监管方式选择研究［J］．运筹与管理，2019，28（04）：155－162.

［21］何涛，赵国杰．基于随机合作博弈模型的 PPP 项目风险分担［J］．系统工程，2011，29（04）：88－92.

［22］何海艳，周国华，郑立宁．激励视角下使用者介入的 PPP 项目收益共享研究［J］．工业工程与管理，2020，25（06）：126－134.

［23］胡本勇，彭其渊，王性玉．考虑采购资金约束的供应链期权柔性契约［J］．管理科学学报，2009，12（06）：62－71.

［24］胡一石，盛和太，刘婷，等．PPP 项目公司资本结构的影响因素分析［J］．工程管理学报，2015，29（01）：102－106.

［25］蒋士成，李靖，费方域．内生不完全合同理论研究进展［J］．经济学动态，2018（05）：102－111.

［26］柯洪，刘秀娜．工程合同柔性的本质及不同范本下的条款比较［J］．工程管理学报，2014，28（05）：32－36.

［27］刘婷，王守清，盛和太，等．PPP 项目资本结构选择的国际经验研究［J］．建筑经济，2014，35（11）：11－14.

［28］刘继才，付紫婷．金融机构提前介入 PPP 项目的社会资本方机会主义行为研究［J］．软科学，2022：1－17.

［29］李林，刘志华，章昆昌．参与方地位非对称条件下 PPP 项目风险分配的博弈模型［J］．系统工程理论与实践，2013，33（08）：1940－1948.

［30］李媛，赵道致．考虑公平偏好的低碳化供应链契约协调研究［J］．管理工程学报，2015，29（01）：156－161.

［31］李训．基于公平偏好理论的知识型团队合作研究［J］．科

学学与科学技术管理，2007（07）：182－186.

［32］李训，曹国华．基于公平偏好理论的激励机制研究［J］．管理工程学报，2008，22（02）：107－111.

［33］李训，曹国华．公平偏好员工的锦标激励研究［J］．管理工程学报，2009，23（01）：143－144.

［34］娄黎星．建设工程项目柔性概念框架研究［J］．工程管理学报，2014，28（04）：11－15.

［35］娄黎星．建设工程施工合同柔性的内涵及其影响因素——基于扎根理论［J］．建筑经济，2016，37（04）：90－94.

［36］娄黎星．项目合同柔性：概念、前因及影响结果［J］．项目管理技术，2016，14（03）：7－12.

［37］罗春晖．基础设施民间投资项目中的风险分担研究［J］．现代管理科学，2001（02）：28－29.

［38］吕俊娜，谭西亚，安彤．不完全信息下PPP项目特许期与资本结构决策研究［J］．工程管理学报，2021，35（05）：76－81.

［39］吕俊娜，何雨霜，冉晓兰．柔性合同下交通PPP再谈判行为抑制研究［J］．工程管理学报，2021，35（06）：85－90.

［40］马德青，胡劲松．具公平行为的零售商回收闭环供应链动态均衡策略研究［J］．中国管理科学，2019，27（04）：70－78.

［41］慕银平，刘利明．采购价格柔性策略与供应链利润风险分析［J］．中国管理科学，2015，23（11）：80－87.

［42］牛耘诗，褚晓凌，王守清，等．PPP项目提前终止下社会资本机会主义行为研究［J］．系统工程理论与实践，2019，39（11）：2784－2791.

［43］岳意定，黄雄艳．政府融资平台存量项目PPP模式的资本

结构选择模型 [J]. 湖南师范大学社会科学学报，2016 (02)：109－115.

[44] 邱若臻，黄小原．供应链渠道协调的收入共享契约模型 [J]. 管理学报，2006 (02)：148－152.

[45] 沈炜，周林意．公众参与下交通基础设施公私合作项目风险分担再谈判演化博弈 [J]. 同济大学学报 (自然科学版)，2022，50 (05)：635－641.

[46] 施建刚，林陵娜，唐代中．考虑横向公平偏好的项目团队成员知识共享激励研究 [J]. 运筹与管理，2015，24 (06)：242－250.

[47] 时羽，王畅．“伪PPP”项目的演化博弈与治理机制 [J]. 科技创新与生产力，2020 (08)：27－31.

[48] 宋建华．基于公平偏好的实验经济学研究综述 [J]. 经济评论，2011 (03)：124－130.

[49] 王颖林，刘继才，高若兰．基于互惠及风险偏好的PPP项目政府激励研究 [J]. 建筑经济，2016，37 (07)：54－57.

[50] 王蕾，赵敏，彭润中．基于ANP－Shapley值的PPP模式风险分担策略研究 [J]. 财政研究，2017 (06)：40－50.

[51] 王兵，张水波，王秀芹，等．基于实物期权的PPP项目最优资本结构研究 [J]. 管理科学学报，2019，22 (06)：73－85.

[52] 王军武，余旭鹏．考虑风险关联的轨道交通PPP项目风险分担演化博弈模型 [J]. 系统工程理论与实践，2020，40 (09)：2391－2405.

[53] 王天日，郭靖云，王海涛，等．基于Moran过程的PPP项目承包商机会主义行为演化动态 [J]. 技术经济，2020，39 (08)：168－173.

［54］王秀芹，徐砚韬，王兵．基于QCA方法的PPP项目资本结构影响因素研究［J］．工程管理学报，2021，35（01）：71－76.

［55］王先甲，袁睢秋，林镇周，等．考虑公平偏好的双重信息不对称下PPP项目激励机制研究［J］．中国管理科学，2021，29（10）：107－120.

［56］王先甲，欧蓉，陈佳瑜．公平偏好下双代理人激励契约设计研究［J］．中国管理科学，2022，30（01）：100－110.

［57］阮青松，黄向晖．西方公平偏好理论研究综述［J］．外国经济与管理，2005，27（06）：10－16.

［58］韦倩．纳入公平偏好的经济学研究：理论与实证［J］．经济研究，2010（09）：137－148.

［59］魏光兴．公平偏好的博弈实验及理论模型研究综述［J］．数量经济技术经济研究，2006（08）：152－161.

［60］魏光兴，覃燕红．基于公平偏好的同事压力及团队合作机制［J］．山西财经大学学报，2008，30（06）：64－69.

［61］吴正泓，陈通，张保银．间接互惠下公共文化PPP项目机会主义行为［J］．北京理工大学学报（社会科学版），2016，18（06）：80－84.

［62］伍迪，陈海清，王守清．民间投资基础设施项目的资本结构影响因素研究［J］．建筑经济，2021，42（06）：24－28.

［63］肖万，彭程，韦玮．按效付费模式下PPP柔性合同的运用——基于双案例的比较研究［J］．宏观经济研究，2020（08）：64－75＋155.

［64］肖金桂，陈群，陈哲．基于合同控制权柔性的城市轨道交通项目参与方演化博弈研究［J］．铁道运输与经济，2021，43（08）：

126 – 132.

[65] 徐飞，宋波．公私合作制（PPP）项目的政府动态激励与监督机制［J］．中国管理科学，2010，18（03）：165 – 173.

[66] 徐永顺，陈海涛，迟铭，等．PPP 项目中合同柔性对项目价值增值的影响研究［J］．管理学报，2019，16（08）：1228 – 1235.

[67] 杨茂．我国 PPP 项目合同柔性需求分析［J］．农村经济与科技，2018，29（03）：108 – 109.

[68] 晏艳阳，金鹏．公平偏好下的多任务目标与国企高管薪酬激励［J］．中国管理科学，2014，22（07）：82 – 93.

[69] 严玲，丁乾星，严敏．建设项目合同柔性研究：述评与展望［J］．建筑经济，2015，36（08）：31 – 36.

[70] 严玲，郭亮，宁延，等．合同柔性对承包人履约行为的激励作用研究：以信息透明度为调节变量［J］．管理评论，2021，33（10）：222 – 236.

[71] 尹贻林，徐志超，邱艳．公共项目中承包商机会主义行为应对的演化博弈研究［J］．土木工程学报，2014，47（06）：138 – 144.

[72] 尹贻林，王垚．合同柔性与项目管理绩效改善实证研究：信任的影响［J］．管理评论，2015，27（09）：151 – 162.

[73] 亓霞，柯永建，王守清．基于案例的中国 PPP 项目的主要风险因素分析［J］．中国软科学，2009（05）：107 – 113.

[74] 袁亮亮，彭靖，尹贻林，等．广州地铁 11 号线工程承包合同再谈判条款设计研究［J］．工程管理学报，2020，34（01）：97 – 101.

[75] 曾婷婷，李登峰，郑小雪．考虑互惠偏好的闭环供应链系

统合作机制研究 [J]. 系统科学与数学, 2020, 40 (01): 41-62.

[76] 张宏, 乔文珊. PPP 项目再审核与动态绩效激励机制 [J]. 系统工程, 2017, 35 (12): 113-120.

[77] 张曾莲, 郝佳赫. PPP 项目风险分担方法研究 [J]. 价格理论与实践, 2017 (01): 137-140.

[78] 张萌. 新型城镇化 PPP 项目最优资本结构及其影响因素研究——基于合作共赢的一般均衡视角 [J]. 工业技术经济, 2017 (03): 89-97.

[79] 张云华, 丰景春, 张可, 严华东. 完全理性与互惠偏好下 PPP 项目控制权激励模型比较研究: 基于私人部门之间的控制权配置 [J]. 管理工程学报, 2019, 33 (04): 151-158.

[80] 张云华, 谢洪涛, 郑俊巍, 沈俊鑫. PPP 项目执行阶段控制权动态调整机制的演化博弈 [J]. 系统工程理论与实践, 2021, 41 (07): 1784-1793.

[81] 赵延超, 李鹏, 吴涛, 等. 基于合同柔性的 PPP 项目信任对项目绩效影响的机理 [J]. 土木工程与管理学报, 2019, 36 (04): 161-169.

[82] 周盛世, 张宁, 张晓娟. 基于 Shapley 值法的地铁施工 PPP 项目风险分担 [J]. 土木工程与管理学报, 2019, 36 (06): 111-117.

[83] 周亦宁, 刘继才. 考虑上级政府参与的 PPP 项目监管策略研究 [J]. 中国管理科学, 2020: 1-16.

[84] 朱方伟, 宋昊阳, 张锦兰, 等. 建设工程项目契约柔性概念界定与量表开发 [J]. 工程管理学报, 2018, 32 (04): 116-120.

[85] 朱建波, 时茜茜, 盛昭瀚. PPP 模式运营期内公私部门合作

机制的演化分析 [J]. 科技管理研究，2016 (24)：218 – 224.

[86] 朱琪，李燕冰. 公平偏好下混改国企双委托人薪酬激励机制研究 [J]. 中国管理科学，2022：1 – 12.

[87] 林火灿. 一季度全国固定资产投资增速略有回落，民间投资活力增强——投资增速缓转型步伐疾 [N]. 经济日报，2018 – 4 – 26 (05).

[88] 怀劲梅. 基于柔性的设备维护外包合同管理研究 [D]. 武汉华中科技大学，2006.

[89] 财金 [2014] 76 号. 关于推广运用政府和社会资本合作模式有关问题的通知 [Z]，2014.

[90] 国发 [2014] 60 号. 国务院关于创新重点领域投融资机制鼓励社会投资的指导意见 [Z]，2014.

[91] ARROW K J. Optimal and voluntary income distribution [M]. Institute for mathematical studies in the social sciences, Stanford University, 1979.

[92] WILLIANSON O E. Markets and Hierarchies: Analysis and Antitrust Implications [M]. Free Press, New York, 1975.

[93] AREFIN M R, KABIR K A, JUSUPM, et al. Social efficiency deficit deciphers social dilemmas [J]. Scientific reports, 2020, 10: 16092.

[94] ABBINK K, IRLENBUSCH B, RENNER E. The moonlighting game: An experimental study on reciprocity and retribution [J]. Journal of economic behavior & organization, 2000, 42 (02): 265 – 277.

[95] AĞBAY E, TOPAL T. Evaluation of twin tunnel-induced surface ground deformation by empirical and numerical analyses (NATM part of

Eurasia tunnel, Turkey) [J]. Computers and geotechnics, 2020, 119: 103367.

[96] AKERLOF G A. Labor contracts as partial gift exchange [J]. The quarterly journal of economics, 1982, 97 (04): 543 – 569.

[97] ALONSO C A B, BROWN C, ROJI S J. Public private partnerships: Incentives, risk transfer and real options [J]. Review of financial economics, 2007, 16 (04): 335 – 349.

[98] AMAYA E E, CHAN A P C. Risk allocation in public-private partnership water supply projects in Ghana [J]. Construction management & economics, 2015, 33 (03): 187 – 208.

[99] ATHIAS L, SAUSSIER S. Are public private partnerships that rigid? And why? Evidence from price provisions in French toll road concession contracts [J]. Transportation research part a policy & practice, 2018, 111: 174 – 186.

[100] BARRETT S. Coordination vs. voluntarism and enforcement in sustaining international environmental cooperation [J]. Proceedings of the national academy of sciences, 2016, 113 (51): 14515 – 14522.

[101] BAJARI P, TADELIS S. Incentives versus transaction costs: A theory of procurement contracts [J]. Rand journal of economics, 2001: 387 – 407.

[102] BAKATJAN S, ARIKAN M, TIONG R L K. Optimal capital structure modle for BOT projects in turkey [J]. Journal of construction engineering and management, 2003, 129 (01): 89 – 97.

[103] BARTLING B. Relative performance or team evaluation? Optimal contracts for other-regarding agents [J]. Journal of economic behavior &

organization, 2011, 79 (03): 183 – 193.

[104] BARNES – SCHUSTER D, BASSOK Y, ANUPINDI R. Coordination and flexibility in supply contracts with options [J]. Manufacturing & service operations management, 2002, 4 (03): 171 – 207.

[105] BELLEMARE C, SOEST A V. Measuring inequity aversion in a heterogeneous population using experimental decisions and subjective probabilities [J]. Econometrica, 2008, 76 (04): 815 – 839.

[106] BERNHEIM B D, WHINSTON M D. Common agency [J]. Econometrica: Journal of the econometric society, 1986, 54 (04): 923 – 942.

[107] BERG J, DICKHAUT J, MCCABE K. Trust, reciprocity and social history [J]. Games and economic behavior, 1995 (10): 122 – 142.

[108] BERGEMANN D, VÄLIMÄKI J. Dynamic common agency [J]. Journal of economic theory, 2003, 111 (01): 23 – 48.

[109] BIGSTEN A, COLLIER P, DERCON S, et al. Contract flexibility and dispute resolution in African manufacturing [J]. The journal of development studies, 2000, 36 (04): 1 – 37.

[110] BOLTON G, OCKENFELS A. ERC: A Theory of Equity, Reciprocity and Competition [J]. American economic review, 2000, 90 (01): 166 – 193.

[111] BOOLE F. Is altruism evolutionarily stable? And envy and malevolence? Remarks on Bester and Guth [J]. Journal of economic behavior and organization, 2000, 42 (01): 131 – 133.

[112] BRANCONI C V, LOCH C H. Contracting for major projects:

Eight business levers for top management [J]. International journal of project management, 2004, 22 (02): 119 - 130.

[113] BRANDTS J, SCHRAM A. Cooperation and noise in public goods experiments: Applying the contribution function approach [J]. Journal of public economics, 2001, 79 (02): 399 - 427.

[114] BROSNAN S F, WAAL F. Monkeys Reject Unequal Pay [J]. Nature, 2003, 425 (6955): 297 - 299.

[115] BUSO M, MORETTO M, ZORMPAS D. Excess returns in Public - Private Partners-hips: Do governments pay too much? [J]. Economic modelling, 2021, 102: 105586.

[116] CAI J, LI S, CAI H. Empirical analysis of capital structure determinants in infrastructure projects under public-private partnerships [J]. Journal of construction engineering and management, 2019, 145 (05): 04019032.

[117] CHARNESS G, HARUVY E. Altruism, fairness, and reciprocity in a gift-exchange experiment: An encompassing approach [J]. Games and economic behavior, 2002, 40: 203 - 231.

[118] CHENG M, LIU G, XU Y. Can joint-contract functions promote PPP project sustai-nability performance? A moderated mediation model [J]. Engineering, construction and architectural management, 2021, 28 (09): 2667 - 2689.

[119] CHIARA N, KOKKAEW N. Alternative to government revenue guarantees: Dyna-mic revenue insurance contracts [J]. Journal of infrastructure systems, 2013 (19): 287 - 296.

[120] COASE R H. The nature of the firm [J]. Economica, 1937,

4 (16): 386 - 405.

[121] CRUZ C O, MARQUES R C. Flexible contracts to cope with uncertainty in public-private partnerships [J]. International journal of project management, 2013, 31 (03): 473 - 483.

[122] DREBER A, RAND D G, FUDENBERG D, et al. Winners don't punish [J]. Nature, 2018, 452 (7185): 348 - 351.

[123] DANA J, WEBER R A, KUANG J X. Exploiting moral wiggle room: Experiments demonstrating an illusory preference for fairness [J]. Economic theory, 2007, 33 (01): 67 - 80.

[124] DE MARCO A, MANGANO G, CAGLIANO C A, et al. Public financing into build-operate-transfer hospital projects in Italy [J]. Journal of construction engineering and management, 2012, 138 (11): 1294 - 1302.

[125] DE QUERVAIN D J F, FISCHBACHER U, TREYER V, et al. The neural basis of al-truistic punishment [J]. Science, 2004, 305 (5688): 1254 - 1258.

[126] DEMIREL H Ç, LEENDERTSE W, VOLKER L, et al. Flexibility in PPP contracts-Dealing with potential change in the pre-contract phase of a construction project [J]. Construction management and economics, 2017, 35 (04): 196 - 206.

[127] DEMIREL H Ç, VOLKER L, LEENDERTSE W, et al. Dealing with contract variations in PPPs: Social mechanisms and contract management in infrastructure projects [J]. Journal of construction engineering and management, 2019, 145 (11): 04019073.

[128] DOMINGUES S, ZLATKOVIC D. Renegotiating PPP con-

tracts: reinforcing the "p" in partnership [J]. Transport reviews, 2015, 35 (02): 204 -225.

[129] DONG F, CHIARA N. Improving economic efficiency of public-private partnerships for infrastructure development by contractual flexibility analysis in a highly uncertain context [J]. The journal of structured finance, 2010, 16 (01): 87 -99.

[130] DU S, NIE T, CHU C, et al. Newsvendor model for a dyadic supply chain with Nash bargaining fairness concerns [J]. International journal of production research, 2014, 52 (17): 5070 -5085.

[131] DUFWENBERG M, KIRCHSTEIGER M. A theory of sequential reciprocity [J]. Games and economic behavior, 2004, 47 (02): 268 -298.

[132] FALK A, FISCHBACHER U. A theory of reciprocity [J]. Games and economic behavior, 2006, 54 (02): 293 -315.

[133] FALK A, FEHR E, FISCHBACHER U. Testing theories of fairness intentions matter [J]. Games and economic behavior, 2008, 62: 287 -303.

[134] FAN K, HUI E C M. Evolutionary game theory analysis for understanding the decision-making mechanisms of governments and developers on green building incentives [J]. Building and environment, 2020, 179: 106972.

[135] FEHR E, SCHMIDT K M. A theory of fairness, competition and corporation [J]. Quarterly journal of economics, 1999, 114 (03): 817 -868.

[136] FEHR E, GÄCHTER S. Fairness and retaliation: The eco-

nomics of reciprocity [J]. Journal of economic perspectives, 2000, 14 (03): 159-181.

[137] FEHR E, ROCKENBACH B. Detrimetal effects of sanctions on human altruism [J]. Nature, 2003, 422 (6928): 137-140.

[138] FENG G, HAO S, LI X. Relationship orientation, justice perception, and opportunistic behavior in PPP projects: An empirical study from China [J]. Frontiers in psychology, 2021, 12: 635447.

[139] FENG X, CAO J, WU G, et al. A critical review of studies on renegotiation within the public-private partnerships (PPPs) scheme [J]. Engineering, construction and architectural management, 2022, https://doi.org/10.1108/ECAM-09-2021-0790

[140] FLYVBJERG B, HOLM M K, BUHL S L. How (in) accurate are demand forecasts in public works projects? The case of transportation [J]. Journal of the American planning association, 2005, 71 (02): 131-146.

[141] FORSYTHE R, HOROWITZ J L, SAVIN N E, et al. Fairness in simple bargaining experiments [J]. Games and economic behavior, 1994, 6 (03): 347-369.

[142] GRAFF F, GRUND C, HARBRING C. Competing on the Holodeck - The effect of virtual peers and heterogeneity in dynamic tournaments [J]. Journal of behavioral and experimental economics, 2021, 90: 101596.

[143] FRIEDMEN D. Evolutionary Games in Economics [J]. Econometrica, 1991, 59 (03): 637-666.

[144] FRIEND J. Partnership meets politics: managing within the maze [J]. International journal of public sector management, 2006, 19

(03): 261 - 277.

[145] GAO L, ZHAO Z Y. System dynamics analysis of evolutionary game strategies bet-ween the government and investors based on new energy power construction public-private-partnership (PPP) project [J]. Sustainability, 2018, 10 (07): 2533.

[146] GAO R, LIU J. Selection of government supervision mode of PPP projects during the operation stage [J]. Construction management and economics, 2019: 1 - 20.

[147] GARG S, GARG S. Rethinking public-private partnerships: An unbundling approach [J]. Transportation research procedia, 2017, 25: 3789 - 3807.

[148] GINTIS H. Strong reciprocity and human sociality [J]. Journal of theoretical biology, 2000, 206 (02): 169 - 179.

[149] GOTTARDI P, TALLON J M, GHIRARDATO P. Flexible contracts [J]. Games and economic behavior, 2017, 103: 145 - 167.

[150] GUAN Z, YE T, YIN R. Channel coordination under Nash bargaining fairness concerns in differential games of goodwill accumulation [J]. European journal of operational research, 2020, 285 (03): 916 - 930.

[151] GUO K, ZHANG L, WANG T. Concession period optimisation in complex projects under uncertainty: A public-private partnership perspective [J]. Construction management and economics, 2020 (01): 1 - 17.

[152] GUTH W, SCHMITTBERGER R, SCHWARZE B. An experimental analysis of ultimatum bargaining [J]. Journal of economic behavior &

organization, 1982, 3 (04): 367 – 388.

[153] HAN T A, LENAERTS T A. Synergy of costly punishment and commitment in co-operation dilemmas [J]. Adaptive behavior, 2016, 24 (04): 237 – 248.

[154] HAN T A, PEREIRA L M, SANTOS F C, et al. Good Agreements Make Good Friends [J]. Scientific reports, 2013, 3: 2695.

[155] HAN T A, LENAERTS T, SANTOS F C, et al. Voluntary safety commitments provi-de an escape from over-regulation in AI development [J]. Technology in society, 2022, 68: 101843.

[156] HAN T A. Institutional Incentives for the Evolution of Committed Cooperation: Ensuring Participation is as Important as Enhancing Compliance [J]. Journal of the royal society interface, 2022, 19 (188): 20220036.

[157] HALBESLEBEN J, WHEELER A R. To invest or not? The role of coworker support and trust in daily reciprocal gain spirals of helping behavior [J]. Journal of management, 2015, 41 (06): 3 – 4.

[158] HAMILTON R A. The evolution of cooperation [J]. Science, 1981.

[159] HAN H, WANG Z, LIU B. Tournament incentive mechanisms based on fairness preference in large-scale water diversion projects [J]. Journal of cleaner production, 2020, 265 (01): 121861.

[160] HAN Y, CHEN G, POH E. Effects of informal contracts on innovative cooperation among enterprises in industrial clusters: An evolutionary game analysis [J]. Discrete dynamics in nature and society, 2018: 1 – 10.

[161] HE Y, SHI L, LI Z. The combined effect of marginal social and private benefit on the socially optimal equity structure of PPP projects [J]. Construction management and economics, 2021, 39 (10): 807-823.

[162] HE H, ZHENG L, ZHOU G. Linking users as private partners of utility tunnel public private partnership projects [J]. Tunnelling and underground space technology, 2022, 119: 104249.

[163] HOLMSTROM B. Moral hazard in teams [J]. The bell journal of economics, 1982, 13: 324-340.

[164] HOLMSTROM B, MILGROM P. Multitask principal-agent analyses: Incentive contracts, asset ownership, and job design [J]. Journal of law, economics & organization, 1991, 7: 24.

[165] HUANG Y, JIANG C, WANG K, et al. Public-private partnership in high-speed rail financing: Case of uncertain regional economic spillovers in China [J]. Transport policy, 2021, 106: 64-75.

[166] ITO H, TANIMOTO J. Scaling the phase-planes of social dilemma strengths shows game-class changes in the five rules governing the evolution of cooperation [J]. Royal society open science, 2018, 5: 181085.

[167] IRWIN K, MULDER L, SIMPSON B. The detrimental effects of sanctions on intra-group trust: Comparing punishments and rewards [J]. Social psychology quarterly, 2014: 77 (03): 253-272.

[168] JENSEN P H, STONECASH R E. Incentives and the efficiency of public sector-outsourcing contracts [J]. Journal of economics surveys, 2005, 19 (05): 767-788.

[169] JIANG X, LU K, XIA B, et al. Identifying significant risks

and analyzing risk relationship for construction PPP projects in China using integrated FISM – MICMAC approach [J]. Sustainability, 2019, 11 (19): 5206.

[170] JIN H, LIU S, LI J, et al. Determination of government guarantee and revenue cap in public-private partnership contracts [J]. Engineering, construction and architectural management, 2021, http://10. 1108/ECAM – 06 – 2019 – 0311.

[171] KAHNEMAN D, KNETSCH J L, THALER R. Fairness as a constraint on profit seeking-entitlements in the market [J]. American economic review, 1986, 76 (04): 728 – 741.

[172] KARAKOSTAS A, SONNTAG A, ZIZZO D J. Contract choice: efficiency and fair-ness in revenue-sharing contracts [J]. The scandinavian journal of economics, 2017, 119 (04): 962 – 986.

[173] KOCH S, WEINSCHENK P. Contract design with socially attentive preferences [J]. Games and economic behavior, 2021, 130: 591 – 601.

[174] KRAPOHL S, OCELÍK V, WALENTEK D M. The instability of globalization: Applying evolutionary game theory to global trade cooperation [J]. Public choice, 2021, 188 (01): 31 – 51.

[175] LEVATI M V, PLONER M, TRAUB S. Are cooperators efficiency-or fair-minded? Evidence from a public goods experiment [J]. Evidence from a public goods experiment (September 2007). Jena Economic Research Paper, 2007 (2007 – 067).

[176] LI B, AKINTOYE A, EDWARDS P J, et al. The allocation of risk in PPP/PFI construction projects in the UK [J]. International journal

of project management, 2005, 23 (01): 25 - 35.

[177] LI C, LI X, WANG Y. Evolutionary game analysis of the supervision behavior for public-private partnership projects with public participation [J]. Mathematical problems in engineering, 2016: 1760837.

[178] LI H, LV L, ZUO J, et al. Dynamic reputation incentive mechanism for urban water environment treatment PPP projects [J]. Journal of construction engineering and management, 2020, 146 (08): 04020088.

[179] LI H, SU L, ZUO J, et al. Incentive mechanism for performance-based payment of infrastructure PPP projects: Coupling of reputation and ratchet effects [J]. International journal of strategic property management, 2022, 26 (01): 35 - 55.

[180] LINDQUIST G S. Tournaments and unfair treatment [J]. The journal of socio-economics, 2010, 39 (06): 670 - 682.

[181] LIU H, SONG S, HU Y, et al. Monte - Carlo optimization model for dynamic capital structure adjustment in Chinese public-private partnerships under revenue uncertainty [J]. Transportation research part a: Policy and practice, 2020, 142: 115 - 128.

[182] LIU J, GAO R, CHEAH C, et al. Incentive mechanism for inhibiting investors' opportunistic behavior in PPP projects [J]. International journal of project management, 2016, 34 (07): 1102 - 1111.

[183] LIU J, GAO R, CHEAH C, et al. Evolutionary game of investors' opportunistic behaviour during the operational period in PPP projects [J]. Construction management & economics, 2017, 35 (1 - 3): 137 - 153.

[184] LIU J, YU X, CHEAH C. Evaluation of restrictive competition

in PPP projects using real option approach [J]. International journal of project management, 2014 (32): 473 -481.

[185] ITOH H. Incentives to help in multi-agent situations [J]. Econometrica: Journal of the econometric society, 1991: 611 -636.

[186] LUO Y. Opportunism in inter-firm exchanges in emerging markets [J]. Management and organization review, 2006, 2 (01): 121 -147.

[187] LV J, AN T, TAN X, et al. How to alleviate rent-seeking behaviour in performance appraisal of government-paid PPP projects? Tripartite evolutionary game approach [J]. Discrete dynamics in nature and society, 2021: 5266167.

[188] MA D, HU J, WANG W. Differential game of product-service supply chain considering consumers' reference effect and supply chain members' reciprocity altruism in the online-to-offline mode [J]. Annals of operations research, 2021, 304 (01): 263 -297.

[189] MA G, DU Q, WANG K. A concession period and price determination model for PPP projects: Based on real options and risk allocation [J]. Sustainability, 2018, 10 (03): 706 -706.

[190] MALCOMSON J M. Rank-order contracts for a principal with many agents [J]. The review of economic studies, 1986, 53 (05): 807 -817.

[191] MARTIMORT D, POUYET, J. To build or not to build: Normative and positive theories of public-private partnerships [J]. International journal of industrial organization, 2008, 26: 393 -411.

[192] MARTIMOR T D. Exclusive dealing, common agency, and

multi-principals incentive theory [J]. The rand journal of economics, 1996, 27 (01): 1-31.

[193] MELESE Y, HEIJNEN P, STIKKELMAN R, et al. An approach for flexible design of infrastructure networks via a risk sharing contract: The case of CO2 transport infrastructure [J]. International journal of greenhouse gas control, 2017, 63: 401-411.

[194] MOOSA I A. Good regulation versus bad regulation [J]. Journal of Banking Regulation, 2018, 19 (01): 55-63.

[195] NIU X, LI B, NIU X. The effect of fairness preference on managerial entrenchment: An experimental analysis [J]. Nankai business review international, 2015, 6 (03): 312-334.

[196] OGBO N B, ELRAGIG A, HAN T A. Evolution of coordination in pairwise and multi-player interactions via prior commitments [J]. Adaptive behavior, 2022, 30 (03): 257-277.

[197] PENG D, ZENG X. The Evolution of opportunistic behavior of participating subjects during the operation period of PPP projects [J]. Computational intelligence and neuroscience, 2022: 8450529.

[198] JOST P J, KRÄKEL M. Human capital investments in asymmetric corporate tourn-aments [J]. Journal of economics and business, 2008, 60 (04): 312-331.

[199] QIU L D, WANG S. BOT projects: Incentives and efficiency [J]. Journal of development economics, 2011, 94 (01): 127-138.

[200] QIN S, LUO W. Exploring local government financing strategies in China: A capital structure perspective [J]. Public performance & management review, 2022, 45 (04): 970-997.

[201] RAND D G, DREBER A, ELLINGSEN T, et al. Positive interactions promote public cooperation [J]. Science, 2009: 325 (5945): 1272 - 1275.

[202] RAND D G, ARMAO Ⅳ J J, NAKAMAR U M, et al. Anti-social punishment can prevent the co-evolution of punishment and cooperation [J]. Journal of theoretical biology, 2010, 265 (04): 624 - 632.

[203] RABIN M. Incorporating fairness into game theory and economics [J]. American economic review, 1993, 83 (05): 1281 - 1302.

[204] ROSS S. The economic theory of agency: the principal's problem [J]. American economic review, 1973, 63 (02): 134 - 139.

[205] RUTGERS J A, HALEY H D. Project risks and risk allocation [J]. Cost engineering, 1996, 38 (09): 27 - 30.

[206] SASAKI T, OKADA I, UCHIDA S, et al. Commitment to Cooperation and Peer Punishment: Its Evolution [J]. Games, 2015, 6 (04): 574 - 587.

[207] SAMUELSON P A. Altruism as a problem involving group versus individual selection in economics and biology [J]. The American economic review, 1993, 83 (02): 143 - 148.

[208] SANTANDREA M, BAILEY S, GIORGINO M. Value for money in UK healthcare public-private partnerships: A fragility perspective [J]. Public policy and administration, 2016, 31 (03): 260 - 279.

[209] SAPPINGTON D E M. Incentives in principal-agent relationships [J]. Journal of ec-onomic perspectives, 1991, 5 (02): 45 - 66.

[210] SETHI R, SOMANATHAN E. Understanding reciprocity [J]. Journal of economic behavior & organization, 2003, 50 (01): 1 - 27.

[211] SHARMA D K, CUI Q, CHEN L, et al. Balancing private and public interests in public-private partnership contracts through optimization of equity capital structure [J]. Transportation research record, 2010, 215 (01): 60 - 66.

[212] SHI J G, DUAN K, WEN S. Investment valuation model of public rental housing PPP project for private sector: A real option perspective [J]. Sustainability, 2019, 11 (07): 1857 - 1857.

[213] SHI G, ZHANG X. Development of a regulatory mechanism for key stages in public-private partnerships [J]. Journal of infrastructure systems, 2022, 28 (03): 04022017.

[214] SHU Y, DAI Y, MA Z. Pricing decisions in closed-loop supply chains with peer-induced fairness concerns [J]. Sustainability, 2019, 11 (18): 18 - 44.

[215] SMITH J, PRICE G R. The logic of animal conflict [J]. Nature, 1973, 246 (5427): 15 - 18.

[216] SONG J, ZHAO Y, JIN L, et al. Pareto optimization of public-private partnership toll road contracts with government guarantees [J]. Transportation research part a: policy and pra-ctice, 2018, 117: 158 - 175.

[217] SPILLER P T. Transaction cost regulation [J]. Journal of economic behavior & orga-nization, 2013, 89: 232 - 242.

[218] SUNDARARAJAN S K, TSENG C L. Managing project performance risks under uncertainty: Using a dynamic capital structure approach in infrastructure project financing [J]. Journal of construction engineering and management, 2017, 143 (08): 04017046.

[219] SUSARLA A. Contractual flexibility, rent seeking and renegotia-

tion design: An em-pirical analysis of information technology outsourcing contracts [J]. Management science, 2013, 58 (07): 1388 – 1407.

[220] TANIMOTO J, SAGARA H. Relationship between dilemma occurrence and the ex-istence of a weakly dominant strategy in a two-player symmetric game [J]. Biosystems, 2007: 90 (01): 105 – 114.

[221] TANIMOTO J. Evolutionary games with sociophysics: Analysis of traffic flow and epidemics [J]. Singapore: springer. 2018: https: //doi: 10.1007/978 – 981 – 13 – 2769 – 8.

[222] TADELIS S. Public procurement design: Lessons from the private sector [J]. Intern-ational journal of industrial organization, 2012, 30 (03): 297 – 302.

[223] TAN Z, YANG H. Flexible build-operate-transfer contracts for road franchising un-der demand uncertainty [J]. Transportation research part b: methodological, 2012, 46 (10): 1419 – 1439.

[224] TAYLOR P D, JONKER L B. Evolutionarily stable strategy and game dynamics [J]. Mathematical bioscience, 1978, 40 (1 – 2): 145 – 156.

[225] TUO Y, ZHAO C, ZHAO X. Multiple principal-agent relationships model based on fairness preference [J]. Journal of discrete mathematical sciences and cryptography, 2018, 21 (04): 837 – 848.

[226] VAALER P M, JAMES B E, AGUILERA R V. Risk and capital structure in Asian project finance [J]. Asia pacific journal of management, 2008, 25 (01): 25 – 50.

[227] WANG Z, KOKUBO S, JUSUP M, et al. Universal scaling for the dilemma strength in evolutionary games [J]. Physics of life reviews,

2015, 14: 1-30.

[228] WANG X, YIN Y, DENG J, et al. Influence of trust networks on the cooperation efficiency of PPP projects: Moderating effect of opportunistic behavior [J]. Journal of Asian architecture and building engineering, 2021: https: //doi. org/10. 1080/13467581. 2021. 1972002.

[229] WANG D Y, WANG X. Dynamic incentives for inhibiting private sectors' opportu-nistic effort diversion in infrastructure PPP projects: An optimal control perspective [J]. Engineering, construction and architectural management, 2022: https: //doi. org/10. 1108/ECAM-10-2021-0876.

[230] WANG H, LIU Y, XIONG W. The moderating role of governance environment on t-he relationship between risk allocation and private investment in PPP markets: Evidence from developing countries [J]. International journal of project management, 2019a, 37 (01): 117-130.

[231] WANG X, WANG B, XU Y, et al. A chance constrained programming method to det-ermine optimal capital structure for privatized infrastructure [J]. Construction management and economics, 2021, 39 (07): 579-594.

[232] WANG Y, CUI P, LIU J. Analysis of the risk-sharing ratio in PPP projects based on government minimum revenue guarantees [J]. International journal of project management, 2018, 36 (06): 899-909.

[233] WANG Y, GAO H O, LIU J. Incentive game of investor speculation in PPP highway projects based on the government minimum revenue guarantee [J]. Transportation research part a: Policy and practice, 2019b, 125 (07): 20-34.

[234] WANG Y, LIU J. Evaluation of the excess revenue sharing ratio

in PPP projects usi-ng principal-agent models [J]. International journal of project management, 2015, 33 (06): 1317 – 1324.

[235] WANG Y, GAO R. Risk distribution and benefit analysis of PPP projects based on public participation [J]. International journal of strategic property management, 2020, 24 (04): 215 – 225.

[236] WANG Y, LIU J, GAO R, et al. Government subsidies in public-private partnership projects based on altruistic theory [J]. International journal of strategic property management, 2020, 24 (03): 153 – 164.

[237] WANG C, LIU H, SING M C P, et al. Pre-construction duration of public-private pa-rtnership projects: evidence from China [J]. Engineering, construction and architectural management, 2022: https://doi. org/10. 1108/ ECAM – 06 – 2022 – 0544.

[238] WANG L, ZHANG X. Determining the value of standby letter of credit in transfer stage of a PPP project to control concessionaire's opportunistic behavior [J]. Journal of management in engineering, 2019, 35 (03): 04019003.

[239] WANG Z, ZHOU D, KRAJNOVICS, et al. Moving model test of the smoke move-ment characteristics of an on-fire subway train running through a tunnel [J]. Tunnelling and underground space technology, 2020, 96: 103211.

[240] WATHNE K H, HEIDE J B. Opportunism in interfirm relationships: Forms, outcomes, and solutions [J]. Journal of marketing, 2000, 64 (04): 36 – 51.

[241] WU C, HSIEH T, CHENG W. Statistical analysis of causes for design change in highway construction on Taiwan [J]. International journal of

project management, 2005, 23 (07): 554 – 563.

[242] WU Z, HANAOKA S, SHUAIB. Modeling optimal thresholds for minimum traffic guarantee in public-private partnership (PPP) highway projects [J]. The engineering economist, 2022, 67 (01): 52 – 74.

[243] XIA L, GUO T, QIN J, et al. Carbon emission reduction and pricing policies of a su-pply chain considering reciprocal preferences in cap-and-trade system [J]. Annals of operations research, 2018, 268 (01): 149 – 175.

[244] XING H, LI Y, LI H. Renegotiation strategy of public-private partnership projects with asymmetric information—An evolutionary game approach [J]. Sustainability, 2020, 12 (07): 2646.

[245] XIONG W, HAN Y. Incentives of early termination compensation in public-private partnership projects [J]. IEEE transactions on engineering management, 2021 (99): 1 – 13.

[246] XU Y, CHONG H – Y, CHI M. Impact of contractual flexibility on BIM – enabled PPP project performance during the construction phase [J]. Journal of infrastructure systems, 2022, 28 (01): 04021057.

[247] XU M C, RADCLIFFE P J. Building Secure Tunnel from PPP Wireless Network [J]. Wireless personal communications, 2011, 58 (02): 337 – 353.

[248] XUE Y, CHONG H Y, JING Z, et al. Fairness preference based decision-making mo-del for concession period in PPP projects [J]. Journal of industrial and management optimization, 2017, 13 (05): 1 – 13.

[249] YANG X, ZHANG J, SHEN G Q, et al. Incentives for green retrofits: An evolutiona-ry game analysis on public-private-partnership recon-

struction of buildings [J]. Journal of cleaner production, 2019, 232: 1076 - 1092.

[250] YUAN J, LU W, DING H, et al. A novel Z - number based Real Option (ZRO) model under uncertainty: Application in Public - Private - Partnership refinancing value evaluation [J]. Expert systems with applications, 2023, 213: 118808.

[251] YUE Y, WU J, LIU S, et al. Risk Analysis of integrated pipe gallery PPP project based on the analytic hierarchy process [J]. Open access library journal, 2019, 6 (08): 1.

[252] YUN S, HAN S H, KIM H, et al. Capital structure optimization for build-operate-tr-ansfer (BOT) projects using a stochastic and multi-objective approach [J]. Canadian journal of civil engineering, 2009, 36 (05): 777 - 790.

[253] ZHANG H, YU L, ZHANG W. Dynamic performance incentive model with superv-ision mechanism for PPP projects [J]. Engineering, construction and architectural management, 2020, 27 (09): 2643 - 2659.

[254] ZHANG X Q, SOOMRO M A. Failure path analysis with respect to private sector partners in transportation public-private partnerships [J]. Journal of management in engineering, 2016, 32 (01): 04015031.

[255] ZHANG S, LI J, LI Y, et al. Revenue risk allocation mechanism in public-private partnership projects: Swing option approach [J]. Journal of construction engineering and management, 2021, 147 (01): 04020153.

[256] ZHANG X, LIU J. Incentive mechanism and value-added in PPP projects considering financial institutions' early intervention [J].

Journal of construction engineering and management, 2022, 148 (04): 04022001.

[257] ZHANG Y, YI H, XIE H, et al. How private enterprises' participation behaviors evolve with incentive modes in PPPs: An evolutionary game view [J]. Buildings, 2022, 12: 709.

[258] ZHAO H, LIU X, WANGY. Evolutionary game analysis of opportunistic behavior of Sponge City PPP projects: A perceived value perspective [J]. Scientific reports, 2022, 12: 8798.

[259] ZHENG X, GOVINDAN K, DENG Q, et al. Effects of design for the environment on firms' production and remanufacturing strategies [J]. International journal of production economics, 2019, 213: 217 - 228.

[260] ZHOU X, LIU D, YIN C. Research on public rental housing PPP project launching dilemmas with dynamic evolutionary game [J]. Advances in civil engineering, 2021: 1805874.

[261] DE WECK O, ECKERT C M, CLARKSON P J. A classification of uncertainty for early product and system design [C]//DS 42: Proceedings of ICED 2007, the 16th International Conference on Engineering Design, Paris, France, 28 - 31. 07. 2007. 2007: 159 - 160 (exec. Summ.), full paper no. DS42_P_480.

[262] MANDELBAUM M. Flexibility in decision making: an exploration and unification [D]. Thesis (PhD) Department of Industrial engineering, University of Toronto, Canada, 1978.